■2025年度高等学校受験用

日本大学豊山女子高等学校

収録内容一覧

★この問題集は以下の収録内容となっています。また、編集の都合上、解説、解答用紙を省略させていただいている場合もございますのでご了承ください。

（○印は収録、ー印は未収録）

入試問題の収録内容			解説	解答	解答用紙
2024年度	推薦	英語・数学・国語	ー	○	○
	一般	英語・数学・国語	○	○	○
2023年度	推薦	英語・数学・国語	ー	○	○
	一般	英語・数学・国語	○	○	○
2022年度	推薦	英語・数学・国語	ー	○	○
	一般	英語・数学・国語	○	○	○
2021年度	一般①	英語・数学・国語	○	○	○
	一般②	英語・数学・国語	ー	○	○

★当問題集のバックナンバーは在庫がございません。あらかじめご了承ください。

●凡例●

【英語】

≪解答≫

〔　〕　①別解

②置き換え可能な語句（なお下線は置き換える箇所が２語以上の場合）

(例) <u>I am</u>〔I'm〕glad〔happy〕to～

（　）　省略可能な言葉

≪解説≫

1, 2…　本文の段落（ただし本文が会話文の場合は話者の１つの発言）

〔　〕　置き換え可能な語句（なお〔　〕の前の下線は置き換える箇所が２語以上の場合）

（　）　①省略が可能な言葉

(例)「(数が) いくつかの」

②単語・代名詞の意味

(例)「彼（＝警察官）が叫んだ」

③言い換え可能な言葉

(例)「いやなにおいがするなべにはふたをするべきだ（＝くさいものにはふたをしろ）」

//　訳文と解説の区切り

cf.　比較・参照

≒　ほぼ同じ意味

【数学】

≪解答≫

〔　〕　別解

≪解説≫

（　）　補足的指示

(例)（右図１参照）など

〔　〕　①公式の文字部分

(例)〔長方形の面積〕＝〔縦〕×〔横〕

②面積・体積を表す場合

(例)〔立方体ABCDEFGH〕

∴　ゆえに

≒　約、およそ

【社会】

≪解答≫

〔　〕　別解

（　）　省略可能な語

＿＿　使用を指示された語句

≪解説≫

〔　〕　別称・略称

(例) 政府開発援助〔ODA〕

（　）　①年号

(例) 壬申の乱が起きた（672年）。

②意味・補足的説明

(例) 資本収支（海外への投資など）

【理科】

≪解答≫

〔　〕　別解

（　）　省略可能な語

＿＿　使用を指示された語句

≪解説≫

〔　〕　公式の文字部分

（　）　①単位

②補足的説明

③同義・言い換え可能な言葉

(例) カエルの子（オタマジャクシ）

≒　約、およそ

【国語】

≪解答≫

〔　〕　別解

（　）　省略してもよい言葉

＿＿　使用を指示された語句

≪解説≫

〈　〉　課題文中の空所部分（現代語訳・通釈・書き下し文）

（　）　①引用文の指示語の内容

(例)「それ（＝過去の経験）が　～」

②選択肢の正誤を示す場合

(例)（ア，ウ…×）

③現代語訳で主語などを補った部分

(例)（女は）出てきた。

／　漢詩の書き下し文・現代語訳の改行部分

日本大学豊山女子高等学校

所在地	〒174-0064 東京都板橋区中台3-15-1
電　話	03-3934-2341
ホームページ	https://www.buzan-joshi.hs.nihon-u.ac.jp/
交通案内	都営三田線 志村三丁目駅より徒歩15分　東武東上線 上板橋駅より徒歩15分 JR赤羽駅，西武池袋線・都営大江戸線・東京メトロ 練馬駅よりスクールバス

普通科
理数科

女子

くわしい情報は
ホームページへ

応募状況

年度	募集数	受験数	合格数	倍率
2024	普通100名 理数 40名	177名 20名	165名 19名	1.1倍 1.1倍
2023	普通100名 理数 40名	201名 28名	163名 23名	1.2倍 1.2倍
2022	普通100名 理数 40名	235名 34名	194名 33名	1.2倍 1.0倍

※スライド合格含む。

試験科目　（参考用：2024年度入試）

推薦：適性検査(国語・数学・英語)
一般：国語・数学・英語
※理数科は数学の得点を２倍

クラス編成

＜A特進クラス＞
・国公立大・難関私立大・難関学部進学を目指す。
・英語を積極的に使える人材の育成を目標とし，海外修学旅行(ボストン)では現地の大学生とディスカッションなどを行う。
・週に１時間，有名講師による英語の受験対策講義を行うほか，放課後，長期休暇中に受験対策講座を実施。また，校内予備校とも連携し，一人ひとりの進路希望に対応する。
＜N進学クラス＞
・例年，ほとんどの生徒が日本大学をはじめとする４・６年制大学に現役で進学している。
・１年生では，さまざまな教科をバランスよく学んで基礎学力を身につけるとともに，自分の興味関心や適性についてじっくりと考える。２年生からは文系と理系のクラス編成となる。日本大学への推薦入学試験を見据えて，文系では国語・数学・英語・地歴公民，理系では国語・数学・英語・理科の授業を中心に学ぶ。
＜理数Ｓクラス＞
・科学的倫理観を持つ女性研究者の育成を目指す。
・１・２年生で理数科特別講座を行う。日本大学と連携して最新設備で行う理科の実験実習や，大学教授による数学の講義など普段の授業とは一味違う，より専門的な講座の内容となっている。
・３年間を通して探究活動を行い，課題解決するためのスキルやプレゼン力を育てる。３年生では日本語と英語で論文を作成する。

国際教育

海外修学旅行のほか，希望制でカナダ英語研修や留学制度(中期・長期)，日本大学主催のケンブリッジ大研修プログラムなどがある。また，オンライン英会話教室なども開講。なお，本校は海外協定大学推薦制度(UPAA)に加盟している。

進路

日本大学付属推薦制度は，基礎学力選抜方式，付属特別選抜方式，国公立併願方式がある。

◎日本大学進学者内訳　　(2024年３月卒業生)

法学部	21	危機管理学部	6
文理学部	27	理工学部	13
経済学部	32	生産工学部	4
商学部	18	生物資源科学部	24
芸術学部	15	薬学部	8
国際関係学部	2		

編集部注―本書の内容は2024年5月現在のものであり，変更されている場合があります。正確な情報は，学校のホームページ等で必ずご確認ください。

出題傾向と今後への対策 英語

出題内容

	2024	2023	2022
大問数	6	6	6
小問数	44	43	42
リスニング	○	○	○

◎大問６題，小問数45問程度。出題構成は，放送問題１題，長文読解３題，対話文完成１題，整序結合１題である。最初の約10分はリスニングテスト。

2024年度の出題状況

1 放送問題

2 長文読解総合―説明文

3 長文読解総合（英問英答形式）―対話文

4 対話文完成―適文選択

5 整序結合

6 長文読解―適語（句）選択―説明文

解答形式

2024年度	記　述／マーク／併　用

出題傾向

長文の内容はさほど難しくなく，比較的読みやすいものが選ばれている。設問は内容把握を中心にさまざまなパターンがある。対話文完成は基本的な口語表現を問う形式である。作文は整序結合が頻出。また，対話の空所に英文を補う問題も出題されている。放送問題は例年６～10問程度出題されている。

今後への対策

中学で学習する基本的な文法事項を頭に叩き込んでおけばどんな問題でも対処できる。教科書で単語や熟語，文法を復習し，何度も音読しよう。テストで間違った問題は見直しておこう。放送問題はラジオなどの講座を利用し毎日英語を聞こう。口語表現の習得は対話文完成の対策にも有効だ。最後に過去問題集で形式や時間配分を確認。

英語出題分野一覧表

分野		年度	2022	2023	2024	2025 予想※
音声	放送問題		■	■	■	◎
	単語の発音・アクセント					
	文の区切り・強勢・抑揚					
語彙・文法	単語の意味・綴り・関連知識					
	適語（句）選択・補充					
	書き換え・同意文完成					
	語形変化					
	用法選択					
	正誤問題・誤文訂正					
	その他					
作文	整序結合		●	■	■	◎
	日本語英訳	適語（句）・適文選択				
		部分・完全記述				
	条件作文		●			△
	テーマ作文					
会話文	適文選択		■	●	●	◎
	適語（句）選択・補充			●		△
	その他					
長文読解	内容把握	主題・表題				
		内容真偽	●	●	●	◎
		内容一致・要約文完成		●	●	◎
		文脈・要旨把握	●	■	●	◎
		英問英答		●		△
	適語（句）選択・補充		■	■	■	◎
	適文選択・補充				●	△
	文（章）整序		●			△
	英文・語句解釈（指示語など）		■	●	●	◎
	その他（適所選択）				●	△

●印：１～５問出題，■印：６～10問出題，★印：11問以上出題。
※予想欄　◎印：出題されると思われるもの。　△印：出題されるかもしれないもの。

出題傾向と今後への対策　数学

出題内容

2024年度　作　証　グ（該当なし）

大問４題，19問の出題。①は小問集合で，10問。数と式，データの活用，図形などからの出題。②は関数で，放物線と直線，円に関するもの。比例定数や点の座標，直線の傾きについて問われた。③は平面図形で，正方形を利用した計量題３問。④は空間図形で，立方体を切断した図形を利用した計量題３問。三角形の相似や三平方の定理などを利用できるかがポイント。

2023年度　作　証　グ（該当なし）

大問４題，18問の出題。①は小問集合で，９問。数と式，データの活用，図形などからの出題。②は関数で，放物線と直線に関するもの。直線の式や図形の面積比などが問われている。③は場合の数・確率に関する問題３問。番号札を使ってできる３けたの整数について問うもの。④は空間図形で，円錐と，円錐の内側に接する球について問うもの。三角形の相似などを利用できるかがポイント。

作…作図問題　証…証明問題　グ…グラフ作成問題

解答形式

2024年度　記　述／マーク／併　用（「マーク」に丸印）

出題傾向

大問４題，総設問数14〜19問。①は小問集合で７〜10問。計算問題のほか，図形などからも出題されている。②以降は，関数，平面図形，空間図形となることが多い。関数では放物線と直線に関するものだけでなく，図形の移動を利用したものが出題されることもある。図形は三平方の定理や相似を利用する計量題が中心。

今後への対策

まず，数と式，方程式においては，計算練習をして計算力をつけること。計算は数学の土台ともなるものなのでおろそかにはしないように。関数，図形においては，公式や定理，性質などをしっかり覚え，問題で使えるようにすること。基本問題集などで演習を積んで定着させるようにしよう。毎日の積み重ねが大事。

◇◆◆◆◆ 数学出題分野一覧表 ◆◆◆◆◇

分野		2022	2023	2024	2025予想※
数と式	計算，因数分解	★	★	★	◎
	数の性質，数の表し方	●		●	△
	文字式の利用，等式変形				
	方程式の解法，解の利用	■	■	■	◎
	方程式の応用				
関数	比例・反比例，一次関数				
	関数 $y=ax^2$ とその他の関数	★	★	★	◎
	関数の利用，図形の移動と関数				
図形	（平面）計量	■	■	★	◎
	（平面）証明，作図	●			△
	（平面）その他				
	（空間）計量	★	★	★	◎
	（空間）頂点・辺・面，展開図				
	（空間）その他				
データの活用	場合の数，確率	●	★	●	◎
	データの分析・活用，標本調査	●	●	●	◎
その他	不等式				
	特殊・新傾向問題など				
	融合問題				

●印：１問出題，■印：２問出題，★印：３問以上出題。
※予想欄　◎印：出題されると思われるもの。　△印：出題されるかもしれないもの。

出題傾向と今後への対策 国語

出題内容

2024年度

一 国語の知識　二 論説文　三 小説　四 古文

課題文

二福岡伸一『新版 動的平衡3』
三藤岡陽子『リラの花咲くけものみち』
四『今物語』

2023年度

一 国語の知識　二 論説文　三 小説　四 古文

課題文

二古田徹也『いつもの言葉を哲学する』
三瀧羽麻子『博士の長靴』
四『今昔物語集』

2022年度

一 国語の知識　二 論説文　三 小説　四 古文

課題文

二苫野一徳「『自由な社会』を先に進める」
三青山美智子『お探し物は図書室まで』
四清少納言『枕草子』

解答形式

2024年度　記述／マーク／併用

出題傾向

設問は，国語の知識の問題に10問，それぞれの読解問題に10問前後付されており，全体で40問程度の出題となっている。課題文は，現代文・古文ともに分量が多い。また，現代文は，比較的新しい作品からの出題が目立ち，古文は，平安・鎌倉時代の作品が選ばれることが多いようである。

今後への対策

読解問題については，課題文の分量も設問数も多いので，文章を速く正確に読む力が必要である。こうした力を養うには，問題集をできるだけ数多くこなすことと，日頃からの読書が効果的である。国語の知識については，幅広い出題となっているので，分野ごとに参考書などを使って知識を整理し，問題集で確認しておくこと。

◆◆◆◆◆ 国語出題分野一覧表 ◆◆◆◆◆

分野		年度	2022	2023	2024	2025 予想※
現代文	論説文 説明文	主題・要旨		●	●	◎
		文脈・接続語・指示語・段落関係	●	●	●	◎
		文章内容	●	●	●	◎
		表現		●		△
	随筆 日記 手紙	主題・要旨				
		文脈・接続語・指示語・段落関係				
		文章内容				
		表現				
		心情				
	小説	主題・要旨	●			△
		文脈・接続語・指示語・段落関係				
		文章内容	●	●	●	◎
		表現		●		△
		心情	●	●	●	◎
		状況・情景				
韻文	詩	内容理解				
		形式・技法				
	俳句 和歌 短歌	内容理解		●		△
		技法	●	●	●	◎
古典	古文	古語・内容理解・現代語訳	●	●	●	◎
		古典の知識・古典文法	●	●	●	◎
	漢文	(漢詩を含む)		●	●	◎
国語の知識	漢字 語句	漢字	●	●	●	◎
		語句・四字熟語	●	●	●	◎
		慣用句・ことわざ・故事成語	●	●	●	◎
		熟語の構成・漢字の知識				
	文法	品詞	●	●	●	◎
		ことばの単位・文の組み立て				
		敬語・表現技法				
	文学史		●	●	●	◎
作文・文章の構成・資料						
その他						

※予想欄　◎印：出題されると思われるもの。　△印：出題されるかもしれないもの。

合格を勝ち取るための

本書の使い方

本書に掲載されている過去問をご覧になって，「難しそう」と感じたかもしれません。でも，大丈夫。ほとんどの受験生が同じように感じるのです。高校入試の出題範囲は中学校の定期テストに比べて広いですし，残りの中学校生活で学ぶはずの，まだ習っていない内容からも出題されているかもしれません。

ですから，初めて本書に取り組む際には，点数を気にする必要はありません。点数は本番で取れればいいのです。

過去問で重要なのは「間違えること」です。自分の弱点を知るために，過去問に取り組むのです。当然，間違った問題をそのままにしておいては意味がありません。

本書には，長年にわたって高校受験に関わってきたベテランスタッフによる詳細な解説がついています。間違えた問題は重点的に解説を読み，何度も解きなおしてください。時にはもう一度，教科書で復習するのもよいでしょう。

別冊として，抜き取って使える解答用紙を収録しました。表示してあるように拡大コピーをとれば，実際の入試と同じ条件で，何度でも過去問に取り組むことができます。特に記述問題では解答欄の大きさがヒントになる場合があります。そうした，本番で使える受験テクニックの練習ができるのも，本書の強みです。

前のページにある「出題傾向と今後への対策」もよく読んで，本校の出題傾向に慣れておきましょう。

2025 年度 高校受験用

日本大学豊山女子高等学校　4 年間スーパー過去問

をご購入の皆様へ

お詫び

本書、日本大学豊山女子高等学校の入試問題につきまして、誠に申し訳ございませんが、以下の問題文は著作権上の問題により掲載することができません。設問と解説、解答は掲載してございますので、ご必要とされる方は原典をご参照くださいますよう、お願い申し上げます。

記

2022 年度　一般　英語 6 の問題文

以上

株式会社　声の教育社　編集部

2024年度 日本大学豊山女子高等学校(推薦)

【適性検査問題】（60分）

【英　語】〈満点：35点〉

1　次の文章を読み，各設問に答えなさい。

Do you wash your hands when you come home? Many of you will answer yes to this question. Now, washing hands is necessary to stay healthy. However, about 160 years ago there were few people who understood that washing hands is important to *prevent getting sick.

(A)The first person who understood this was a *Hungarian doctor, Ignaz Semmelweis. He worked at a hospital in *Vienna. (B)In the 1840s, there were so many women who had fever after giving birth, and many of them died. It was such a big problem at the hospital, so Semmelweis tried to make it clear. There were many *hypotheses about the cause of the problem. For example, women feel ashamed because a male doctor sees them, or they feel afraid when a *priest comes near them. Semmelweis tested these hypotheses, and almost all of them were wrong.

Finally, he found the cause. It was the dead bodies. Medical students used them to understand the human body, and doctors *observed the students in the morning. In the afternoon, doctors saw women who would give birth. So, Semmelweis thought that the dead bodies had something that caused fever or death of women after giving birth. He also thought that doctors and students took them to the hospital.

In 1847, he told the students and doctors who would see the women to wash their hands to test his idea. After that, the number of women who died after giving birth decreased greatly, so his hypothesis was proved to be right. After finding that, Semmelweis shared this fact with many other doctors, but they did not agree with him at that time, and some of them *fooled him.

Semmelweis died in 1865, but doctors did not accept his idea at that time. However, *Pasteur wrote a *paper on *bacteria in 1861, and it also supported Semmelweis' idea. As a result, doctors began to wash their hands, and women who gave birth did not die at the hospital.

About 160 years have passed since Semmelweis died. Now, people all over the world know the importance of washing hands. We must remember what Semmelweis taught and continue to wash our hands to prevent getting sick.

(注)

prevent ～：～を避ける
Hungarian：ハンガリー人の
Vienna：ウィーン
hypotheses：hypothesis(仮説)の複数形
priest：司祭，神父
observe ～：～を観察する
fool ～：～をばかにする
Pasteur：パスツール
paper：論文
bacteria：bacterium(細菌)の複数形

(1) 下線部(A)を書きかえるとき，最も適切なものを選びなさい。

① The first person who understood that staying healthy was necessary
② The first person who understood the difficulty of returning home safely
③ The first person who understood that sickness made us strong
④ The first person who understood the importance of washing hands

(2) 下線部(B)の理由として，最も適切なものを選びなさい。

① 妊婦が男性医師に診られるのを恥ずかしく感じ，体調に影響したから。
② 医師が病気の原因となる何かを病院内に持ち込んでいたから。
③ 出産中に司祭が近くを通ることに，妊婦が恐怖を感じたから。
④ 医師が忙しすぎるため，医学生が担当する場合が多かったから。

(3)～(6) 本文の内容に合うように文を完成させるとき，最も適切なものをそれぞれ選びなさい。

(3) Before seeing women who would give birth, ＿＿＿＿＿＿.

① doctors came to the hospital and waited during the morning
② doctors and students read textbooks about bodies in the classroom
③ doctors observed students studying about the human body
④ doctors walked around the town to be healthy in the morning

(4) In 1847, ＿＿＿＿＿＿.

① Ignaz Semmelweis told students and doctors to wash their hands to test his idea
② Ignaz Semmelweis decided to save women
③ Ignaz Semmelweis began to study dead bodies
④ Ignaz Semmelweis died

(5) Many doctors ＿＿＿＿＿＿.

① told women to wash their hands after Semmelweis' discovery
② taught Semmelweis something important about bacteria before his death
③ tried to increase the number of women doctors in 1865
④ did not believe that washing hands was the solution

(6) The number of women who died after giving birth finally decreased ＿＿＿＿＿＿.

① thanks to Pasteur's good care of Semmelweis
② because many women supported Semmelweis' idea
③ thanks to Pasteur's paper on bacteria
④ because many doctors died of diseases

2 次の対話文に入る最も適切なものをそれぞれ選びなさい。

(7) A: I heard that you will not come to the party tonight.
B: I have to visit my grandparents. (　　　　)
① I hope we will enjoy the party.
② I haven't decided where to go.
③ If I didn't have plans, I could go.
④ I'm looking forward to the party tonight.

(8) A: Hey, look at that boy.
B: Oh, (　　　　) What can we do for him?
A: He needs something cold. I'll get a cold drink right away.
① I think that he is a good player.
② he looks so hot and tired.
③ I want to give him something hot.
④ he was sleeping well at that time.

3 次の[　　　]内の語を正しく並べかえて英文を完成させるとき，不足している語があります。その語をそれぞれ選びなさい。(文頭に来る語も小文字で書いてあります。)

(9) [is / my / book / this / which / a / cousin] last year.
① write　② written　③ writing　④ wrote

(10) [a / we / time / during / good] the trip to America.
① had　② made　③ took　④ felt

(11) We will meet at six tomorrow morning, so [not / late / until / TV / watch / you] at night.
① are　② did　③ must　④ have

4 次の各文の(　　　)内に入る最も適切なものをそれぞれ選びなさい。

(12) A: There are many dogs here. Which is your dog?
B: That black dog (　　　) under the tree is mine.
① sit　② sits　③ sat　④ sitting

(13) A: You are great, Mike! You swim very fast!
B: Thank you. But Bob can swim (　　　) as me.
① faster　② the fastest　③ more fast　④ as fast

【数　学】〈満点：35点〉

（注意）$\boxed{①}$，$\boxed{②}$，$\boxed{③}$，……には，数字または符号を入れなさい。ただし，答えが分数になる場合は，既約分数で答えなさい。

次の$\boxed{}$に数または符号を入れなさい。

1　次の各問に答えなさい。

(1)　$\frac{3}{8} \div \left(-\frac{9}{16}\right) + (-0.9) \times \left(-\frac{5}{3}\right)^3 = \frac{\boxed{①}}{\boxed{②}}$

(2)　$\frac{8}{9}x^{\boxed{③}}y^{\boxed{④}} \div \frac{16}{3}xy^2 + \left(-\frac{1}{8}x^2y\right)^2 \div \left(-\frac{1}{4}x^3y\right) = \frac{\boxed{⑤}}{\boxed{⑥}\boxed{⑦}}xy$

(3)　$\sqrt{17}-2$ の整数部分を a，小数部分を b とするとき，$a^2+b^2=\boxed{⑧}\boxed{⑨}-\boxed{⑩}\sqrt{17}$である。

(4)　2次方程式　$2x^2-7=(x-1)(x+2)$　を解くと，$x=\frac{\boxed{⑪}\pm\sqrt{\boxed{⑫}\boxed{⑬}}}{\boxed{⑭}}$である。

(5)　図は，ＡＢ＝10cm，ＢＣ＝14cm，ＡＣ＝12cmの△ＡＢＣである。∠ＢＡＣの二等分線と辺ＢＣの交点をＰ，∠ＡＢＣの二等分線と辺ＡＣの交点をＱ，線分ＡＰと線分ＢＱの交点をＲとするとき，ＢＲ：ＲＱ＝$\boxed{⑮}$：$\boxed{⑯}$である。

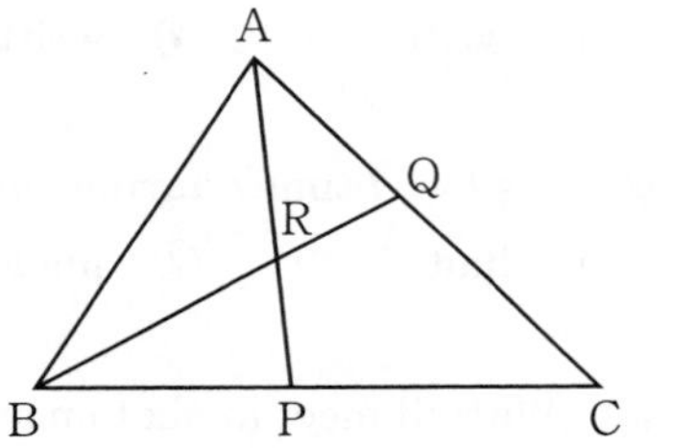

(6)　男子３人と女子２人が一列に並ぶとき，女子が隣り合わない確率は，$\frac{\boxed{⑰}}{\boxed{⑱}}$である。

2　図のように，関数 $y=x^2$ のグラフ上に点Aがあり，x 座標は -1 である。点Aを通り傾きが1の直線と関数 $y=x^2$ のグラフの交点のうち点Aと異なる点をBとするとき，次の問に答えなさい。

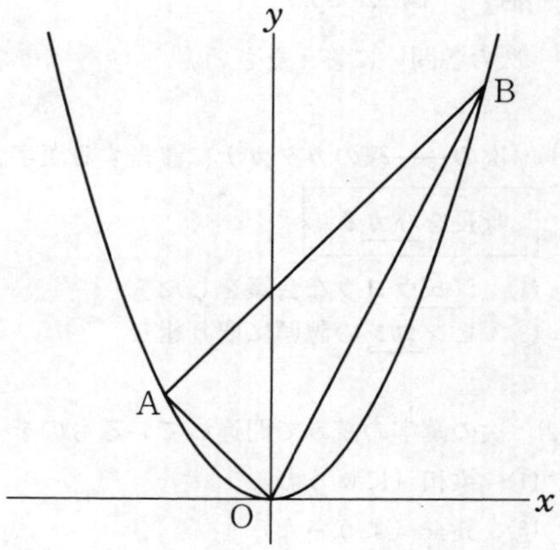

(1)　点Bの座標は，(⑲，⑳) である。

(2)　△AOBの面積は，㉑である。

(3)　△AOBを直線ABのまわりに1回転させてできる立体の体積は，$\text{㉒}\sqrt{\text{㉓}}\,\pi$ である。

3　図のように，底面の半径が 4cm の円錐を，底面と平行な面で切断した立体の内部に内接する球Oがある。切断面の円の半径が 2cm のとき，球Oの体積は，$\dfrac{\text{㉔㉕}\sqrt{\text{㉖}}}{\text{㉗}}\pi\,\text{cm}^3$ である。

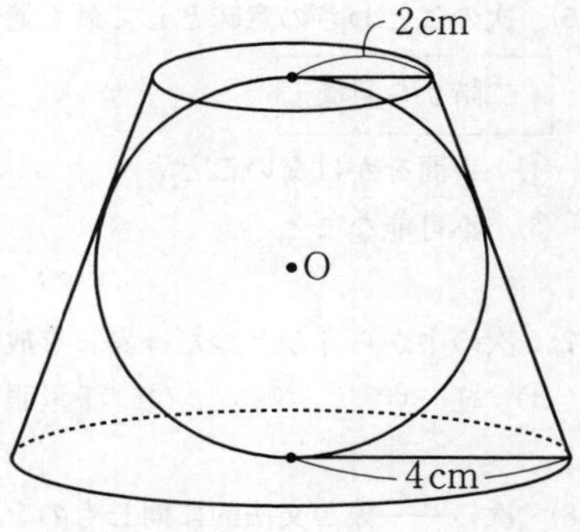

【国　語】〈満点：35点〉

1　次の各問いに答えなさい。

(1)　次の——線のカタカナに該当する漢字と同じ部首が使われているものを1つ選びなさい。

身長をハカる

①　ジュウヨウな会議をした　　②　私は権利をショウシツした
③　ヒンコンの課題に取り組む　　④　友人のライホウを喜ぶ

(2)　次の漢字の読みで間違っているものを1つ選びなさい。
①　柔和（にゅうわ）　　②　河川（かせん）
③　養蚕（ようさん）　　④　福音（ふくおん）

(3)　次の——線の読みが他と異なるものを1つ選びなさい。
①　装置　　②　装飾　　③　衣装　　④　仮装

(4)　次の中から対義語の組み合わせでないものを1つ選びなさい。
①　暗愚—賢明　　②　委細—詳細　　③　画一—多様　　④　顕在—潜在

(5)　次の四字熟語で漢字が正しく使われているものを1つ選びなさい。
①　臨気応変　　②　起死回生　　③　旧態以前　　④　用意周倒

(6)　次のことわざの意味として最も適切なものを選びなさい。

二階から目薬

①　手間をかけないこと　　②　手遅れになること
③　不可能なこと　　④　効果がないこと

(7)　次の中から「ひとつだけ異彩を放つもの」の意味をもつ故事成語を1つ選びなさい。
①　紅一点　　②　千里眼　　③　太公望　　④　白眼視

(8)　次の——線と文法的に同じものを1つ選びなさい。

電車の窓から外を眺めた

①　寝不足から力が出ない　　②　昼から雨が降るそうだ
③　ぶどうからジュースをつくる　　④　倉庫から荷物を運び出す

(9)　次の中から「公正取引」の意味を表すものを1つ選びなさい。
①　インバウンド　　②　アウトバウンド　　③　フェアトレード　　④　トレードオフ

(10)　次の中から宮沢賢治《みやざわけんじ》の作品を1つ選びなさい。
①　『おとうと』　　②　『二十四の瞳』　　③　『しろばんば』　　④　『春と修羅』

2 次の文章を読んで，後の問いに答えなさい。

私は『野火《のび》』という詩誌を出しております。この本はどなたでもは㋐いれる詩誌となっていますので，会員のかたの年齢は，中学生から八十二歳になるおばあちゃまもおられます。

㋑ソウカンしてから今年で八年めを迎えますが，㋒どなたも詩を書かれているうちに，だんだん若く，美しくなってゆかれます。

この原因は何かと私は思うのですけれど，それは，詩が感動をとらえる文学だということにあることが思われます。これを逆にいえば，詩を書こうとしたなら，何か，自分から感動を呼び起こさなければなりません。

このことについて，あるおばあちゃまがおっしゃいました。

「『野火』のしめ切りが近づいて，何としても詩を書こうと思い出すと，一りんの花もていねいに見るようになります。お野菜を洗うのも，いつもとは違う気持ちで心をこめて洗います。すると急にお大根の白さが全く新しいものに思えて来て，詩になることばが生まれて来ます」

このおばあちゃまは，詩を書きはじめてから，一日一日がとても新しいものになって来た㋓といわれました。

私たちの毎日は習慣的に過ぎていますけれど，その習慣の中にすっぽり身をおいてしまうと，なにもが当たり前になってしまって，驚く心を失《うし》なってしまいます。

驚きを失なってしまう心は眠っているのと同じ，生きている実感もなくなってしまうといえるでしょう。

私が詩を書き始めたとき，第一番にいわれたことは，㋔「常識的にものを見てはいけない」，また「名前にばかりとらわれてものを見てはいけない」ともいわれました。

一つのコップをさして，「これは何ですか」と聞かれたとき，私は「コップです」としか答えられませんでした。

コップ，ただのコップと，ただその名前でしか見られなかったとしたら，常識的な見方，習慣的な見方だというのです。

名前とは生活の㋕便宜上，後からつけられるもの，その名前を一度忘れて，そのものの姿形，本質を見ることをしなければいけないというのです。

ガラスでできた㋖透明な，こんな形の器，と見る心が大切だということなのです。

㋗コップも花をさせば花びんになり，ペンを立てればペン立《たて》という名にかわります。

子どもはその点，名前より先に本質を見る目を持っているのではないでしょうか。

コップにオタマジャクシを入れたり，椅子をさかさにして電車ごっこをしたり，おかあさんは，つい叱ってしまいますけれど，おとなよりもはるかに自由に，そのものを見ることができるのでしょう。

雲の形をライオンに見たり，白鳥と思ったり，子どものそうした楽しい目を，私たちはいつの間にか失ってしまいました。

そうした失った目をとりもどすために，私はときどき㋘名前を忘れて見るゲームをすることにしています。

普段歩き馴《な》れている自分の町も，ここは生まれてはじめて来た町，どこか知らない町，と思って駅までの道を歩いてみると，一軒一軒の家が，みんな新しいものになって目に映ります。屋根の形にもはじめて気づいたり，「ああ，このお店にはこんな店員さんもいたのだわ」とか，たばこ屋さんのおばあちゃんが，いつかすっかり年をとられていることにも気づいて声をかけてみたくなったり。

家族に対しても，自分の夫，自分の子供と，いつも思い馴れている気持ちをはずして目をむけて見ますと，そこには何歳かになった一人の男性が現《あら》われ，満十歳になった一人の少年が現われる，ということになります。そしてそれは，自分の夫，自分の子どもと思っているときとは違い，さまざまな新しい面を見せてくれるでしょう。

ときおり，そうした本質にもどってものや人を見ることは，認識や理解を深めるのに役立ちますし，自分の心を目覚めさせるステキな刺激にもなります。

人を愛するということ，美しい愛のあり方というものも，結局はその人の本質を知ってあげることでしょう。

（高田《たかだ》　敏子《としこ》『やさしさから生まれるもの』）

(11)　――線㋐と文法的に同じものを１つ選びなさい。

①　試験が行われる場所を下見する　　②　彼は秘密を守れる人間だ

③　何か疑問に思われることはありますか　　④　思い出されるのは幼いころの約束だ

(12)　――線㋑のカタカナと同じ漢字が含まれている熟語を１つ選びなさい。

①　善後策をソウダンする　　②　結果はソウテイ外だった

③　ドクソウ的な発明をする　　④　委員のソウイで決定された

(13)　――線㋒の理由として最も適切なものを選びなさい。

①　詩は感動をとらえる文学なので，詩を書かなくても読むだけで感性がとぎすまされ，心が若々しくなっていくから。

②　詩を書くために自ら感動を呼び起こそうとすることで毎日を新鮮に感じるようになり，生き生きと暮らせるようになるから。

③　詩を書くために毎日の暮らしを丁寧に送るように心がけるうちに，自然と身だしなみにも気を遣うようになるから。

④　習慣にしたがって生きることをやめて詩になるような新鮮で美しいものごとに目をとめることで，生きている実感が湧くから。

(14)　――線㋓の主語として適切なものを１つ選びなさい。

①　おばあちゃまは　　②　詩を　　③　一日一日が　　④　来たと

(15)　――線㋔の説明として最も適切なものを選びなさい。

①　対象を表面的に見るだけでなく，なぜその名前なのかを考えて本質に近づくべきだということ。

②　あえて常識から離れて対象を見つめ直すことによって，独自の感性を磨くべきだということ。

③　対象にむき合うときは，自分が知らない面を探すようにすることを心がけるべきだということ。

④　先入観を捨てて対象の姿や形を素直に見つめ，その本質をとらえるようにすべきだということ。

(16)　――線㋕の言葉の意味として最も適切なものを選びなさい。

①　都合に合わせて　　②　その場しのぎの

③　いい加減な　　④　必要に迫られて

(17)　――線㋖と同じ品詞のものを１つ選びなさい。

①　いよいよ出発だ　　②　たいした問題ではない

③　なごやかに話し合う　　④　にわとりがけたたましく鳴く

(18)　――線㋗の説明として最も適切なものを選びなさい。

① ものの名前は，そのものの本質とは関係がないということ。

② 名前をつけられることで，ものは用途を限定されるということ。

③ ものの名前は，そのものの一面しか表していないということ。

④ 名前がなければ，ものの本質はわからなくなるということ。

(19)　――線㋘の理由として最も適切なものを選びなさい。

① 習慣化して新鮮さを失ってしまった退屈な日々に刺激を与え，生きるおもしろさを見いだすため。

② 子どものような純真な目をとりもどし気分を一新すると共に，家族や近隣との関係を見直すため。

③ 馴れているがゆえに見過ごしていたものを発見し，思い込みをとり去って人間関係を再生するため。

④ 本質を見る目をとりもどし，既知のものに対する認識や理解を深めると共に自分の感性を磨くため。

(20)　次に示すのは，高田さんの文章を読んだ後の，**花子**さんとある**友達**のやりとりです。会話文中の□に入る文として最も適切なものを**＜選択肢＞**から選びなさい。

花子―『野火』という詩誌の会員である「あるおばあちゃま」が，「詩を書こう」と思うことで身近な花や野菜にむかう気持ちが変わると言っていますね。

友達―詩を書くことを意識することで，習慣的に行っていることに新鮮な気持ちでむき合うようになったのですね。自分の気持ち次第で，周りの見え方は変わるということですね。

花子―そうですね。毎日同じことの繰り返しで，つまらないと思うことがありますが，それは自分のものの見方の問題なんですね。

友達―本文に，雲の形をライオンや白鳥に見立てるという子どもの目について述べられていますが，私も小さいころ，雲をいろいろな形に見立てて遊んだことを思い出しました。

花子―今は雲を見ることもあまりないのですが，たまには小さいころのように，自由にものを見ることも必要ですね。ところで，高田さんは□自分が知っていることが全てだと見なすのではなく，本音や本質を知ろうとする姿勢が大切だと思いました。

友達―なるほど。人やものごとについて，こうだと決めつけてしまうと本質が見えなくなるのですね。思い込みを捨て，人やものにむき合っていきたいと思います。

＜選択肢＞

① 家族であっても，自分の夫や自分の子どもというフィルターをはずして見ることで，新たな面を知ることができると述べていますが，自分自身についても決めつけないでいろいろなことをすることで，新たな面を発見できるかもしれませんね。

② 住み馴れた町でも改めて歩いて回ることによって意外な発見があり，生まれてはじめて来た町のような気がすると述べていますが，普段の行動範囲は決まっているので，普段歩かないような場所を歩くだけで新鮮な気持ちになれるのでしょうね。

③ 身近なだけに思い込みで誤解してしまうことの多い家族に対しても，自分の夫や子どもという気持ちを取り去って目をむけて見ることで，自分が知らない一人の人としてさまざまな新しい面を見られると述べていますが，身近なところから始めるとよいのでしょうね。

④ 人を愛するということは，その人の本質を知ってあげることなので，一方的な見方をすることなく，その人のいろいろな面を見つけようと述べていますが，自分自身のこともよくわからないのに，他人の本質を知るというのは難しいことだと思います。

2024年度／日本大学豊山女子高等学校（推薦）

英語解答

1 (1) ④　(2) ②　(3) ③　(4) ①
　(5) ④　(6) ③

2 (7) ③　(8) ②

3 (9) ④　(10) ①　(11) ③

4 (12) ④　(13) ④

数学解答

1 (1) ①…7　②…2
　(2) ③…2　④…3　⑤…5　⑥…4
　　⑦…8
　(3) ⑧…3　⑨…7　⑩…8
　(4) ⑪…1　⑫…2　⑬…1　⑭…2
　(5) ⑮…2　⑯…1
　(6) ⑰…3　⑱…5

2 (1) ⑲…2　⑳…4　(2) 3
　(3) ㉒…2　㉓…2

3 ㉔…6　㉕…4　㉖…2　㉗…3

国語解答

1 (1) ②　(2) ④　(3) ③　(4) ②
　(5) ②　(6) ④　(7) ①　(8) ④
　(9) ③　(10) ④

2 (11) ②　(12) ③　(13) ②　(14) ①
　(15) ④　(16) ①　(17) ③　(18) ③
　(19) ④　(20) ①

2024年度 日本大学豊山女子高等学校（一般）

【英　語】（50分）〈満点：100点〉

（注意）最初の約10分はリスニングテストです。

〈編集部注：放送文は未公表のため掲載してありません。〉

1　You are going to have a listening test. The test has two sections: Section A and Section B. Listen to each question and then mark the answer on your answer sheet.

Section A

You are going to hear four short conversations. For each statement, choose the best answer and mark it on your answer sheet. **You will hear each conversation and question twice.**

（1）

1．

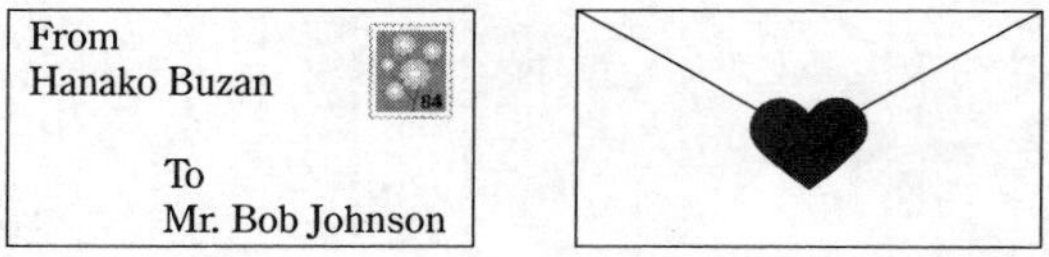

Front　　Back

2．

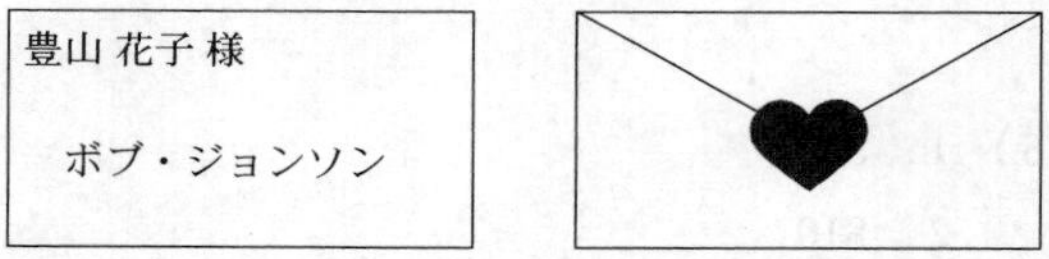

Front　　Back

3．

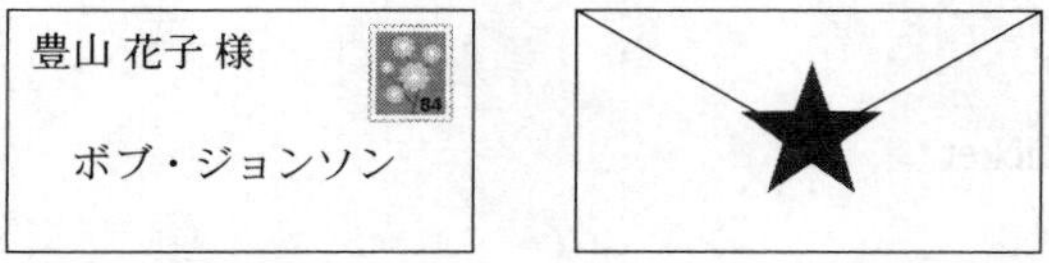

Front　　Back

4．

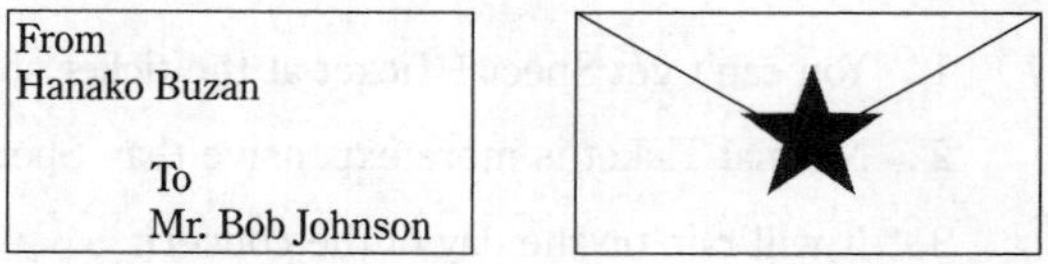

Front　　Back

（2）
1．A puzzle
2．A stuffed bear
3．A robot
4．A man

（3）
1．Do the girl's homework.
2．Lend the girl his notebook.
3．Teach English.
4．Show the girl his notebook.

（4） 1． By train.

2． By bus.

3． By mail.

4． On foot.

Section B

You will hear a short passage followed by four questions. Choose the best answer for each question and mark the number on your answer sheet. **You will hear the passage and questions twice.**

（5） 1． Bring food and drinks into the stadium.

2． Go out the stadium before the staff tell the audience to go out.

3． Take pictures inside the stadium.

4． Shout and clap their hands to the artists.

（6） 1． $5

2． $10

3． $15

4． $20

（7） 1． You can't get Special Ticket at the ticket shop.

2． Normal Ticket is more expensive than Special Ticket.

3． It will rain on the day of the concert.

4． There are umbrellas for the audience at the stadium.

（8） 1． They can shake hands with the artists.

2． They can take photos of the inside the stadium.

3． They can take photos with the artists.

4． They can get another concert ticket.

This is the end of the listening test.

2 水に関する以下の英文を読み，問題に答えなさい。

Wonderful water

[1] The United Nations *promotes March 22 as World Water Day to tell the importance of safe water in our daily lives. 【1】Humans are actually full of water. 【2】About 60% of the *average man's body weight and 55 % of the average woman's body weight is water. 【3】The percentage is even higher for children. About 80% of a newborn baby's body weight is water! 【4】

[2] I recently read an online article about "things that surprise international visitors to Japan." I was surprised that the list included "You can drink the water from the *tap," as it didn't seem unusual to me! You can also drink the *tap water in my homeland of New Zealand, so I *took this for granted. In a 2022 global tourism *survey, experts looked at water safety in 213 countries. Japan and New Zealand were among the 53 countries where it is fine to drink the water. Although there are many countries with safe drinking water, ①they are still in the *minority.

[3] I think that Japan's tap water tastes good, but some of my friends disagree. They say that the water tastes different after moving to a new house or city. Reasons may include the age and *material used to make the *water pipes, or differences in water sources. If you are worried about the taste or quality of your water, you can try using a water filter or simply boil your water first.

[4] The use of PET bottles is also a big problem in Japan. People here throw away 69 million PET bottles every day — over 25 *billion *annually! While cities and towns *are committed to recycling, each of us can play a part. For example, you can fill a water bottle at home to carry with you. Nearly all cafes and restaurants in Japan offer customers a refreshing glass of water. However, many Japanese feel uncomfortable about *filling up their water bottles in a restaurant. *In view of this, some young people developed the *mymizu* *app. The app shows a network of places, such as cafes and public spaces, where you can refill your bottle for free.

[5] So, how much water should we drink for our health? We often hear "Try to drink eight cups of water a day," but this actually isn't necessary for most of us. Researchers did a global study of 5,600 people in 2022, and their conclusion was "Drink when you're thirsty." Of course, your needs *vary *according to body weight, lifestyle and the climate in which you live. We also get water from water-rich foods including vegetables, fruit and soups, as well as from drinks such as milk, fruit juices, tea and coffee. Just try not to have too many sweet drinks like sodas and energy drinks. Plenty of water is good for you; too much sugar isn't!

(注) promote：~を宣伝する　average：平均的な　tap：蛇口　tap water：水道水
took~for granted：～を当たり前に思っていた　survey：調査　minority：少数派
material：材料　water pipe(s)：水道管　billion：10億　annually：年間
are committed to ～：～に取り組んでいる　filling up～：～を満たすこと
in view of ～：～を考慮して　app：アプリ　vary：異なる　according to～：～によって

(９) 体内の水分量の割合が高い順に並べたものとして，最も適切なものを１～４の中から選びなさい。

ア

イ

ウ

１．ア＞イ＞ウ　　２．イ＞ウ＞ア　　３．イ＞ア＞ウ　　４．ウ＞ア＞イ

(10) 以下の文は第１段落のどこに入れるのが適切か。【1】～【4】の中から選びなさい。

"So, water is very important for the human body. We can live for four weeks without food, but we can't live for more than about three days without water!"

(11) According to the 2nd paragraph, what does the underlined sentence ① mean?

1．There are more countries in which it is safe to drink tap water.

2．There are more countries in which it is not safe to drink tap water.

3．The number of countries where you can drink tap water and the countries where you can't drink tap water are about the same.

4．It is safe to drink tap water in more than half of the counties in the survey.

(12) Choose the best answer to fill in the blank.

According to the 2nd paragraph, [　　　　　　　　].

1．the foreign visitors were surprised that they can't drink the water from the tap in Japan

2．the writer was surprised that tap water is drinkable in Japan as well as in New Zealand

3．it is safe to drink tap water only in about one fourth of the countries in the survey

4．it is not safe to drink tap water in New Zealand

(13) Choose the best answer to fill in the blank.

According to the 3rd paragraph, some of the writer's friends [　　　　　　　　].

1．think there is no problem with the taste of Japan's tap water

2．think Japan's tap water has some problems

3．think Japan's tap water tastes better than other countries

4．think Japan's tap water tastes best

(14) 第3段落によると，水道水の味が好みでなかった場合，筆者は何をすることを提案していますか。最も適切な組み合わせを1～4の中から選びなさい。

ア．フィルターを使う

イ．引っ越しをする

ウ．ペットボトルの水を買う

エ．水を沸かす

1．アーイ　　2．イーウ　　3．ウーエ　　4．アーエ

(15) According to the 4th paragraph, which of the action does NOT reduce the use of PET bottles?

1．Recycle PET bottles.
2．Fill a water bottle from home to carry around.
3．Use *mymizu app*.
4．Buy PET bottled drinks at a convenience store.

(16) What is true about *mymizu app*?

1．It is an app developed by some university students.
2．It tells you where you can fill your water bottle for free.
3．It tells you where you can buy special water bottle filled with water.
4．You can fill your water bottle at a law cost.

(17) According to the 5th paragraph, choose the one that is NOT true.

1．You must drink 8 glasses of water a day.
2．You should take your body weight, lifestyle, and weather into consideration for the amount of water you need in a day.
3．You should drink water when you are thirsty.
4．You can also get water from your meals.

(18) According to the 5th paragraph, which one is NOT healthy to get water from?

1．Vegetables
2．Fruit
3．Milk
4．Sodas

3 　修学旅行委員のスミレとアオイは，修学旅行について話し合いをしています。以下の英文を読み，問題に答えなさい。

Sumire : Hi, Aoi. Let's talk about our school trip plan.

Aoi : Sure, Sumire. Well, is it possible for us to go on our trip to Boston in the U.S.A this year?

Sumire : Unfortunately, we cannot go there because of COVID-19 problem. We can go anywhere in Japan (ア) visiting Boston in the U.S.A.

Aoi : Humm, I see. So, our *principal has already decided our trip plan in Japan, hasn't she?

Sumire : (イ). Yesterday, she gave me a good suggestion. The suggestion was that we can make our school trip plan by ourselves.

Aoi : Really? It's so nice! I cannot believe (ウ) it! So, I want to go to any amusement park!

Sumire : Calm down, Aoi. This trip is a school trip. Not a leisure trip. We have to think about our learning from our trip.

Aoi : OK, Sumire. Please give me more details…

Sumire : Well, last year we entered our high school, and we have started to (エ) look for our own research *themes which are related to women's studies such as *gender, LGBTQ, women and career etc.. We can use our school trip to make our research better. Therefore, when we think about our school trip, we need to think about our own research theme.

Aoi : I got your thinking, Sumire. But, I don't have any good ideas to connect with (オ) both sides.

Sumire : Well, I have the same problem. So, before we make our school trip plan, let's do brainstorming. I mean we tell each other some ideas freely.

Aoi : OK, Sumire. By the way, what is your research theme?

Sumire : My research theme is how to increase women's *administrative position. What is your theme?

Aoi : My theme is gender problems in TV.

Sumire : It's interesting. Humm… I found a good idea! Well, I think our classmates' themes are different. So, we need to collect personal research themes in our class. After we collect our classmates' themes, let's *group them into three: history, society, and science. The three groups' members can start to discuss what to learn from our trip.

Aoi : It's a good plan, Sumire. Also where will our classmate want to visit?

Sumire : I think it depends on what they want to learn and research from our school trip. I mean learning and researching is (カ) important than visiting.

Aoi : You are so serious! Anyway, I think we can make a good start to prepare (キ) our trip.

（注） principal：校長　　theme(s)：テーマ　　gender：ジェンダー（社会的性差）
administrative position：管理職　　group ～ into …：～を…に分類する

(19) Choose the best answer for (ア).

1. so
2. in addition
3. however
4. instead of

(20) Choose the best answer for (イ).

1. Yes, she has
2. Yes, she hasn't
3. No, she hasn't
4. No, she has

(21) What does (ウ) it mean? Choose the best answer from below.

1. Their principal has already decided their trip plan.
2. Students can make school trip plan by themselves.
3. Aoi wants to go to any amusement park.
4. They cannot go to Boston.

(22) Sumire thinks that ______.

1. she wants to go to an amusement park
2. she doesn't want to study her own research theme
3. a school trip is a leisure trip
4. a school trip is not a leisure trip

(23) Which one has the same meaning as (エ)?

1. keep
2. wonder
3. find
4. use

(24) What is (オ) both sides?

1. women's problem and amusement parks.
2. their own themes and trip.
3. their own themes and amusement parks.
4. leisure activities and COVID-19.

(25) Why did they do brainstorming?

1. They wanted to decide to visiting place at first.
2. They wanted to show their principal their idea.
3. They wanted to win COVID-19.
4. They wanted to find any good ideas.

(26) Which Sumire's suggestion is true?

1. After they collect their classmates' themes, they make them into three groups.
2. Before they collect their classmates' themes, they make them into three groups.
3. After they collect their classmates' themes, Sumire researches the date.
4. Before they collect their classmates' themes, they must discuss what to do and learn from school trip.

(27) Choose the best answer for (カ).

1. most
2. more
3. less
4. no

(28) Choose the best answer for (キ).

1. between
2. in
3. for
4. at

4 次の対話文の（　）内に入るものとして最も適切なものを選び，番号で答えなさい。

(29) A : Those muffins look so nice! Did you make them this morning?

B : I made them last night. (　　　)

A : Yes, please!

1. How many do you want?
2. How did you like it?
3. Would you like to try one?
4. Do you have enough time?

(30) A : Joe, did you hear that our new French teacher is a man from Ivory Coast?

B : Ivory Coast? (　　　)

A : It's a country in the West Africa. A lot of people speak French as an official language there.

B : That's interesting. I want to take his lesson.

1. How do you spell?
2. When is it?
3. Who is the person?
4. Where is that?

(31) A : Here's your coffee, sir. (　　　)

B : Can I have some egg sandwiches, please?

A : Sure.

1. Can I get you anything else?
2. Is it for here or to go?
3. How would you like your coffee?
4. Did you like it?

(32) A : Hello, this is Daniel Smith. May I speak to Jacob?

B : (　　　) Can I take a message?

A : Yes, please tell him that I called.

1. I'm sorry about that.
2. I've already done it.
3. I'm afraid he's not here.
4. I can't hear you.

(33) A : Excuse me, officer. Why is the bridge to Orange Island closed?

B : There was a big storm three days ago, and the bridge was damaged. They're doing repairs this week.

A : (　　　)

B : No. This is the only one to the island. If you want to go there, you have to take a boat.

1. Is it possible to go to Orange Island this week?
2. Is there another bridge near here?
3. Is Orange Island close to the office?
4. Is it true that the bridge is closed for a week?

5 各問の日本語の意味に合うように [　] 内の語句を並べかえて英文を完成させる時，A・Bに入る選択肢の組み合わせが正しいものを選び，番号で答えなさい。文頭に来る語も小文字で書いてあります。また [,] も選択肢の一つです。

(34) [the bench / the foreigner / sitting / speak / let's / to / on] over there.

____ ____ __A__ ____ __B__ ____ ____ over there.

「向こうのベンチに腰掛けている外国の方に話しかけてみようよ。」

1．A: to　B: sitting　　2．A: on　B: to

3．A: to　B: on　　4．A: the foreigner　B: sitting

(35) [who / well / can / is / make / the boy / a paper plane] my brother.

____ ____ __A__ ____ ____ __B__ ____ my brother.

「上手に紙飛行機を作れるその男の子は私の弟です。」

1．A: the boy　B: a paper plane　　2．A: make　B: is

3．A: who　B: a paper plane　　4．A: can　B: well

(36) [Roy / other boy / as / as / is / in / no / tall / the class].

____ ____ __A__ ____ ____ __B__ ____ ____ ____.

「ロイほど背の高い男の子はそのクラスにはいない。」

1．A: in　B: as　　2．A: as　B: no

3．A: is　B: as　　4．A: no　B: as

(37) I [because / very / I / was / have / couldn't / lunch / busy].

I ____ ____ __A__ ____ ____ __B__ ____ ____.

「私はとても忙しかったので，昼食を食べられなかった。」

1．A: busy　B: couldn't　　2．A: because　B: was

3．A: busy　B: I　　4．A: lunch　B: was

(38) [he / I / had / didn't / work / know / to / that] until late last night.

____ ____ __A__ ____ ____ ____ __B__ ____ until late last night.

「彼が昨夜遅くまで働かなければならなかったなんて私は知らなかった。」

1．A: that　B: to　　2．A: know　B: to

3．A: work　B: had　　4．A: to　B: didn't

(39) [you / you / that girl / if / what / do / were / would / ,] ?

____ ____ __A__ ____ ____ ____ __B__ ____ ____ ?

「もしあなたがあの女の子だったら，何をするでしょうか。」

1．A: were　B: would　　2．A: would　B: you

3．A: you　B: you　　4．A: would　B: what

6 次の英文の空所に入る最も適切な語(句)を下記の選択肢の中から選び，番号で答えなさい。

Caring for Children

You probably see a *pediatrician at least once a year. Pediatricians do *regular checkups and give children *treatments when they got sick. They give *shots and teach healthy *habits. They even do strange things, for example, they pull *bugs and small toys out of children's ears.

Good Advice

Jaclyn Dovico used to be a banker. But she went back to school to become a pediatrician.

She says people (40) want to become pediatricians should love children and families. Pediatricians take care of children from just after *birth until *adulthood. Dr. Johanna Rodriguez-Toledo wanted to be a pediatrician (41) she was 12. She grew up in *Puerto Rico, and was the first person in her family to graduate college.

"Do you want to be a pediatrician? Be prepared to work hard", Dr. Rodriguez-Toledo says. Pediatricians often spend at least 11 years in school before they start working. "You have to read a lot and put in a lot of hours," she says. "But (42) it's hard work, it's *worth trying."

Where to Start

There are things that future doctors can do now for the job. Spend time with children. Take science classes at school. Practice good study skills. Learning to speak a second language is helpful too. Doctors who know more than one language can connect with people who don't know English well. Dr. Rodriguez-Toledo says that speaking Spanish (43) her give treatments to families from countries (44) Mexico, *the Dominican Republic, and *Argentina.

(注) pediatrician：小児科医　regular checkup(s)：定期健康診断　treatment(s)：治療
shot(s)：注射　habit(s)：習慣　bug(s)：昆虫　birth：誕生　adulthood：成人期
Puerto Rico：プエルトリコ　worth：～する価値がある
the Dominican Republic：ドミニカ共和国　Argentina：アルゼンチン共和国

(40) 1．where　2．which　3．what　4．who

(41) 1．since　2．for　3．during　4．while

(42) 1．in short　2．not only　3．even though　4．because of

(43) 1．helping　2．to help　3．won't help　4．has helped

(44) 1．where　2．such as　3．instead　4．in addition

【数　学】（50分）〈満点：100点〉

（注意）(1)　定規，コンパスは使用してもよいが，計算機，分度器は使用してはいけません。

(2)　$\boxed{①}$，$\boxed{②}$，$\boxed{③}$，……には，数字または符号を入れなさい。ただし，答えが分数になる場合は，既約分数で答えなさい。

1　次の各問に答えなさい。

(1)　$\dfrac{3x+2y}{2}-\dfrac{5x-y}{3}=\dfrac{\boxed{①}x+\boxed{②}y}{6}$

(2)　$(-2xy)^3\times 15xy^5\div 6x^{\boxed{③}}y^{\boxed{④}}=\boxed{⑤}\boxed{⑥}\boxed{⑦}xy^4$

(3)　$3\sqrt{12}+\dfrac{5}{\sqrt{3}}-\dfrac{\sqrt{27}}{9}=\dfrac{\boxed{⑧}\boxed{⑨}\sqrt{\boxed{⑩}}}{3}$

(4)　連立方程式

$$\begin{cases} 1.4x-0.1y=1 \\ \dfrac{4x-y}{2}-\dfrac{2x+1}{3}=\dfrac{11}{6} \end{cases}$$

の解は，$x=\dfrac{\boxed{⑪}}{\boxed{⑫}}$，$y=\boxed{⑬}\boxed{⑭}$ である。

(5)　2次方程式 $x^2-\dfrac{2}{3}x-1=0$ の解は，$x=\dfrac{\boxed{⑮}\pm\sqrt{\boxed{⑯}\boxed{⑰}}}{\boxed{⑱}}$ である。

(6)　自然数 $\boxed{⑲}\boxed{⑳}\boxed{㉑}$ の約数は全部で3個あり，その和は133である。

(7)　男子5人，女子2人の中からくじ引きで2人を選ぶとき，1人が男子で1人が女子である確率は $\dfrac{\boxed{㉒}\boxed{㉓}}{\boxed{㉔}\boxed{㉕}}$ である。

(8)　赤玉と白玉が合わせて600個入った袋から40個の玉を取り出したところ，赤玉が9個含まれていた。袋の中には，およそ $\boxed{㉖}\boxed{㉗}\boxed{㉘}$ 個の赤玉が入っていたと考えられる。

(9)　図の $\angle x$ の大きさは $\angle x =$ ㉙㉚㉛°である。

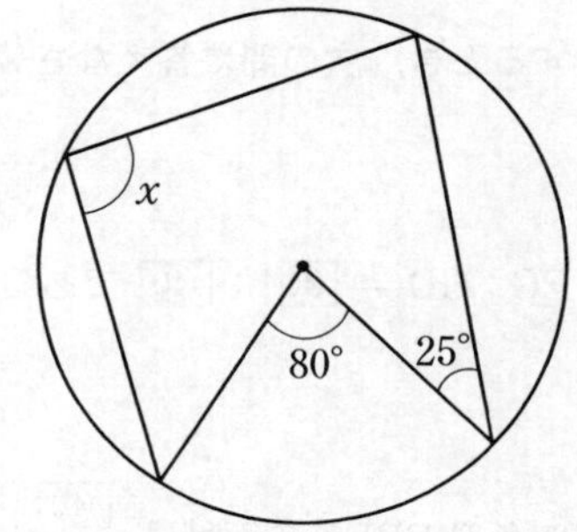

(10)　底面の半径が 6 cm で高さが 10 cm の円柱の容器に水面の高さが 8 cm のところまで水が入っている。この容器に，半径が 3 cm の球の形をしたビー玉㉜個を水の中に沈めたところ，ちょうど満水になった。ただし容器の厚さは考えないものとする。

2　図のように，2 つの放物線 $y = kx^2\ (k > 0) \cdots$ ①，$y = -\dfrac{1}{3}x^2 \cdots$ ② および原点 O を中心とする半径 2 の円があり，①，② と円との交点をそれぞれ A，B，C，D とする。点 A の x 座標が 1，点 D の x 座標が正であるとき，次の問に答えなさい。

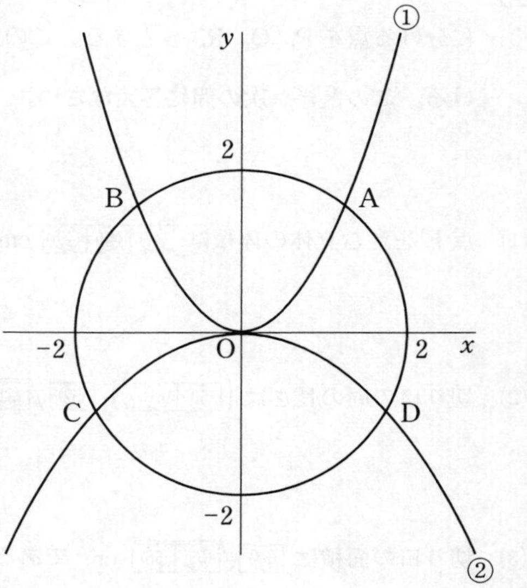

(1)　$k = \sqrt{㉝}$ である。

(2)　点 C の座標は $\left(㉞\sqrt{㉟},\ ㊱㊲\right)$ である。

(3)　2 点 B，C を通る直線の傾きは ㊳ $+ \sqrt{㊴}$ である。

3　図のように，1 辺の長さが 3 cm の正方形 ABCD の辺 AB 上に AE：EB ＝ 2：1 となる点 E をとる。また，点 B を通り ED に平行な直線と AC との交点を F とする。さらに，AC と ED との交点を G とするとき，次の問に答えなさい。

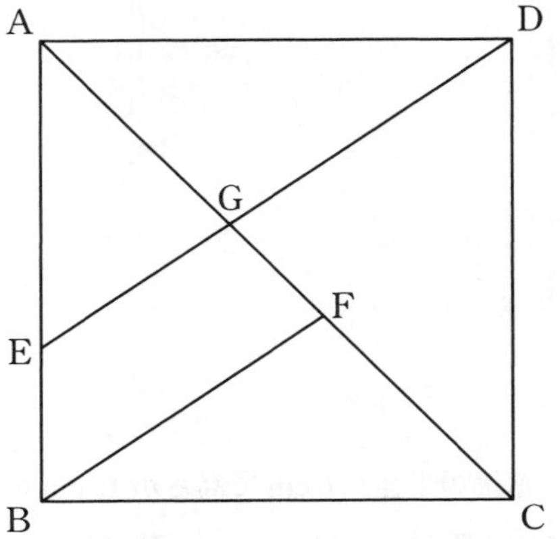

(1)　EG：GD ＝ $\boxed{40}$ ： $\boxed{41}$ である。

(2)　四角形 EBFG の面積は $\dfrac{\boxed{42}}{\boxed{43}}$ cm^2 である。

(3)　GF ＝ $\dfrac{\boxed{44}\sqrt{\boxed{45}}}{\boxed{46}}$ (cm) である。

4　図は 1 辺の長さが 6 cm の立方体 ABCD − EFGH である。辺 AB，AD，GF，GH をそれぞれ 1：2 に分ける点を P，Q，R，S とする。この立方体を 3 点 P，Q，R を通る平面で切断し，2 つの立体に分ける。このとき，次の問に答えなさい。

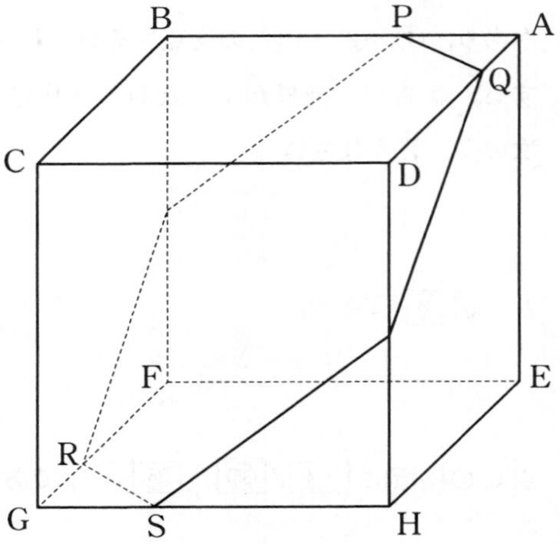

(1)　点 E を含む立体の体積は $\boxed{47}\boxed{48}\boxed{49}$ cm^3 である。

(2)　切り口の周の長さは $\left(\boxed{50}\boxed{51} + \boxed{52}\sqrt{\boxed{53}}\right)$ cm である。

(3)　切り口の面積は $\boxed{54}\sqrt{\boxed{55}\boxed{56}}$ cm^2 である。

問一 [A] に入る語を一つ選びなさい。

ア、や　イ、ぞ　ウ、なむ　エ、こそ

問二 ――線㋐～㋓のうち、他と主語が異なるものを一つ選びなさい。

問三 ――線①の理由として最も適切なものを選びなさい。

ア、北の対にいたところ、警護の武正に見つかり叱責されたから。
イ、好意をもって声をかけたのに、武正にひどく拒絶されたから。
ウ、美貌の武正に思いがけず声をかけられ、恥ずかしかったから。
エ、立派な武正の姿に比べ、自分はみすぼらしい姿をしていたから。

問四 ――線②の説明として最も適切なものを選びなさい。

ア、召使の扱いをよく心得ている人物ということ。
イ、随身の所作をよく心得ている人物ということ。
ウ、和歌のことをよく心得ている人物ということ。
エ、恋愛のことをよく心得ている人物ということ。

問五 ――線③の現代語訳として最も適切なものを選びなさい。

ア、情けないことをおっしゃったものだ。
イ、残酷なことをおっしゃったものだ。
ウ、恐ろしいことをおっしゃったものだ。
エ、残念なことをおっしゃったものだ。

問六 [B] には和歌「み山出でて鳩吹く秋の…」の一節を引用することで、雑仕女が武正に伝えたかった言葉が入る。最も適切なものを選びなさい。

ア、しばしとまり給へ　イ、しばしかたり給へ
ウ、しばしあそび給へ　エ、しばしおもひ給へ

問七 ――線④とあるが、この時の兼弘の心情の説明として最も適切なものを選びなさい。

ア、美しい容姿を鼻にかけ傲慢《ごうまん》な態度を取ることが多く、雑仕女を一方的に責め立てた武正を憎んでいる。
イ、関白殿の権力を笠に着て随身の職務をこえることが多く、雑仕女を一方的に罰した武正にあきれている。
ウ、和歌の素養がないために雑仕女の意図を全く理解できない上、ひどい仕打ちをした武正を非難している。
エ、男女の恋愛に疎《うと》く雑仕女の恋心に全く気づかない上、他の女に和歌で求愛する武正に腹を立てている。

問八 ――線⑤の作者の感想を説明したものとして最も適切なものを選びなさい。

ア、雑仕女の真意を教えてもらうと、自分の間違いを即座に認め雑仕女の元へ謝罪に出向く実直な武正の姿に対する感想である。
イ、雑仕女の真意を教えてもらうと、恥ずかしげもなく雑仕女の元に戻り声をかける単純で粗野な武正の姿に対する感想である。
ウ、雑仕女の真意を教えてもらうと、和歌の一節を引き意図を伝える手法を即座に実践する利口な武正の姿に対する感想である。
エ、雑仕女の真意を教えてもらうと、兼弘の忠告を従順に聞き入れて女のご機嫌取りをする臆病な武正の姿に対する感想である。

問九 出典の『今物語』は鎌倉時代の説話である。同時代の作品を次から一つ選びなさい。

ア、『源氏物語』　イ、『新古今和歌集』
ウ、『万葉集』　エ、『奥の細道』

四　次の古文を読んで、後の問いに答えなさい。（＊印の付いている言葉には、本文の後に〔注〕があります。また、一部表記を改めたところがあります。）

＊下毛野武正《しもつけのたけまさ》といひける随身《ずいじん》の、＊関白殿の＊北の対《たい》の後ろを、まことにゆゆしげ《華やかで美しい様子で》にて通りけるに、局《つぼね》の＊雑仕《ざふし》、「あなゆゆし《まあご立派なこと》。鳩《はと》吹く秋と［A］思ひまゐらすれ」と㋐言ひたりければ、「つひふされ《控えよ（うるさいぞ）》」と㋑言ひてけり。①女心うげにて隠れにけり。

随身所にて、秦兼弘《はだのかねひろ》といふ随身に会ひて、「北の対の＊女《め》の童部《わらはべ》に、さんざんに告《の》られたりつる《侮辱されてしまった》」と㋒言ひければ、「いかやうに告られつるぞ」と問はれて、「鳩吹く秋と［A］思へ」と㋓言ふに、兼弘は、＊兼方《かねかた》が孫にて兼久《かねひさ》が子なりければ、②かやうの事、心得たるものにて、「③口惜《くちを》しき事のたまひけるかな。＊府生殿《ふしやうどの》を思ひかけて、言ひけるにこそ。

＊み山出《い》でて鳩吹く秋の夕暮れはしばしと人をいはぬばかりぞ

といふ歌の心なるべし。［B］と言ひけるにこそ。無下《むげ》に色なく《愛想もなく》、④いかに告り給ひけるぞ」と言ひければ、「いでいで、さては色直してまゐらん《ご機嫌を直してさしあげよう》」とて、ありつる局の下口《しもぐち》に行きて、「物うけたまはらん。武正、鳩吹く秋ぞ、ようよう《おいおい》」と言ひたてりける、⑤いとをかしかりけり。

（『今物語』）

〔注〕　下毛野武正といひける随身…平安時代、関白藤原忠実や藤原忠通に仕えた随身（貴人の外出時に警護をする者）。美貌で行動力に富み個性的な武正は、忠通の随身として多くの説話に登場する。

関白殿…藤原忠実もしくは藤原忠通のこと。ほとんどの説話で武正は忠通の随身と登場することから、後者の可能性が高い。

北の対…寝殿造りで寝殿の北側にある対屋。ここでは関白の邸宅にある北の対を指す。

雑仕…雑仕女《ぞうしめ》とも言う。貴族の家で雑役に従事する下働きの召使。

女の童部…貴人に仕え雑用をする少女。さきの「雑仕」を指す。

兼方が孫にて兼久が子なりければ…兼方は兼弘の祖父、兼久は兼弘の父。兼方、兼久ともに勅撰歌人であった。

府生…六衛府の下級職員。ここでは武正を指す。

み山出でて…和歌は「深い山を出て鳩吹く秋の夕暮れはまことに寂しいものですね。だから人恋しくて鳩吹くように声をおかけするのは、しばらくお待ちくださいとあなたに言わないだけで、本当はあなたを留めたいのです」の意味。本来、「鳩吹く」とは猟師・山人が手を合わせ吹いて鳩の鳴き声の真似をする動作のことをいう。

問八　――線⑧の説明として最も適切なものを選びなさい。

ア、柴犬を救うという経験を通じて夏菜と友人になれたことが嬉しく、五月になったら夏菜と一緒に、雪の結晶に似ていると教えてもらった花を見てみたいと思っている。

イ、伸びやかな枝を持つ大きな樹木を見ていると、明確な意志を持って働く久恒と一馬の姿が思い出され、自分も彼らのように誰かを守れる存在になりたいと考えている。

ウ、アルバイト代がもらえなかったとしても、動物病院で働けること自体がよい経験になると夏菜に教えてもらったことで、自分も久恒の手伝いがしたいと考えている。

エ、久恒や一馬に助けてもらい、人と人とがつながる経験をしたことで、『私はあなたを守る』という花言葉を持つ花を見にこの場所に戻ってきたいと思っている。

問九　――線⑨の説明として最も適切なものを選びなさい。

ア、自分ひとりの力で柴犬を救ったわけではないものの、自分もその一端を担うことができたことで、いつもと変わらずにそこにあったはずの風景が目新しく見えるほどの高揚感に包まれている。

イ、柴犬の命を救うのに最も尽力したのは自分であり、無事に助けられたのは自分の功績が大きいと実感したことで、いつもは何も感じなかった風景が特別なものに見えるほどの自信を感じている。

ウ、一日を締めくくる鮮やかな空を見ていると、ありふれた風景に目を留める時間もないほど柴犬を救うために奔走してきた自分が報われるような気がして、嬉しさがじんわりとこみ上げている。

エ、祖母と離れて暮らすことは寂しいが、獣医学生として柴犬を救えたことを誇らしく思い、普段より美しく見えた風景を写真に撮って祖母に送ることで、優秀な獣医師になる決意を固めている。

問十　本文の表現や内容について説明したものとして最も適切なものを選びなさい。

ア、直喩を多用することで、聡里のめまぐるしく変化する心情を巧みに描きつつも、ナナカマドの花言葉を作品のテーマに絡めることで、幻想的に表現されている。

イ、会話文を中心とした登場人物のやり取りの中で、自分自身や周囲の人々との関係性を見つめなおし、積極的に人と関わっていくことの大切さに気づく聡里の姿が描かれている。

ウ、謝ることが多く、どこか自信なさげだった聡里の、獣医師を目指して努力しようと決心する姿が、北海道の自然や風景描写を通じて繊細に描かれている。

エ、柴犬の治療の描写に専門用語を多用することで文章全体に緊張感を持たせ、医学知識の少ない聡里の視点から描くことで、動物医療の厳しい現実が表現されている。

問二　――線②とあるが、久恒がナナカマドの花言葉の説明をした理由として最も適切なものを選びなさい。

ア、今にも命を落としそうな柴犬を救いたいと奮闘する聡里を、獣医師の立場からほめてあげたかったから。

イ、見ず知らずの柴犬を救おうとする懸命な聡里の姿が、ナナカマドの花言葉と重なることを伝えたかったから。

ウ、柴犬が心配なあまり気が動転する聡里の代わりに、獣医師として責任を持って柴犬を守ると誓いたかったから。

エ、獣医師からの簡単な質問にも答えられないくらい動揺している聡里を、一旦落ち着かせようとしたから。

問三　――線③のカタカナと同じ漢字が使われているものを一つ選びなさい。

ア、日差しがココロヨイ。　イ、イマシメを破る。

ウ、お腹をコワス。　エ、アラタメて実感する。

問四　――線④の理由として最も適切なものを選びなさい。

ア、柴犬の状態を獣医師に説明する必要があったので仕方なく話したが、必要性を感じない場面ではなるべく人と会話したくないと思っていることを夏菜に悟られたくないから。

イ、柴犬の状態を獣医師に説明する場面では集中して話せたが、緊張感から解放されたばかりなので、夏菜に気を遣いながら話をしなければならないことが苦痛だったから。

ウ、柴犬の状態を獣医師に説明している時は冷静に話すことができたが、元々会話が得意なわけではないため、打ち解けた様子で話しかけてくる夏菜に戸惑っているから。

エ、柴犬の状態を獣医師に説明する時は何を話すべきか明確に理解していたが、夏菜が唐突に話しかけてくる意図がつかめなかったため、困惑しているから。

問五　――線⑤の理由として最も適切なものを選びなさい。

ア、獣医学を学ぶなかで、身勝手な理由で動物を大切にしない人間もいるという現実が垣間見える場面に出会う機会も増えてくるから。

イ、獣医学を学ぶなかで、柴犬は値段が安い分飼うのも楽だと思う人間も多いということを目の当たりにする機会も増えてくるから。

ウ、獣医学を学ぶなかで、飼い方を良く知らない人をだまして動物を売ろうとする店もあるという現実を知る機会も増えてくるから。

エ、獣医学を学ぶなかで、人間のエゴで捨てられる犬の存在を知ったが、捨て犬は医学では減らせないので悔しく思う機会も増えるから。

問六　――線⑥で使われている表現技法を二つ選びなさい。

ア、擬人法　イ、オノマトペ　ウ、隠喩

エ、直喩　オ、体言止め

問七　――線⑦の心情として最も適切なものを選びなさい。

ア、柴犬が泊まれる動物ホテルの部屋がないため、一馬のアパートに連れていくしかないが、任せっきりにするのではなく、自分も協力したいという熱意を持っている。

イ、一馬は動物病院でアルバイトしているので、犬の扱いには慣れていたとしても、トラウマを抱えている柴犬の世話をしたことがないだろうと思い、心配している。

ウ、柴犬を病院に連れてきたのは自分なのに、そのまま柴犬の面倒を見てくれるという一馬の言葉に甘えてしまっている状況に対して、申し訳なさを感じている。

エ、一馬は、保護した動物を世話するための部屋を別に借りているので、柴犬が一匹増えても場所には困らないが、彼の金銭的な負担は増えるのではないかと気にしている。

「そう。岸本さんはうちの大学に、動物の保護活動をするサークルがあるの知ってる？『さんぽの会』っていうんだけど。一馬さん、そのサークルの元部長と仲が良くて、部員じゃないんだけど協力してるのよ」

　認定NPO法人なのだというが、それがどういうものなのかよくわからなかったので、寮に戻ったら調べてみようと思う。

「あの静原さん、今日の柴犬の治療費はどうすればいいんでしょう。私が払わないと……」

　受診やCT検査の費用を支払っていないことにいま気づき、聡里は焦った。一馬に立て替えさせてしまったかもしれない。

「それはいいと思う。一馬さん、病院ではバイト料をもらってないらしいの。その代わりに保護した動物の健診や予防接種、治療なんかを無償でやってもらってるみたいだから」

「どうして、そんな？」

「さあ、どうしてだろうね。動物病院で働いていたら勉強になるし、経験も積めるから、それだけでプラスだっていつも言ってるけど」

　ストレッチャーを病院に返しに行き、再び正面玄関に出てくると、夏菜が「私、寮まで一馬さんに送ってもらうから行くね」と言ってきた。

「あの、今日はありがとうございました」

「いえいえ。岸本さんもおつかれさま。じゃあまた寮で」

　来た時は気づかなかったが、駐車場の横にある前庭に、高さ五メートルほどの大きな樹木が植わっていた。あれがナナカマドの木か、と伸びやかな枝をちらりと見ると、「五月には雪の結晶のような繊細な花が咲くのよ」と夏菜も繁った葉に目を向けた。花言葉は『私はあなたを守る』。⑧久恒の言葉を頭に浮かべ、花が咲く頃にまたここを訪れたいと思った。

　走り去るミニバンを見送った後、聡里は自転車に乗ってあけぼの寮へと向かった。

　来た道をそのまま戻り、閑静な住宅街を抜けて国道十二号まで出てくると、西の空が日暮れの色で染まっているのに気づいた。目に映るものすべてが新しい一日を締めくくる、鮮やかな茜《あかね》色だった。

　この風景を記憶に留めたいと思い、自転車を停める。ダウンジャケットのポケットから携帯を取り出しシャッターボタンを押すと、手のひらが熱くなるような夕焼けが切り取られた。

　⑨美しいのは夕焼けなのに、どうしてか自分の手柄のような誇らしい気持ちになる。聡里はこの妙な気持ちの正体がわからないまましばらくじっと夕空を眺める。おばあちゃんはもう東京に着いただろうか。ひとりきりで寂しくないだろうか。夕ご飯はすませただろうか。今日別れたばかりなのにもう恋しくて、これではいけないと首を横に振る。

　おばあちゃん、無事に東京に着きましたか
　北海道の夕焼けを送ります
　私は元気です

　撮った写真を短い文章とともにチドリの携帯に送信しながら、いま自分が感じている気持ちは充実感というものではないかと、もう一度、西の空に視線を伸ばした。

　いつか自分も、誰かを守れるような強い人になりたい。

　そんなことを思いながら、聡里は再び自転車に跨《また》りペダルを踏み込んだ。

　夕暮れに包まれた国道十二号を走っていると、山に戻っていく鳥たちの群れが、勝利を称《たた》えるような甲高《かんだか》い声で鳴きながら頭上を通り過ぎていった。

（藤岡陽子『リラの花咲くけものみち』）

問一　**――線①と同じ季節の季語を一つ選びなさい。**

ア、ヘチマ　イ、スミレ　ウ、サザンカ　エ、アジサイ夏菜が踵《きびす》を返し、診察室に入っていく。聡里も後をついていく。
「うーん、後脚が二本とも折れてるね」
パソコンの画面を聡里たちが並んで立つほうへ向けると、久恒が険しい表情を見せた。
「可哀そうに。どうりで動けないわけだ」
一馬が眉をひそめ、CT画像に顔を近づける。
「後脚以外は……大丈夫そうですね」
目を凝らして確認しながら一馬が久恒に訊《たず》ねると、「画像の上ではね」と返ってくる。
「後脚が二本同時に折れるなんて、なにがあったんですかね」
小さなため息をつき、夏菜が久恒に目を向けた。
「交通事故の可能性が高いかな。それか、なにかに挟まれたのかもしれない。栄養状態が悪いと、肋骨《ろっこつ》や腰骨が浮いて見えたりするんだけどこの子はそんなことないし、体重も問題なし。毛に艶もあるから、おそらく飼い犬だったんじゃないかな。でも飼い主が世話をしきれなくなって手放して、行く当てもなく放浪していた途中で事故に遭った。そんなところでしょう」
手放すというのは、捨てたということだろうか。聡里はさっき夏菜から聞いた話を思い出しながら、久恒の横顔を見つめた。
「飼っている犬を捨てるって、酷い」
頭の中で繰り返し唱えていた言葉が、外に漏れ出てしまった。⑥涙が零《こぼ》れ落ちるように、ぽろりと。
「でも生きることを諦めずに歩き続けたから、岸本さんに見つけてもらって、ここにたどり着けた。この犬は強運よ。血液検査の結果、軽い脱水症状があったから点滴しておきましょう」
久恒が椅子から立ち上がってホテル室に続くドアを開けると、部屋の隅に設置してある台の上で、柴犬が丸くなっていた。薬で眠ったわけではなく、疲れ果ててしまったのだと久恒が目を細める。
「加瀬くん、点滴お願い。薬液はそこに詰めておいたから」
久恒の指示を受け、一馬が手早く点滴の準備を始める。
「点滴が終わったら、とりあえずおれのアパートに連れて帰るわ」
柴犬の背中に翼状針を刺入し終えると、一馬が言ってきた。
「それは無理でしょう？　一馬さん、三日前に猫の仔《こ》を三匹引き取ったばかりじゃないですか」
「大丈夫。ニャンコたちはもらい手が見つかったんだ。明後日には三匹とも巣立ってく。と言いつつ、昨日から中型犬を預かってるんだけどな」
ナナカマド動物病院のホテル室には二十一個のケージがあるが、今日は満室で柴犬を泊めることはできない。ここよりは居心地が悪いだろうが、うちで預かるから安心してと、一馬が聡里に笑顔を向けた。
「ありがとうございます……」
こんな一言ではすまされないくらいの感謝の気持ちがあったけれど、それ以上の言葉が思いつかず、頭を下げる。
三十分ほどの点滴が終わると、柴犬をストレッチャーに載せ、再び一馬のミニバンに運ぼうとした。だが振動が刺激になったのか、怖い思いをしたことがトラウマになっているのか、柴犬がおもらしをしてしまい、慌てて院内に引き返す。
「ごめんね、びっくりさせちゃったね」
聡里が柴犬の背中を擦《さす》りなだめている間に、夏菜が雑巾を取りに行ってくれた。
「あの……。犬をアパートに連れて帰るっていっても、ご迷惑じゃないんでしょうか」
尿を雑巾で拭きとり、さらに除菌シートで重ね拭きをしながら、聡里は夏菜に訊いてみた。寮住まいの自分たちは犬を連れ帰ることはできないが、⑦だからといって一馬に押しつけていいものだろうか。
「一馬さんがそう言うなら、大丈夫よ。一馬さん、アパートの部屋を二つ借りて、その一つをまるまる動物部屋にしてるから」
「動物部屋？」

する様子はなかったので飼い犬だったのかもしれないが、足の爪に乾燥して硬くなった泥がこびりついていた。それを見て、あの場所にたどり着くまでに長い距離を歩いていたのかもしれないと思った。

「声をかけても動く気配がなかったので、お腹が減ってるのかなって……」

聡里は思い出すままに、柴犬を発見した時のことを伝えていく。

「了解。それだけ観察できたら上等」

久恒は聡里が話した内容を電子カルテに打ち込むと、「次はCTね」と一馬を振り返った。一馬が柴犬をもう一度ストレッチャーに移乗させ、別室へと運んでいく。

CT撮影の準備ができました、と一馬が呼びに来たのとほぼ同時に、手術室の片づけを終えた夏菜も入ってきて、四人でCT検査室に移動する。

CT検査室には撮影室に隣接して、小さなブースがあった。その、大人ひとりぶんほどの狭いスペースに久恒だけが入っていく。撮影室に連れて行かれた柴犬が怖がっているのではと心配になったが、ガラス窓の向こうは暗くて様子はよく見えなかった。

「岸本さんがあんなにたくさん話すとこ、初めて見た」

隣に並んでいた夏菜が、小さな声で言ってくる。

「さっき久恒先生に犬の様子を訊かれてたでしょ？　はきはき答えてたから驚いた」

「……すみません」

「なんで謝るの？　嫌味じゃないよ。あんなふうに、岸本さん自身のことも話してくれたらいいのにって思っただけ」

夏菜が親しげに話しかけてくるので落ち着かず、目を伏せてしまう。こんな時、どんな受け答えをすればいいかわからないので④体の前で組んだ手の指をじっと見つめる。

CT検査の結果が出るまでの間、聡里は夏菜と待合室で待っていた。待合室の壁一面に動物の写真が貼られていたので一枚ずつ眺めていると、「この病院に通ってる患獣たちよ」と夏菜が教えてくれる。犬や猫の数が圧倒的に多いのだが、モルモットやリス、インコ、オウム、中には金色の蛇やビー玉のような目をしたカメレオンといったエキゾチックアニマルの写真もある。

「岸本さんの実家も、なにか動物飼ってるの？」

「はい。犬と猫とウサギを。あ、犬はいま、人に預けてますけど……」

「へえ、たくさん飼ってるね。獣医学生って基本、動物大好きだよね。そりゃそうか、動物が好きでなかったら獣医師を目指さないよね」

夏菜の、どこか距離を取ったような言い方が気になり「静原さんは、違うんですか」と訊き返していた。

「私は、うん……。私も動物は好きだけど……」

夏菜がなにか言いかけ、でもまた思い直したように口を閉じる。その苦味をのみこんだような沈黙が気になり、でもそれ以上踏み込むことはできない。

「今日の柴ちゃんもだけど、ここ最近、柴犬がよく捨てられてるんだって」

夏菜が話題を変え、壁の前に立つ聡里の横に並んだ。

「どうして、柴犬？」

「柴犬ってね、他の血統書付きの犬に比べると値段が安いの。だから手軽に飼う人がここ数年で増えたんだけど、それほど人懐こい性格じゃないから持て余す人も多いらしくてね。中型犬だから大きい子は十三キロくらいにはなるし、散歩は毎日二回はさせなきゃいけないし。おしっこの量も多いから、世話が大変だって感じる人が多いみたいなのよ」

「自分で飼ったのに……」

「ねー。自分が欲しくて飼ったペットを捨てる。どうしてそんなことができるのか神経疑っちゃうけど、それが現実なのよね」

動物側に立ってみると人間のエゴがよく見える。⑤獣医学を学んでいくうちに人間が嫌いになることもある。夏菜は壁一面に貼られた動物たちの写真に目を向けたまま、こちらを見ずに呟《つぶや》いた。

「先生がCTの読影をするって。二人とも中においで」

診察室のドアが開き、一馬が顔を出した。

「いま行きます」

問十　次に示すのは、この文章を読んだ後に、四人の生徒がそれぞれの意見を述べ合っている場面である。本文の内容に即した意見として最も適切なものを選びなさい。

ア、生徒A―「準備された心」という言葉は、パスツールが語ったものなんだね。「準備された心」を育てるには、失敗が必要だということだから、何事も失敗を恐れずに直感を信じて行動するべきなんだね。

イ、生徒B―これまであまり関係がないと思われていたもの同士を結び付けられた人には、「準備された心」が備わっていたということなんだね。興味がない、と一蹴せずに、色々なことに挑戦することが大切だね。

ウ、生徒C―でも、「準備された心」があっても、何と何がつながるか分からなかったら結局意味がないよ。大きな発見に気づくことができた人は、そもそも努力をしていたはずだから、努力できない人には関係のない話だったな。

エ、生徒D―そうかな。ノーベル賞級の発見まではできなくても、自分にとって大切なことに気づくために「準備された心」は必要なのではないかな。心を閉ざさないためにも、他者の意見に耳を傾けることが必須だよね。

三　次の文章を読んで、後の問いに答えなさい。

聡里《さとり》は、北海道にある大学の獣医学部に通うため、保護者である祖母（チドリ）の元を離れ、あけぼの寮に住むことになった。寮生活を送るための買い物の帰り道、首輪のない柴《しば》犬を偶然発見した聡里は、大学の先輩である夏《なつ》菜《な》と一馬《かずま》と共に、一馬の働く動物病院を訪れた。

「この子を見つけたのはあなた？　名前は？」

視線を柴犬に置いたまま、獣医師が訊《き》いてきた。

「すみません、わからないです……。今日……国道沿いで出会ったばかりなので」

「違う違う。あなたの名前を聞いてる。犬の名前じゃなくて」

「すみません、岸本です……。岸本聡里です」

聡里が名乗ると獣医師は笑いながら頷《うなず》き、「私はナナカマド動物病院の院長、久恒《ひさつね》です。岸本さんは①ナナカマドってわかる？　バラ科の落葉樹で、紅葉の季節になると真っ赤な可愛らしい実をつけるのよ。②花言葉は『私はあなたを守る』、いいでしょう？　うちの正面玄関の辺りに植えてるんだけどね」と口にした。笑顔になると目尻に深い皺《しわ》が刻まれ、第一印象よりずっと柔らかい感じになる。

「岸本さんも北農大の獣医学生？」

「はい、一年生です」

「そうか。頑張りなさいよ」

久恒は聡里の目を見て頷くと、「まずは体重を測ろうか」と柴犬を体重計に載せるよう一馬に指示した。体重を測った後は胸や腹に聴診器を当て、鼻や耳、口の中を視診し、

「岸本さん、この子を発見した時のこと教えてくれるかな」

と肩越しに聡里を振り返った。

「あ、はい……」

自分が見つけた時、柴犬は道端で寝そべっていた。近づいても特に③ケイカイ

ウ、実験器具の大部分は事前に滅菌し個別封入されたものとなっているが、開封後に人体や空気中に存在する雑菌が付着し、細菌培地に混入することがあるから。

エ、クリーンベンチという装置の中で、空気上の雑菌は全て滅菌した状態で実験を行ったとしても、実験者の不注意によって装置内に雑菌が持ち込まれることがあるから。

オ、上蓋によってシャーレへの雑菌の侵入を大多数は防げるが、内部の細菌に酸素を供給するために蓋に隙間があるので、完全に雑菌の侵入を防ぐことはできないから。

問六　Y・Zに当てはまる語の組み合わせとして最も適切なものを選びなさい。

ア、Y　しかし　　Z　よもや

イ、Y　つまり　　Z　あたかも

ウ、Y　だから　　Z　おそらく

エ、Y　ところが　Z　ちょうど

問七　――線⑥の説明として最も適切なものを選びなさい。

ア、観察する時間の間隔を空けることで別の変化が見られるはずだと確信を持つだけの自信があったということ。

イ、失敗から新しく得られる発見があるかもしれないという可能性を捨てずに、見直す視点を持っていたということ。

ウ、失敗を繰り返してしまうルーズさがなければ、新たな発見を生み出すアイデアも生まれなかったということ。

エ、何度でも挑戦することの大切さを知っていたため、一度の失敗ではめげない忍耐力を持っていたということ。

問八　――線⑦の説明として最も適切なものを選びなさい。

ア、スティーブ・ジョブズが開発したマック・フォントは西欧のカリグラフィーの影響を受けており、ギリシャ・ローマ時代の書体に寄せることで人気を博したということ。

イ、スティーブ・ジョブズがマック・フォントを生み出す前までは、コンピュータの文字は貧相なものしかなく、文字の美しさにこだわる人も存在しなかったということ。

ウ、スティーブ・ジョブズがマック・フォントを採用するにあたって、視覚的な鮮やかさが人間の認識に与える影響について考察し、フォントの美しさにこだわっていたということ。

エ、スティーブ・ジョブズがマック・フォントを作成する以前から、西欧世界では、文字の美しさや配置、視覚的鮮やかさを求める芸術的潮流は存在していたのだということ。

問九　――線⑧の説明として最も適切なものを選びなさい。

ア、ある点と点がつながるのかどうかは、その人の過去の経験に裏打ちされているため、そもそも何の経験もない場合、大きな達成は得られないということ。

イ、直感や運命を信じて様々な経験をしておくことで、点と点がつながる瞬間にいち早く気づくことができ、世紀の大発見者になることができるということ。

ウ、過去の経験の何が将来的につながるか今は分からないが、ふとした瞬間に今の自分にとって必要不可欠なものになっていることに気がつくのだということ。

エ、自分に必要になると確信を持って学んだり、実行したりしたことではないとしても、その時の経験が思いがけない形で将来につながる可能性があるということ。

ジョブズはスピーチでこれを、コネクティング・ザ・ドッツと表現している。あるドットと別のドットがつながること。点と点がどのようなとき、どのようにつながるのか、事前にそれを見通すことは決してできない。⑧レトロスペクティブに、つまりあとになってから初めて、それが意外な線で結ばれることがわかる。それが大きな達成、意外な発見をもたらすことになる。

ジョブズはこの体験談を話すことによって、これから社会に巣立つ卒業生たちを鼓舞した。君たちは、直感、運命、人生、カルマ、その他なんでもいいから、いつか点と点がつながることを信じて進む以外にないんだ、と。すばらしい。スピーチが終わると、会場は万雷の拍手とスタンディングオベーションに包まれた（YouTubeで見ることができる）。

私はジョブズのスピーチを聞いて、もうひとつの名言を思い出していた。それがパスツールが語ったとされる"Chance favors the prepared mind."だ。

どのドットとどのドットがいかに結びつくか、それはわからない。しかし一見、無関係に見えるある点とある点のあいだに線を引くことができるのは、そこに準備された心があるからなのだ。

（福岡伸一『新版　動的平衡3　チャンスは準備された心にのみ降り立つ』）

問一　――線①・④のカタカナと同じ漢字が含まれているものを一つ選びなさい。

①ア、イ口同音　イ、イ気揚々　ウ、イ風堂々　エ、天イ無縫

④ア、事態をユウリョする　イ、ユウシュウな成績だ　ウ、心にヨユウがある　エ、部活にカンユウする

問二　――線②の説明として最も適切なものを選びなさい。

ア、科学上の革命的な発見は、注意深い観察や考察によって初めてかたちを現すということ。

イ、科学上の革命的な発見は、別の実験結果から紆《う》余《よ》曲折《きょくせつ》の上証明されるものであるということ。

ウ、科学上の革命的な発見は、発見者以外には燦然と輝いては見えないものであるということ。

エ、科学上の革命的な発見は、別の分野から意図せずもたらされることが多いということ。

問三　――線③の理由として最も適切なものを選びなさい。

ア、知識や専門技術に誇りがあるため、「準備された心」の必要性に気づかずに、自分の専門分野の研究に固執してしまうから。

イ、知識や専門技術があったとしても、「準備された心」を持つことができなければ、発見の契機に気づくことができないから。

ウ、知識や専門技術を蓄えてきたからこそ、新しい分野からもたらされた発見を、「準備された心」で受容することができないから。

エ、知識や専門技術に自信があると、新しく発見された事象への追試や検証に、「準備された心」で疑いの眼差しを向けてしまうから。

問四　[X] に当てはまる四字熟語として最も適切なものを選びなさい。

ア、粉骨砕身　イ、暗中模索　ウ、試行錯誤　エ、付和雷同

問五　――線⑤とあるが、「コンタミ」が起きる理由として誤っているものを二つ選びなさい。

ア、細菌を成育する土台となる寒天培地には雑菌繁殖の原因となる糖やアミノ酸が含まれるが、それらの栄養分を寒天培地から取り除くことができないから。

イ、細菌の培養には無菌状態のシャーレを用いる必要があるが、ガラスのシャーレの加熱殺菌を完璧に処理できなかった場合、雑菌が混じってしまうことがあったから。

シャーレはただちに捨てるしかない。

フレミングにもしばしばそんなことがあっただろう。ただ、彼には、ある種のルーズさ（それはコンタミを起こしてしまったルーズさでもあったのだが）と、もうひとつ、⑥準備された心（ザ・プリペアード・マインド）があった。視界からただちに消してしまいたいカビの生えたシャーレを捨てずにそのまましばらく放置していたのだ。そして、コンタミしたカビと、カビの周辺の細菌の様子をじっと観察したのである。均質な白い細菌の膜は、カビの発生した点を中心に、［Z］野球のピッチャーズマウンドのように、ぽっかりときれいな円が開いているように見えたのだった。

準備された心（ザ・プリペアード・マインド）について語るとき、私はいつも、もう一人の偉人の名を頭に浮かべる。アップル社の創始者、スティーブ・ジョブズだ。

アップルといえば、今ではiPhoneやiPadに代表されるようなオシャレでスタイリッシュなイメージが広く受容され、新製品が発表されるたびにそれを待ち望む熱狂的なファンが行列を作るまでに支持されている。が、私の知っているアップルは、かつてはもう少し玄人好みのメーカーだったように思う。

一九八〇年代の終わり、私は研究修業のためにアメリカに渡った。当時、日本ではコンピュータといえばＮＥＣのＰＣ98シリーズが主流派を占めていたが、アメリカの大学では、無骨なＩＢＭのＡＴ機がどの研究室にも並んでいた。

まだウインドウズも、インターネットも、グーグルもなかった時代のことである。ＰＣはもっぱらＭＳ―ＤＯＳで動き、データ解析とか文書作成とかの限られた用途に、それぞれ孤立して使われていた。ところがある研究室を覗《のぞ》くと、そこには見慣れぬかたちのコンピュータが置かれていた。

それがアップルのマッキントッシュだった。今思えば、それはＳＥかＳＥ／30（という機種）だったように思う。側面のスイッチを押すとジャーンと音がして起動する（これは今も一緒）。画面には笑顔マークが現れる。アイコンのデザインがどれも秀逸だった。ファイル、ゴミ箱、不調なときに出現する爆弾マーク。

でも一番驚いたのは、画面に現れる文字が目も覚めるほどくっきり太く美しかったことだった。ＰＣ98でもＩＢＭ機でもモニターの文字はギザギザでチカチカする貧相なものだったので、マックの文字の鮮やかさに一瞬でノックアウトされた。こんなに気持ちのよい画面があるなんて。

⑦マック・フォントの秘密を知ったのはずっとあとのことである。

スティーブ・ジョブズは二〇〇五年、西海岸の名門スタンフォード大学の卒業式でスピーチを行った。このときジョブズはすでに膵臓《すいぞう》がんに侵され手術を受けたあとだった。スピーチは“Stay hungry. Stay foolish.”という締めくくりの言葉（正確には『全地球カタログ』からの引用）で有名になったが、核心は実は前半部分にあった。

ジョブズ自身は、スタンフォード大学の卒業生ではなく、オレゴン州のリード大学という地方大学に一九七二年に入学した。が、まもなく、学業に意義を見出せず中退してしまった。しかしそのまま大学町にとどまり、無為な生活を送っていた。

ある日、キャンパスをぶらつき、ふと教室を覗いてみたところ、そこでカリグラフィーのコースが行われていた。カリグラフィーとは、日本でいえば書道。ギリシャ・ローマ時代の昔から、西欧世界ではいかに美しい書体で文字を書き記すかについて、膨大な伝統と歴史の蓄積があった。それは大きな文化的、芸術的潮流となっていた。興味を持ったジョブズは、もぐりで聴講することにした。

それから何年も経ってから、ジョブズは、機械オタクだったもう一人のスティーブ（・ウォズニアック）とともにアップル社を立ち上げることになる。その際、ジョブズが徹底的にこだわったことがあった。コンピュータの画面上に現れるフォントの美しさについてだった。滑らかな線、文字の配置、くっきり太く美しいフォント。ジョブズは、視覚的な鮮やかさがどれほど人間の認識に効果をもたらすか、カリグラフィーの講義のことを思い出していたのだ。

出すことも困難である）、細菌が増殖してコロニーという塊を作る。コロニーは白い点として目で見ることが容易にできる。コロニーの数を数えればもとの液にどれくらい細菌が存在していたかがわかる（一匹の細菌からひとつのコロニーができる。細菌は寒天培地の上を自由に移動することはできない。その場でコロニーを作る）。

そんなある日、フレミングは不思議なことに気づいた。

前述したように、あらかじめシャーレを加熱殺菌したり、寒天培地（この中にアミノ酸や糖などの栄養素を入れてある）を煮沸したりするのは、いったんそれらを完全に熱で処理したうえでないと、研究対象となる細菌を観察しているのか、目的外の雑菌を観察しているのかわからなくなってしまうからである。

このように意図しない目的外の雑菌が実験に混入してしまうことを、私たちはコンタミネーション（略してコンタミ）と呼ぶ。初心者はすぐにコンタミを起こしてしまう。⑤熟練した実験者でもしばしばコンタミを起こしてしまう。

現在ではシャーレや実験器具のほとんどが、あらかじめガスやガンマ線で滅菌されてビニール袋に個別封入された使い捨てのプラスチック器具になっており、コンタミに対する安全性が確実に増しているにもかかわらず、コンタミを完全に防ぐことはできない。なぜなら私たちの手、口、鼻、顔、髪などには雑菌がいっぱい付着しているし、空気中にもいくらでも菌や胞子が浮遊しているからである。実験操作でちょっとでも油断するとこれらの菌の侵入を許してしまうのだ。

シャーレには外部からの雑菌を防ぐため、上蓋がついている。とはいえ、内部の菌に酸素を供給しなければならないから蓋は完全に密封されるわけではなく、わずかな間隙が空いている。ここから空気中の雑菌が入り込むことは（不用意に風を送り込んだりしない限り）普通はありえない。しかし、目的とする細菌を培地に植えつけたり、細菌のコロニーを採取したり、いろいろな操作をしないわけにはいかないので蓋を開け閉めする。コンタミはその際に起こるのだ。

コンタミが起こらないよう、実験者はシャーレや寒天培地を殺菌する以外にも何通りもの防御手段を講じている。手をよく洗い、七〇パーセントアルコール溶液をつけてこする。実験台などもアルコール溶液でよく拭いておく。ガスバーナーをつけておき、実験で使用する器具（薬液を入れたガラス瓶の口や試験管など）は常に一度炎をくぐらせ殺菌する。

あるいは念には念を入れて、クリーンベンチという特別な装置の中で実験操作を行うこともある。これは滅菌フィルターを通った空気が内部から外部に向けて一方向にだけ通過するように作られた装置で、実験者はその中に手を突っ込んで、すべての操作を装置の内部で行う。こうすると外部から雑菌が入ることは理論上はない。

クリーンベンチは本来、動物培養細胞実験など、よりコンタミに注意しなければならないクリーンな実験用に開発された装置である。理論上はコンタミの危険はないはずだが、コンタミはしばしば起こる。器具の先端が気づかぬうちに外部の空気に触れてしまっていたり、実験者の操作が雑だったりすると空気の流れに乱れが生じ、コンタミが発生してしまう。

抗生物質の発見者アレクサンダー・フレミングの時代――つまり二〇世紀初頭――クリーンベンチなどはまだなかった。だから彼は微生物の実験の途上、数限りないコンタミに遭遇したはずである。たとえば大腸菌のような細菌を水で希釈して寒天培地の上に塗布すると最初は何も見えない。細菌が分裂を繰り返し増殖してくると透明だった寒天培地の上にうっすら白い膜がかかったような〝曇り〟が発生する。この曇りが細菌そのものなのである。きれいに細菌だけが成育すると曇りはシャーレ一面に均質な広がりを示す。

［Y］もし、実験の最中にコンタミを起こしていると、この曇りの中に、点々と、赤や青、あるいは黒や灰色の糸くずのような別物が生えてくる。これらはカビである。カビは菌類の一種で、コンタミの典型的なもののひとつだ。カビは繊維状に菌糸を伸ばし旺盛に増殖する。胞子を作って拡散する。だから一度、カビにコンタミを許すと、もうそれをシャーレから駆除することは到底できない。シャーレの中はカビの無法地帯となり、実験は失敗する。そんな

二　次の文章を読んで、後の問いに答えなさい。

　抗生物質の発見は、近代医学史上、最大の革命のひとつに数えられる。ペニシリン、ストレプトマイシン、カナマイシンなどの抗生物質は、人類にとって強大な①キョウイだった感染症——コレラ、赤痢、破傷風、結核、食中毒など——に卓効を示した。医師たちも患者たちもこの夢の新薬に驚喜した。その後、どんな未来がやってくるか、まったく想像もしていなかった。

　抗生物質について基礎的なことを整理しておこう。抗生物質は、細菌を制圧する薬物を作ろうと目指して開発されたものではなく、まったくの偶然から発見された。これは多くの科学上の発見とまったく同じパターンである。科学上の発見は、ゴールを目指して得られるものではなく、②違うフィールドの偶然の産物として不意にやってくる。

　たとえばロウソクや油を燃やして明かりを作っていた時代に、より明るい、より強力な光源を作ることをゴールに技術開発が進められたとして、最高の頭脳を集めたとしても、せいぜいロウソクの数を増やしたり、鏡や反射板を使って光を集めたりといった、小手先の改良しかなされなかったはずである。電灯、あるいはLEDといった革命的な光源は、まったく別の新しい分野からもたらされた。

　もちろん科学的発見は、常に注意深い観察、あるいは考察によって、初めてかたちを現す。発見を英語では、discovery と表現する。覆い（cover）を外す（dis）とそこに発見が潜んでいる、という意味だが実はほんとうの発見はそのようなものではない。科学の発見は、覆いを外すと金やダイアモンドが燦然《さんぜん》と輝いていました、みたいな宝探し的事象ではまったくない。たとえ覆いを外したとしても、その下にあるものの意味はすぐには見えないし、わからないのだ。たとえそこに発見の契機が横たわっていたとしても、一般の人にはそれが発見されるべき宝物には見えない。輝きもきらめきもない。ただの砂や土にしか見えない。ここでいう一般の人、というのは科学者ではない人、という意味ではない。③たとえ知識と専門技術を身につけた経験豊かな科学者であっても、発見を見逃すことが多々ある。

　ノーベル賞級の発見がなされると、発見者以外の多くの科学者は、最初はそんなことは信じられない、と思う。やがて追試や検証が進み、発見が発見として確認されていくと、多くの科学者はこんなことは俺にもうすうすわかっていたのに、どうして俺が発見者になれなかったのだろう、と口惜《くや》しい思いにとらわれる。でもそれはあとづけの悔恨にすぎない。発見者と、発見を見逃してしまった人との差は、準備された心の有無である。準備された心、とは“the prepared mind（ザ・プリペアード・マインド）”の訳語で、もともとはフランスの微生物学者ルイ・パスツールの言葉とされる、“Chance favors the prepared mind.”という格言に基づく。備えあれば④ウレいなし、などと訳されることもあるが、私は、チャンスは準備された心にのみ降り立つ、とあえて直訳し、言葉の本来の意味を味わいたい。

　抗生物質の発見はまさにそういう発見だった。スコットランドの医学者、アレクサンダー・フレミングが抗生物質の最初の発見者とされる。一九二〇年代のことだった。彼は若い頃、工芸学校に学び、数年間、商船会社に勤めたあと医学校に入り直した。変わった経歴の持ち主である。工芸学校で親しんだ手先を使った技巧や創作の数々——クラフツマンシップ——が彼の「準備された心」のバックグラウンドの形成に大きな寄与をしたのではないかと私は思う。

　医師になったあとフレミングは研究を志した。あれこれアイデアを思いついては X を繰り返し、そのような実験科学者の常として研究室はいつも雑然としていた。当時（今現在も）、細菌の培養にはシャーレ（ペトリ皿）が使われる。平たい円盤状の蓋つきのガラス容器である（現在はプラスチック製の使い捨てになっている）。シャーレを加熱消毒したあと、沸騰させた寒天培地を流し込み、蓋をする。寒天培地の中には糖やアミノ酸などの栄養分が入っている。冷えると寒天が固まり、ぷるんとした煮こごり状のゼリーができる。これが細菌の成育のマウンドとなる培地である。大腸菌や黄色ブドウ球菌といった細菌を含んだ液（患者の体液やサンプル）をこのゼリーの上に薄く塗布しておくと（細菌は肉眼では見えないし、液の中に散在しているので顕微鏡で探し

二〇二四年度 日本大学豊山女子高等学校（一般）

【国語】〈五〇分〉〈満点：一〇〇点〉

一 次の各問いに答えなさい。

問一 次の――線のカタカナと同じ漢字が使われているものを一つ選びなさい。

時間のガイネンが生まれる。

ア、念願かなってカンガイ深い。　イ、ガイトウ演説を行う。
ウ、全項目にガイトウする。　エ、彼のキガイに皆が感心した。

問二 次の漢字の読み方が間違っているものを一つ選びなさい。

ア、時雨（さみだれ）　イ、玄人（くろうと）
ウ、早苗（さなえ）　エ、田舎（いなか）

問三 次の四字熟語で漢字が正しく使われているものを一つ選びなさい。

ア、意味深長　イ、絶対絶命　ウ、心気一転　エ、意心伝心

問四 次の対義語の組み合わせとして間違っているものを一つ選びなさい。

ア、偉大―凡庸　イ、絶対―相対
ウ、形式―内容　エ、貢献―寄与

問五 「見かけが立派でも中身がともなわないこと」という意味を持つ故事成語を一つ選びなさい。

ア、羊頭狗肉　イ、竜頭蛇尾　ウ、他山の石　エ、漁夫の利

問六 次の□に入らないものを一つ選びなさい。

期待を□。　意表を□。　指示を□。

ア、かける　イ、あおぐ　ウ、とる　エ、つく

問七 次の――線と同じ用法のものを一つ選びなさい。

父はカメラマンで母はデザイナーだ。

ア、兄はかぜで一週間寝込んだ。　イ、妹は本を読んでいる。
ウ、海はおだやかで波も小さい。　エ、彼女が委員長である。

問八 次の中から夏目漱石の作品でないものを一つ選びなさい。

ア、『坊《ぼ》っちゃん』　イ、『山椒大夫《さんしょうだゆう》』　ウ、『三四郎』　エ、『草枕』

問九 次の俳句に用いられている表現技法を一つ選びなさい。

海に出て木枯らし帰るところなし　（山口誓子）

ア、直喩法　イ、体言止め　ウ、擬人法　エ、倒置法

問十 次の書き下し文を参考にして、漢文に正しく返り点がつけられているものを一つ選びなさい。

物に於《お》いて陥《とほ》さざる無きなり。

ア、於レ物 無二不 陥一也。　イ、於レ物 無レ不レ陥 也。
ウ、於二物 無一不レ陥 也。　エ、於レ物 無 不レ陥 也。

2024年度／日本大学豊山女子高等学校（一般）

英語解答

1	(1) 2	(2) 2	(3) 4	(4) 4
	(5) 4	(6) 2	(7) 1	(8) 3
2	(9) 3	(10) 4	(11) 2	(12) 3
	(13) 2	(14) 4	(15) 4	(16) 2
	(17) 1	(18) 4		
3	(19) 4	(20) 3	(21) 2	(22) 4
	(23) 3	(24) 2	(25) 4	(26) 1
	(27) 2	(28) 3		
4	(29) 3	(30) 4	(31) 1	(32) 3
	(33) 2			
5	(34) 1	(35) 4	(36) 1	(37) 4
	(38) 2	(39) 1		
6	(40) 4	(41) 1	(42) 3	(43) 4
	(44) 2			

1〔放送問題〕放送文未公表

2〔長文読解総合―説明文〕

≪全訳≫すばらしい水❶国際連合は，私たちの日常生活における安全な水の重要性を伝えるために，3月22日を世界水の日として宣伝している。実際のところ，人間は水に満たされている。平均的な男性の体重の約60％，および平均的な女性の体重の約55％は水である。この割合は子どもではより高くなる。新生児の体重の約80％は水だ。だから，水は人間の体にとってとても重要なのである。私たちは食べ物がなくても４週間は生きられるが，水なしではおよそ３日間以上生きていけない。❷私は最近，「来日した海外旅行客を驚かせること」についてのオンラインの記事を読んだ。私はそのリストの中に「水道の蛇口から水を飲むことができる」とあるのに驚いた，なぜなら私にはそれは普通ではないこととは思えなかったからだ。私の母国のニュージーランドでも水道水が飲めるので，私はそれを当たり前に思っていた。2022年の国際観光調査において，専門家が213の国の水の安全性について調査した。日本とニュージーランドは，水を飲んでも大丈夫な53の国に含まれていた。水を安全に飲める国はたくさんあるが，それらは今も少数派である。❸私は日本の水道水はおいしいと思うが，私の友人の中にはそう思わない者もいる。彼らによると，新しい家や都市に引っ越すと水道水の味が変わるということだ。それは，水道管の年数や材料，もしくは水源の違いが原因かもしれない。もし，水道水の味や質が気になるなら，フィルターを使ってみるか，単純にまず水を沸かしてみることだ。❹日本ではペットボトルの利用も大きな問題である。この国の人々は毎日6900万本のペットボトルを廃棄している――年間では250億本だ。市町村がリサイクルに取り組んでいるが，私たちそれぞれも取り組むことができる。例えば，家で水をたっぷり入れた水筒を持ち歩くことができる。日本のほとんど全てのカフェやレストランは客にコップ１杯の新鮮な水を提供する。しかし，多くの日本人はレストランで自分の水筒を満たすことに気まずさを感じる。このことを考慮して，mymizuアプリを開発した若い人たちがいる。このアプリは，自分の水筒に無料で水を満たすことができる，カフェや公共スペースのような場所のネットワークを表示するものだ。❺それでは，健康のためにどのくらい水を飲むべきだろうか。よく，「１日にコップ８杯分の水を飲もう」と耳にするが，実際は私たちのほとんどにとってこれは必要ではない。研究者たちが2022年に5600人を対象とした国際的な調査を行ったが，彼らの結論は「喉が渇いたときに飲みなさい」だった。もちろん，体重や生活様式や暮らしている場所の気候によって，必要な量は異なる。私たちは，牛乳や果物のジュースやお茶やコーヒーなどの飲み物と同様に，野菜や果物やスープのように水分が豊富な食品からも水分を摂取している。ただ，炭酸飲料やエナジードリンクのような甘い飲み物を飲みすぎないようにしよう。十分な水は健康に良いが，砂糖のとりすぎはよくない。

(9)＜**要旨把握**＞第１段落第３～５文に人間の体内の水分量が示されている。新生児が体重の約80%，男性が約60%，女性が約55%とある。

(10)＜**適所選択**＞与えられた文では，So「だから」に続けて人の体における水の重要性が述べられている。これは第１段落の結論といえるので，段落の最後が適する。

(11)＜**英文解釈**＞「第２段落によると，下線部①の文は何を意味しているか」—２．「水道水を飲むことが安全ではない国がもっとたくさんある」　下線部の they は，直前の many countries with safe drinking water を受けており，全体で「水を安全に飲める国は今も少数派である」という意味になっている。

(12)＜**内容一致**＞「空所に最も当てはまる答えを選べ。／第２段落によると，(　　)」—３．「調査では約４分の１の国でのみ，水道水を飲むことが安全である」　第２段落第４，５文より，調査の対象になったのは213か国で，水を安全に飲めるのはそのうち53か国とわかる。

(13)＜**内容一致**＞「空所に最も当てはまる答えを選べ。／第３段落によると，筆者の友人の中には(　　)人たちもいる」—２．「日本の水道水には問題があると考えている」　第３段落第１文参照。筆者は日本の水道水はおいしいと感じるが，それに同意しない友人もいる。

(14)＜**要旨把握**＞第３段落最終文で筆者は try using a water filter「フィルターを使ってみる」，boil your water「水を沸かす」の２つの方法を提案している。

(15)＜**要旨把握**＞「第４段落によると，次の行動のうち，ペットボトルの利用を減らさないものはどれか」—４．「コンビニエンスストアでペットボトル飲料を買う」　第４段落でペットボトルの利用を減らすために，リサイクルする，水筒を持ち歩く，mymizuアプリを使うという３つの提案が示されている。

(16)＜**内容真偽**＞「mymizuアプリについて正しいものはどれか」　１．「それは大学生によって開発されたアプリである」…×　第４段落最後から２文目参照。「若い人たち」としか書かれていない。　２．「それは無料で水筒に水を満たすことができる場所を教えてくれる」…○　第４段落最終文に一致する。　３．「それは水が満たされた特別な水筒を買うことができる場所を教えてくれる」…×　このような記述はない。　４．「低コストで水筒をいっぱいにできる」…×　第４段落最終文参照。for free「無料で」とある。

(17)＜**内容真偽**＞「第５段落によると，正しくないものはどれか」　１．「１日にコップ８杯の水を飲まなければならない」…×　第５段落第２文参照。ほとんどの人にとって必要ではないとある。　２．「１日に必要な水の量を考える場合，体重や生活様式や気候を考慮するべきである」…○　第５段落第４文に一致する。　３．「喉が渇いたときに水を飲むべきだ」…○　第５段落第３文に一致する。　４．「食事からも水分を摂取できる」…○　第５段落最後から３文目に一致する。

(18)＜**要旨把握**＞「第５段落によると，水分を摂取するために健康的ではないものはどれか」—４．「炭酸飲料」　第５段落最後の２文参照。糖分を多く含む飲み物の例として炭酸飲料が挙げられている。

3　〔**長文読解総合(英問英答形式)—対話文**〕

≪**全訳**≫**1**スミレ(S)：こんにちは，アオイ。修学旅行の計画について話しましょう。**2**アオイ

(A)：いいわね，スミレ。ええと，私たちは今年はアメリカのボストンに旅行できるのかな？❸S：残念だけど，COVID-19の問題でそこには行けないの。アメリカのボストンに行く代わりに，日本国内のどこにでも行けるわ。❹A：うーん，わかった。それじゃあ，校長先生はもう国内旅行の計画を決定しているのね。❺S：いいえ，まだよ。昨日，先生はすてきな提案をしてくれたの。その提案は，私たち自身で修学旅行の計画を立てられるというものだったわ。❻A：本当？　それはいいわね！　信じられない！　それなら，私はどこでもいいからアミューズメントパークに行きたいわ！❼S：落ち着いて，アオイ。これは修学旅行なのよ。レジャーの旅行じゃないの。旅行から学ぶことについて考えなくちゃ。❽A：わかったわ，スミレ。もう少し詳しく話して…。❾S：ええと，私たちは去年高校に入学して，そして，ジェンダーやLGBTQや女性とキャリアとか，女性問題に関係する自分たちの研究テーマを探し始めたわね。私たちは研究をより良いものにするために修学旅行を利用できるわ。だから，修学旅行について考えるときには，自分たちの研究テーマについて考える必要があるの。❿A：あなたの考えはわかったわ，スミレ。でも，私には両方につながるいい考えがないな。⓫S：そうね，私も同じ悩みがあるの。だから，修学旅行の計画を立てる前にブレーンストーミングをやりましょう。つまりお互い自由に自分の考えを話すの。⓬A：わかったわ，スミレ。ところで，あなたの研究テーマは何？⓭S：私の研究テーマは，いかにして女性の管理職を増やすかということよ。あなたの研究テーマは何？⓮A：私の研究テーマはテレビにおけるジェンダー問題よ。⓯S：それはおもしろいわね。うーん…。いい考えを思いついたわ！　ええと，私はクラスメートたちの研究テーマはさまざまだと思うの。だから，クラスのみんなのそれぞれの研究テーマを集める必要があるわよね。みんなの研究テーマを集めた後で，それらを歴史，社会，科学の3つにグループ分けしましょう。その3つのグループのメンバーが修学旅行から何を学ぶべきかを議論し始めたらいいわ。⓰A：それはいい考えね，スミレ。どこに行きたいかについても？⓱S：それはみんなが修学旅行から何を学んだり調査したりしたいかによると思うわ。つまり，旅行よりも学習や調査の方が大事だということよ。⓲A：あなたはとても真面目ね！　とにかく，修学旅行に備えていいスタートが切れると思うわ。

(19)＜適語(句)選択＞「(ア)に最も当てはまる答えを選べ」　instead of ～「～の代わりに」

(20)＜適文選択＞「(イ)に最も当てはまる答えを選べ」―3．「いいえ，まだよ」　直後の発言から，校長先生は修学旅行の計画を生徒に決めてもらうことにしている，つまりまだ決めていないことがわかる。

(21)＜指示語＞「(ウ)it は何を意味しているか。最も当てはまる答えを下から選べ」―2．「生徒は自分たちで修学旅行の計画を立てることができる」　アオイは，直前のスミレの発言にある校長先生の提案を指して「それは信じられない」と言っている。

(22)＜内容一致＞「スミレは(　　)と考えている」―4．「修学旅行はレジャーの旅行ではない」　第7段落第3文参照。

(23)＜単語の意味＞「(エ)と同じ意味を持つものはどれか」　look for ～ は「～を探す」。ここでは「テーマを探し出す，見つける」といった意味で使われており，find がこれに近い。

(24)＜語句解釈＞「(オ)both sides とは何か」―2．「それぞれのテーマと旅行」　スミレは直前の発言で，修学旅行について考えるとき，それぞれの研究テーマを考慮する必要があると言っている。

(25)＜文脈把握＞「彼女たちはなぜブレーンストーミングをしたのか」―4．「良い考えを見つけたかったから」　第11段落で，スミレは自分もいい考えを持っていないと言った後に「だから，修学旅行の計画を立てる前にブレーンストーミングをしましょう」と発言している。

(26)＜内容真偽＞「どのスミレの提案が正しいか」　1.「クラスメートたちのテーマを集めた後で，それらを３つのグループに分ける」…○　第15段落第５，６文参照。　2.「クラスメートたちのテーマを集める前に，それらを３つのグループに分ける」…×　第15段落第６文参照。　3.「クラスメートたちのテーマを集めた後で，スミレが日付を調査する」…×　このような記述はない。　4.「クラスメートたちのテーマを集める前に，何をして修学旅行から何を学ぶべきかを議論しなければならない」…×　第15段落最後の２文参照。テーマを集めてから議論を始めることを提案している。

(27)＜適語選択＞「(カ)に最も当てはまる答えを選べ」　important の後に than が続いているので，比較級が当てはまる。直前でスミレは，行き先の検討は研究の内容によると発言しているので，「(研究の方が行き先よりも)より重要」となる more が適する。

(28)＜適語選択＞「(キ)に最も当てはまる答えを選べ」　prepare for ～「～に備えて準備する」

4 〔対話文完成―適文選択〕

(29)A：あのマフィンはとてもおいしそうね！　あなたが今朝つくったの？／B：昨晩つくったのよ。1つ食べてみる？／A：ええ，お願い！∥Would you like to ～？は相手に「～したいですか」と尋ねるときの言い方。

(30)A：ジョー，私たちの新しいフランス語の先生はコートジボワール出身の男性だって聞いた？／B：コートジボワール？　それはどこ？／A：西アフリカにある国さ。そこではたくさんの人が公用語としてフランス語を話すんだ。／B：それは興味深いね。彼の授業を受けたいな。∥直後でAがコートジボワールがどこにある国かを説明していることから，Bはコートジボワールの場所を尋ねたのだとわかる。

(31)A：お客様，コーヒーです。ほかに何かお持ちしましょうか。／B：卵サンドイッチをお願いします。／A：わかりました。∥Bはコーヒーのほかに追加の注文をしている。

(32)A：もしもし，こちらはダニエル・スミスです。ジェイコブはいますか？／B：すみませんがここにはいません。伝言を承りましょうか？／A：はい，私から電話があったとお伝えください。∥直後に伝言を聞いているので，ジェイコブは不在だと答えたことがわかる。

(33)A：すみません，おまわりさん。オレンジ島への橋はなぜ閉鎖されているのですか？／B：３日前に大きな嵐があって，橋が損傷したのです。今週，修理が行われています。／A：近くにほかの橋はありますか？／B：いいえ。これが島へ行く唯一の橋です。島へ行きたいなら，船に乗らなければなりません。∥Bが「これが唯一の橋だ」と答えていることから，Aはほかに橋があるかを尋ねたのだとわかる。

5 〔整序結合〕

(34)Let's speak to the foreigner「外国の方に話しかけてみようよ」で始め，「ベンチに腰掛けている」は「～している」という意味を表す現在分詞(～ing)を使って sitting on the bench とし，the foreigner を後ろから説明する形で表す(現在分詞の形容詞的用法)。　Let's speak to the foreigner sitting on the bench over there.

(35)The boy is my brother「その男の子は私の弟です」が文の骨組み。「上手に紙飛行機を作れるその男の子」は The boy を先行詞とし，who を主格の関係代名詞として使って The boy who can make a paper plane well とまとめる。　The boy who can make a paper plane well is my brother.

(36)最上級の意味を表す「ほかのどの～も―ほど…でない」は‘No other＋名詞＋is as … as ―’の形で表せる。　No other boy in the class is as tall as Roy.

(37)I couldn't have lunch「私は昼食を食べられなかった」で始め，‘理由’を表す接続詞 because「なぜなら」で始まる副詞節を続ける。　I couldn't have lunch because I was very busy.

(38)「私は～とは知らなかった」は I didn't know that ～ で始める。that節の主語は he で，「～しなければならなかった」は have/has to ～ の過去形 had to ～ で表す。　I didn't know that he had to work until late last night.

(39)「もし～なら，何をするだろうか」は‘If＋主語＋動詞の過去形～，主語＋助動詞の過去形＋動詞の原形…’の仮定法過去「もし～なら，…だろうに」(現在の事実に反する内容を表す)の形を使い，「…だろうに」の部分を疑問詞 what を用いた疑問文で表す。　If you were that girl, what would you do ?

6〔長文読解―適語(句)選択―説明文〕

≪全訳≫子どもたちの面倒を見るということ❶あなたはたぶん，1年に1回は小児科医に会うだろう。小児科医は定期健康診断を行い，子どもたちが病気になったときは治療を行う。彼らは注射もするし，健康習慣についての指導も行う。彼らは，例えば子どもたちの耳から昆虫や小さなおもちゃをつまみ出すといった，変わったことも行う。／よい助言❷ジャクリン・ドヴィーコはかつて銀行員だった。しかし，小児科医になるために学校に戻った。❸彼女は，小児科医になりたいと思う人は子どもと家族を愛するべきだという。小児科医は子どもの誕生直後から成人期まで面倒を見る。ジョアンナ・ロドリゲス・トレド博士は12歳のときから小児科医になりたいと思っていた。彼女はプエルトリコで育ち，家族の中で初めて大学を卒業した人になった。❹「小児科医になりたいのですか。懸命に働く準備をしなさい」とロドリゲス・トレド博士は言う。小児科医は仕事を始める前に，少なくとも11年間を学校で費やすことが多い。「たくさんの本を読まなければならないし，たくさんの時間をかけなければなりません」と彼女は言う。「しかし，それがたとえ大変な仕事でも，挑戦する価値があります」／どこで始めるか❺将来の医師が仕事に向けて今できることがある。子どもたちと一緒に過ごすことだ。学校では理科の授業を取ること。良い学習習慣を身につけること。第2言語の会話を学ぶことも役に立つ。2つ以上の言語を知っている医者は，あまり英語を知らない人達ともつながることができる。ロドリゲス・トレド博士は，スペイン語を話せることが，メキシコやドミニカ共和国，アルゼンチン共和国のような国から来た家族に治療を行うことに役立っているという。

＜解説＞(40)people を先行詞，who を主格の関係代名詞として用いて people who want to become pediatricians「小児科医になりたいと思う人々」とする。　(41)since ～ で「～以来」を表す。　(42)even though ～ で「たとえ～でも」を表す。　(43)that節の主語 speaking Spanish「スペイン語を話すこと」に対応する述語動詞が入る。‘help＋目的語＋動詞の原形’で「～が…するのを助ける」。現在まで継続する事柄なので，‘継続’を表す現在完了(‘have/has＋過去分詞’)で表す。　(44)(　　)以下は countries の例を挙げている。such as ～ は「～のような」という意味で，例示をする際に用いる。

2024年度／日本大学豊山女子高等学校（一般）

数学解答

1 (1) ①…－　②…8
(2) ③…3　④…4　⑤…－　⑥…2　⑦…0
(3) ⑧…2　⑨…2　⑩…3
(4) ⑪…1　⑫…2　⑬…－　⑭…3
(5) ⑮…1　⑯…1　⑰…0　⑱…3
(6) ⑲…1　⑳…2　㉑…1
(7) ㉒…1　㉓…0　㉔…2　㉕…1
(8) ㉖…1　㉗…3　㉘…5
(9) ㉙…1　㉚…0　㉛…5　(10) 2

2 (1) 3
(2) ㉞…－　㉟…3　㊱…－　㊲…1
(3) ㊳…2　㊴…3

3 (1) ㊵…2　㊶…3
(2) ㊷…3　㊸…2
(3) ㊹…3　㊺…2　㊻…5

4 (1) ㊼…1　㊽…0　㊾…8
(2) ㊿…2　(51)…0　(52)…4　(53)…2
(3) (54)…8　(55)…3　(56)…4

1〔独立小問集合題〕

(1)＜式の計算＞与式$=\frac{3(3x+2y)-2(5x-y)}{6}=\frac{9x+6y-10x+2y}{6}=\frac{-x+8y}{6}$

(2)＜式の計算＞③，④に入る数字をそれぞれa，bとおくと，$(-2xy)^3\times15xy^5\div6x^ay^b=-8x^3y^3\times15xy^5\div6x^ay^b=-\frac{8x^3y^3\times15xy^5}{6x^ay^b}=-20x^{4-a}y^{8-b}$となる。これが右辺と等しいことから，右辺の係数は$-20$であり，$4-a=1$，$8-b=4$である。これより，$a=3$，$b=4$となる。

(3)＜数の計算＞与式$=3\sqrt{2^2\times3}+\frac{5\times\sqrt{3}}{\sqrt{3}\times\sqrt{3}}-\frac{\sqrt{3^2\times3}}{9}=6\sqrt{3}+\frac{5\sqrt{3}}{3}-\frac{3\sqrt{3}}{9}=\frac{18\sqrt{3}}{3}+\frac{5\sqrt{3}}{3}-\frac{\sqrt{3}}{3}=\frac{22\sqrt{3}}{3}$

(4)＜連立方程式＞$1.4x-0.1y=1$……(ⅰ)，$\frac{4x-y}{2}-\frac{2x+1}{3}=\frac{11}{6}$……(ⅱ)とする。(ⅰ)×10より，$14x-y=10$……(ⅰ)′，(ⅱ)×6より，$3(4x-y)-2(2x+1)=11$，$12x-3y-4x-2=11$，$8x-3y=13$……(ⅱ)′となる。(ⅰ)′×3－(ⅱ)′より，$42x-8x=30-13$，$34x=17$　$\therefore x=\frac{1}{2}$　これを(ⅰ)′に代入すると，$14\times\frac{1}{2}-y=10$，$7-y=10$　$\therefore y=-3$

(5)＜二次方程式＞両辺を3倍して，$3x^2-2x-3=0$，解の公式より，$x=\frac{-(-2)\pm\sqrt{(-2)^2-4\times3\times(-3)}}{2\times3}=\frac{2\pm\sqrt{40}}{6}=\frac{2\pm2\sqrt{10}}{6}=\frac{1\pm\sqrt{10}}{3}$となる。

(6)＜数の性質＞aを素数とすると，aの約数は1とaの2個あり，a^2の約数は1とaとa^2の3個ある。つまり，約数が全部で3個ある自然数は素数を2乗した数である。3個の約数の1とaとa^2の和が133のとき，$1+a+a^2=133$が成り立ち，これを解くと，$a^2+a-132=0$，$(a+12)(a-11)=0$より，$a=-12$，11となるが，aは素数だから，$a=11$である。よって，求める自然数は，$11^2=121$である。

(7)＜確率＞男子5人，女子2人の合計$5+2=7$(人)から2人を順番に選ぶとすると，1人目が7通り，2人目が6通りより，$7\times6=42$(通り)となる。しかし，くじ引きで2人を選ぶときは，1人目と2人目の順番が逆の場合も同じ2人の選び方となるので，42通りの中には同じ選び方が2通りずつあることになる。よって，2人の選び方は，$42\div2=21$(通り)ある。このうち，1人が男子で1人が女子となるのは，男子の選び方が5通り，女子の選び方が2通りあるので，$5\times2=10$(通り)ある。したがって，求める確率は$\frac{10}{21}$である。

(8)＜標本調査―赤玉の数＞赤玉と白玉があわせて600個入った袋から40個を取り出したところ，赤玉が9個含まれていたことから，全体の$\frac{9}{40}$が赤玉であると推測できる。よって，袋の中にはおよそ，$600\times\frac{9}{40}=135$(個)の赤玉が入っていたと考えられる。

(9)＜平面図形—角度＞右図のように円の中心をOとし，円Oの周上の点をA～Dと定め，点Oと点Dを結ぶ。$\angle x$は$\overset{\frown}{\mathrm{ADC}}$に対する円周角だから，この弧に対する中心角を求める。△OADはOA＝ODの二等辺三角形だから，$\angle\mathrm{OAD}=\angle\mathrm{ODA}=25^\circ$となり，△OADの内角の和より，$\angle\mathrm{AOD}=180^\circ-25^\circ\times2=130^\circ$である。よって，$\overset{\frown}{\mathrm{ADC}}$に対する中心角は，$\angle\mathrm{AOD}+\angle\mathrm{COD}=130^\circ+80^\circ=210^\circ$となるから，$\overset{\frown}{\mathrm{ADC}}$に対する円周角と中心角の関係より，$\angle x=\angle\mathrm{ABC}=\frac{1}{2}\times210^\circ=105^\circ$である。

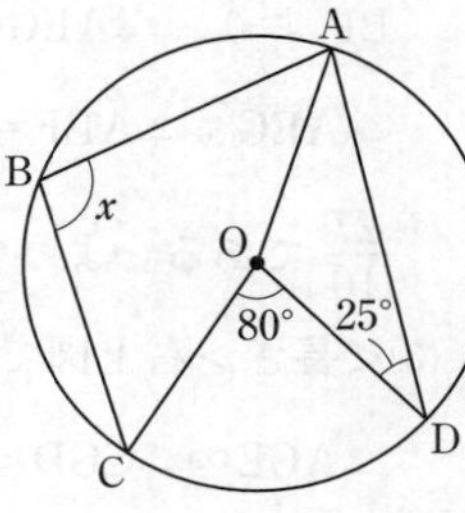

(10)＜空間図形—体積＞底面の半径が6cmで高さ10cmの円柱の容器に水面の高さが8cmのところまで水が入っていて，ここに，半径3cmの球の形をしたビー玉n個を水の中に沈めたところ，ちょうど満水になったとする。このとき，ビー玉n個の体積と容器内で水面が上がった分の体積が等しくなる。これより，$\frac{4}{3}\pi\times3^3\times n=\pi\times6^2\times(10-8)$が成り立ち，これを解くと，$36\pi n=72\pi$，$n=2$となる。よって，求めるビー玉の個数は2個である。

2 〔関数—関数$y=ax^2$のグラフ〕

(1)＜比例定数＞右図のように，点Aからx軸に垂線AHを引くと，点Aのx座標が1より，OH＝1で，OAは原点Oを中心とする円の半径だから，OA＝2である。△OAHで三平方の定理より，$\mathrm{AH}=\sqrt{\mathrm{OA}^2-\mathrm{OH}^2}=\sqrt{2^2-1^2}=\sqrt{3}$となるので，点Aの座標は$(1,\ \sqrt{3})$である。よって，放物線$y=kx^2$は$\mathrm{A}(1,\ \sqrt{3})$を通るので，$x=1$，$y=\sqrt{3}$を代入して，$\sqrt{3}=k\times1^2$より，$k=\sqrt{3}$である。

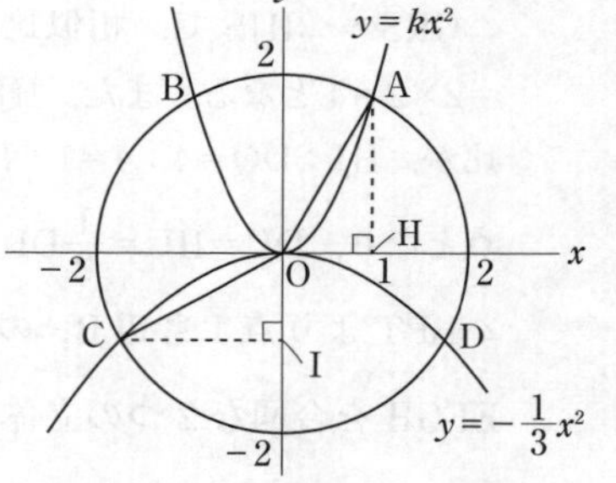

(2)＜座標＞右図のように，点Cからy軸に垂線CIを引き，$\mathrm{OI}=t$とおく。△OCIで三平方の定理より，$\mathrm{CI}=\sqrt{\mathrm{OC}^2-\mathrm{OI}^2}=\sqrt{2^2-t^2}=\sqrt{4-t^2}$となるので，点Cの座標は$(-\sqrt{4-t^2},\ -t)$と表せる。放物線$y=-\frac{1}{3}x^2$は$\mathrm{C}(-\sqrt{4-t^2},\ -t)$を通るので，$x=-\sqrt{4-t^2}$，$y=-t$を代入すると，$-t=-\frac{1}{3}\times(-\sqrt{4-t^2})^2$が成り立ち，これを解くと，$-t=-\frac{1}{3}\times(4-t^2)$，$3t=4-t^2$，$t^2+3t-4=0$，$(t+4)(t-1)=0$より，$t=-4$，1となるが，$0<t<2$だから，$t=1$である。$t=1$のとき，$\mathrm{CI}=\sqrt{4-1^2}=\sqrt{3}$となる。よって，$\mathrm{CI}=\sqrt{3}$，OI＝1より，点Cの座標は$(-\sqrt{3},\ -1)$である。

(3)＜傾き＞右上図の放物線と円Oはy軸について線対称なので，$\mathrm{A}(1,\ \sqrt{3})$より，点Bの座標は$(-1,\ \sqrt{3})$となる。よって，2点$\mathrm{B}(-1,\ \sqrt{3})$，$\mathrm{C}(-\sqrt{3},\ -1)$を通る直線の傾きは，$\frac{\sqrt{3}-(-1)}{-1-(-\sqrt{3})}=\frac{\sqrt{3}+1}{\sqrt{3}-1}=\frac{(\sqrt{3}+1)(\sqrt{3}+1)}{(\sqrt{3}-1)(\sqrt{3}+1)}=\frac{(\sqrt{3}+1)^2}{3-1}=\frac{3+2\sqrt{3}+1}{2}=\frac{4+2\sqrt{3}}{2}=2+\sqrt{3}$である。

3 〔平面図形—正方形〕

(1)＜長さの比＞次ページの図で，AE：EB＝2：1より，$\mathrm{AE}=\frac{2}{2+1}\mathrm{AB}=\frac{2}{3}\times3=2$，$\mathrm{EB}=\mathrm{AB}-\mathrm{AE}=3-2=1$である。また，AE∥DCより，△AGE∽△CGDで，その相似比はAE：CD＝2：3となる。よって，EG：DG＝2：3より，EG：GD＝2：3である。

(2)＜**面積**＞右図で，$\triangle AED=\frac{1}{2}\times AE\times AD=\frac{1}{2}\times2\times3=3$ で，$EG:GD=2:3$ より，$\triangle AEG=\frac{2}{2+3}\triangle AED=\frac{2}{5}\times3=\frac{6}{5}$ となる。また，$EG /\!/ BF$ より，$\triangle AEG \backsim \triangle ABF$ で，その相似比は，$AE:AB=2:3$ だから，$\triangle AEG:\triangle ABF=2^2:3^2=4:9$ となり，$\triangle ABF=\frac{9}{4}\triangle AEG=\frac{9}{4}\times\frac{6}{5}=\frac{27}{10}$ である。よって，〔四角形 EBFG〕$=\triangle ABF-\triangle AEG=\frac{27}{10}-\frac{6}{5}=\frac{15}{10}=\frac{3}{2}$(cm²)である。

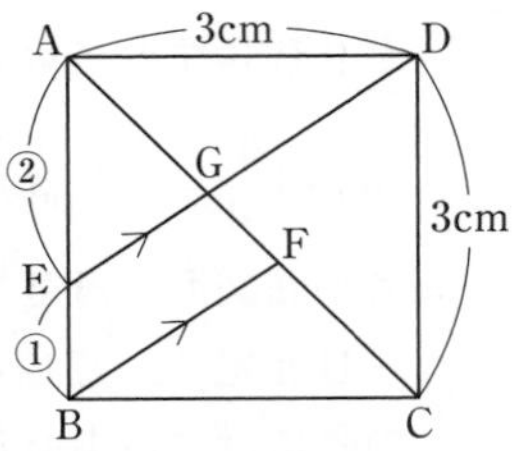

(3)＜**長さ**＞右上図で，$\triangle ABC$ は直角二等辺三角形だから，$AC=\sqrt{2}AB=\sqrt{2}\times3=3\sqrt{2}$ である。(1)で $\triangle AGE \backsim \triangle CGD$ より，$AG:GC=2:3$ だから，$AG=\frac{2}{2+3}AC=\frac{2}{5}\times3\sqrt{2}=\frac{6\sqrt{2}}{5}$ となる。よって，$EG /\!/ BF$ より，$AG:GF=AE:EB=2:1$ だから，$GF=\frac{1}{2}AG=\frac{1}{2}\times\frac{6\sqrt{2}}{5}=\frac{3\sqrt{2}}{5}$(cm)である。

4 〔空間図形—立方体〕

図1

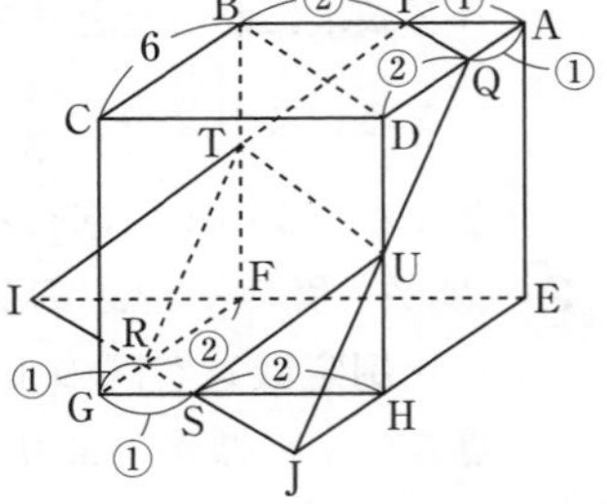

(1)＜**体積**＞6 cm の線分を 1：2 に分けると，$6\times\frac{1}{1+2}=2$ と，$6\times\frac{2}{1+2}=4$ に分けられる。右図1のように，3点P，Q，Rを通る平面が，辺BF，DHと交わる点をそれぞれT，U，辺EFの延長，辺EHの延長と交わる点をそれぞれI，Jとする。$GR /\!/ HJ$ より，$\triangle GRS \backsim \triangle HJS$ で，相似比は，$GS:HS=1:2$ だから，$HJ=2GR=2\times2=4$ となる。また，$HJ /\!/ DQ$ より，$\triangle HJU \backsim \triangle DQU$ で，相似比が，$HJ:DQ=4:4=1:1$ より，$\triangle HJU\equiv\triangle DQU$ だから，$HU:DU=1:1$ より，点Uは辺DHの中点となり，$DU=HU=\frac{1}{2}DH=\frac{1}{2}\times6=3$ である。同様に，$\triangle GRS \backsim \triangle FRI$ より $FI=4$ だから，$\triangle FIT\equiv\triangle BPT$ より点Tも辺BFの中点となる。これより，3点P，Q，Rを通る平面は，立方体ABCD-EFGHを合同な2つの立体に分けている。よって，求める立体の体積は，$6^3\times\frac{1}{2}=108$(cm³)である。

(2)＜**長さ**＞右上図1で，△BPTと△FTRと△DQUと△HUSはいずれも直角をはさむ2つの辺が 3 cm と 4 cm の直角三角形だから，三平方の定理より，$PT=TR=QU=US=\sqrt{3^2+4^2}=\sqrt{25}=5$ となる。また，△APQと△GSRはどちらも等しい長さの辺が 2 cm の合同な直角二等辺三角形だから，$PQ=SR=\sqrt{2}\times2=2\sqrt{2}$ となる。よって，切り口の六角形PTRSUQの周の長さは，$5\times4+2\sqrt{2}\times2=20+4\sqrt{2}$(cm)である。

図2

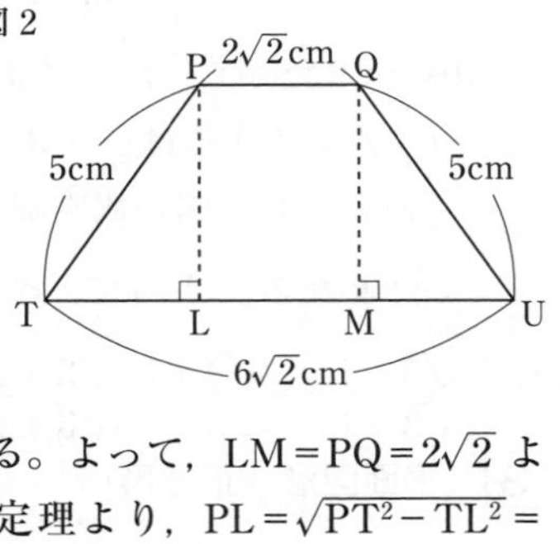

(3)＜**面積**＞右上図1の2点T，Uを結ぶと，線分TUは切り口の六角形PTRSUQの面積を2等分する。また，$TU=BD$ であり，△ABDは直角二等辺三角形だから，$TU=BD=\sqrt{2}AB=\sqrt{2}\times6=6\sqrt{2}$ となる。また，$PQ /\!/ BD$，$BD /\!/ UT$ だから，$PQ /\!/ UT$ となり，四角形PTUQは，右図2のような台形になる。図2で，点P，Qから辺UTにそれぞれ垂線PL，QMを引くと，台形PTUQは $PT=QU$ だから，$\triangle PTL\equiv\triangle QUM$ となり，$TL=UM$ である。よって，$LM=PQ=2\sqrt{2}$ より，$TL=UM=(6\sqrt{2}-2\sqrt{2})\div2=2\sqrt{2}$ となる。△PTLで三平方の定理より，$PL=\sqrt{PT^2-TL^2}=\sqrt{5^2-(2\sqrt{2})^2}=\sqrt{17}$ である。これより，台形PTUQの面積は，$\frac{1}{2}(PQ+TU)\times PL=\frac{1}{2}\times(2\sqrt{2}+6\sqrt{2})\times\sqrt{17}=4\sqrt{34}$ となるから，求める切り口の面積は，$4\sqrt{34}\times2=8\sqrt{34}$(cm²)である。

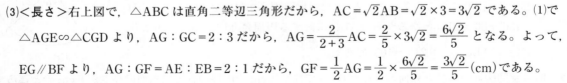

国語解答

一
問一 エ　問二 ア　問三 ア
問四 エ　問五 ア　問六 ウ
問七 エ　問八 イ　問九 ウ
問十 イ

二
問一 ①…ウ　④…ア　問二 エ
問三 イ　問四 ウ　問五 ア，オ
問六 エ　問七 イ　問八 ウ
問九 エ　問十 イ

三
問一 ア　問二 エ　問三 イ
問四 ウ　問五 ア　問六 イ，エ
問七 ウ　問八 エ　問九 ア
問十 ウ

四
問一 エ　問二 ㋐　問三 イ
問四 ウ　問五 エ　問六 ア
問七 ウ　問八 イ　問九 イ

一〔国語の知識〕

問一＜漢字＞「概念」と書く。アは「感慨」，イは「街頭」，ウは「該当」，エは「気概」。

問二＜漢字＞「時雨」は，「しぐれ」と読み，秋の終わりから冬にかけて，断続的に降る雨のこと。

問三＜四字熟語＞イは「絶体絶命」，ウは「心機一転」，エは「以心伝心」と書く。

問四＜語句＞「貢献」と「寄与」は，類義語。

問五＜故事成語＞「羊頭狗肉」は，羊の頭を看板に掲げて，犬の肉を売っている，ということから，見た目と実質が一致しないこと。「竜頭蛇尾」は，初めは勢いが盛んだが，後になるほど振るわなくなること。「他山の石」は，自分には関係ないことのようでも自分を磨く役に立つこと。「漁夫の利」は，二者の争いに乗じて第三者が利益を得ること。

問六＜語句＞「期待をかける」は，到来，発生，出現などを待ち望む，という意味。「意表をつく」は，予想外のことを仕掛けて驚かせる，という意味。「指示をあおぐ」は，上位者や専門家からの指導や命令を求める，という意味。

問七＜品詞＞「カメラマンで」の「で」と「委員長で」の「で」は，断定の助動詞「だ」の連用形。「かぜで」の「で」は，原因を表す格助詞。「読んで」の「で」は，接続助詞「て」が撥音便に接続し濁音化したもの。「おだやかで」の「で」は，形容動詞「おだやかだ」の連用形活用語尾。

問八＜文学史＞『山椒大夫』は，大正４(1915)年に発表された，森鷗外の小説。

問九＜俳句の技法＞「木枯らし」が「海に出」る，「帰る」という表現は，人でないものを人のようにたとえて表現する擬人法。

問十＜漢文の訓読＞「物」→「於」→「陥」→「不」→「無」→「也」の順に読む。「物に於いて」は，「於」と「物」をレ点で一字返す。「陥さざる無きなり」は，助動詞「ざる」を漢字で表した「不」と「陥」をレ点で一字返し，さらに，「無」と「不」をレ点で一字返す。レ点は，一字返して読む返り点。一二点は，二字以上を返して読む返り点。

二〔論説文の読解―哲学的分野―人生〕出典：福岡伸一『新版　動的平衡３　チャンスは準備された心にのみ降り立つ』。

≪本文の概要≫抗生物質の発見は，細菌を制圧する薬物をつくるというゴールを目指して得られたものではなく，違うフィールドの偶然の産物として不意にやってきた。「チャンスは準備された心にのみ降り立つ」というパスツールの言葉のとおり，準備された心があって初めて発見は見出される。フレミングにとっては，工芸学校で親しんだ技巧や創作の経験がそれであった。フレミングは，コンタミしてしまった実験用のシャーレに生えたカビをたまたま放置したが，準備された心ゆえに，その失敗から抗生物質を発見できたのである。ジョブズは，大学中退後にたまたま興味を持って聴講したカリグラフィーの講義から，視覚的な鮮やかさが人間の認識にもたらす効果を知った。これが準備された心となり，アップル社を創設した際，コンピュータの画面上のフォントの美しさにこだわって，マック・フォントで成功を収めた。ジョブズは，事前に見通すことのできない点と点とのつながりが，後になってから初めて意外な線で結ばれる「コネクティング・ザ・ドッツ」を信じて進めと述べた。一見無関係に見える事柄を関連づけることができるのは，準備された心のなせる業である。

問一＜漢字＞①「脅威」と書く。アは「異口同音」，イは「意気揚々」，ウは「威風堂々」，エは「天衣無縫」。　④「憂い」と書く。アは「憂慮」，イは「優秀」，ウは「余裕」，エは「勧誘」。

問二＜文章内容＞抗生物質の発見や，電灯，LEDのような科学上の革命的な発見は，「まったく別の新しい分野から」たまたまもたらされることが多い。

問三＜文章内容＞いずれも科学的発見を見出す可能性の高い「知識と専門技術を身につけた経験豊かな科学者」であるにもかかわらず，「発見者と，発見を見逃してしまった人との差」が生じるのは，「準備された心の有無」である。「準備された心」がない「一般の」科学者には，「発見の契機」があっても，それがそれとして見えないのである。

問四＜四字熟語＞フレミングは，あれこれアイデアを思いついてはやってみて，失敗することを繰り返していた。「試行錯誤」は，何度もやって失敗を重ねて目的に迫っていくこと。

問五＜文章内容＞「寒天培地の中には糖やアミノ酸などの栄養分が入っている」が，これが「細菌の成育のマウンドとなる培地」である(ア…×)。シャーレと上蓋との「わずかな間隙」から「空気中の雑菌が入り込むこと」は，「普通はありえない」のである(オ…×)。

問六＜接続語＞Y．「きれいに細菌だけが成育すると曇りはシャーレ一面に均質な広がりを示す」けれども，「もし，実験の最中にコンタミを起こしていると，この曇りの中に，点々と，赤や青，あるいは黒や灰色の糸くずのような」カビが生えてしまう。　Z．「均質な白い細菌の膜」が，「カビの発生した点を中心に」して，まさに「野球のピッチャーズマウンドのように，ぽっかりときれいな円が開いているように見えた」のである。

問七＜文章内容＞フレミングは，普通ならば「視界からただちに消してしまいたい」と考える「カビの生えたシャーレ」という失敗を，「しばらく放置して」おいて，「コンタミしたカビと，カビの周辺の細菌の様子をじっと観察し」て，ある種のカビが細菌の成育を抑制することを発見した。

問八＜文章内容＞スティーブ・ジョブズは，大学中退後に，たまたま興味を持ったカリグラフィーのコースを無断聴講した。その後，ジョブズがアップル社を立ち上げたとき，「徹底的にこだわった」のは，「コンピュータの画面上に現れるフォントの美しさ」だった。「ジョブズは，視覚的な鮮やかさがどれほど人間の認識に効果をもたらすか」という，かつての「カリグラフィーの講義」で学んだことを思い出して，「マック・フォント」を採用したのである。

問九＜文章内容＞ジョブズは，かつて無目的に学んだカリグラフィーが，意外にも後にマック・フォントに生かされたという経験を，「コネクティング・ザ・ドッツ」と表現した。ジョブズは，「点と点とがどのようなとき，どのようにつながるのか」は，「事前にそれを見通すことは決してでき」ないけれども，「準備された心」があれば，「一見，無関係に見えるある点とある点のあいだに線を引くことができる」という可能性を信じて進めと述べた。

問十＜要旨＞「準備された心」を持っていたがゆえに，フレミングは，失敗した実験から抗生物質を発見できたし，ジョブズは，たまたま学んだカリグラフィーをマック・フォントに生かせた。「一見，無関係に見えるある点とある点のあいだに線を引くことができるのは，そこに準備された心があるから」なのである。

三　**〔小説の読解〕**出典：藤岡陽子『リラの花咲くけものみち』。

問一＜俳句の技法＞「ナナカマド」は，「紅葉の季節になると真っ赤な可愛らしい実をつける」秋の植物である。「ヘチマ(糸瓜)」は，秋の季語。「スミレ(菫)」は，春の季語。「サザンカ(山茶花)」は，冬の季語。「アジサイ(紫陽花)」は，夏の季語。

問二＜文章内容＞聡里は，久恒獣医師に，「この子を見つけたのはあなた？　名前は？」と問われて，とっさに「犬の名前」を聞かれたのだと思い込んで「すみません，わからないです……」と答えてしまうほど動揺している。久恒は，「笑いながら」自分の名を名乗り，院名の由来となったナナカマドの花言葉など関係のない話をして，聡里を落ち着かせようとした。

問三＜漢字＞「警戒」と書く。アは「快い」，イは「戒め」，ウは「壊す」，エは「改めて」。

問四＜文章内容＞「さっき久恒先生に犬の様子を訊かれて」いたときに「はきはき答えてた」聡里に「驚いた」と，「夏菜が親しげに話しかけて」きた。だが，聡里は，他人との会話に慣れていなかったため，「こんな時，どんな受け答えをすればいいのか」わからなくて，「落ち着かず，目を伏せて」，自分の手の指を見つめているしかなかった。

問五＜文章内容＞夏菜も「動物が好き」だから「獣医師を目指」したのだが，獣医学を学んでいく過程で，「自分が欲しくて飼ったペットを捨てる」などの現実を見る機会も多い。そんな「人間のエゴ」を目にすると，夏菜は，「動物は好き」だが「人間が嫌い」になっていくのである。

問六＜表現技法＞「涙が零れ落ちるように」のように，ようだ，みたいだ，という直接的な比喩の語を使って，あるものを別のものにたとえる表現を，直喩という。「ぽろりと」のように，物事の状態をそれらしく表した語を，擬態語という。

問七＜心情＞自分が発見した柴犬とはいえ，「寮住まいの自分たちは犬を連れ帰ることはできない」ので，聡里には犬をどうしてやることもできない。かといって，「とりあえずおれのアパートに連れて帰るわ」と言ってくれる一馬の好意に甘えきってしまうのでは申し訳ないと思い，聡里は，「ご迷惑じゃないんでしょうか」と，一馬への心配を夏菜に漏らした。

問八＜文章内容＞聡里は，他人とのコミュニケーションや人づき合いに慣れていなかったが，自分が保護したけがを負った柴犬を，久恒獣医師や夏菜，一馬らの協力を得て，助けることができた。人とのつながりが命を守るという経験をしたことから，聡里は，「私はあなたを守る」という花言葉を持つナナカマドの花が咲く頃にまたここを訪れて，花言葉の意味をかみしめてみたいと思った。

問九＜文章内容＞聡里が保護した柴犬を助けることができたのは，久恒獣医師や夏菜，一馬の協力があってこそであった。だが，自分も間違いなく犬を助けたメンバーの一人だと思うと，聡里は，夕焼けの美しさまで「自分の手柄のような誇らしい気持ち」が湧いてきて「充実感」を覚え，「目に映るものすべてが新しい一日を締めくくる，鮮やかな茜色」に見えた。

問十＜要旨＞他人に何か話しかけられると，とっさに「すみません」と言ってしまうような，自信なさげな聡里であったが，けがをした柴犬の保護をめぐって，他人との関わり合いの中で一つの目標を達成する充実感を知った。その経験を励みとして，「いつか自分も，誰かを守れるような強い人になりたい」と決意する聡里の精神的な成長が，ナナカマドの木や広大な夕焼け，山に帰る鳥たちの声などの，北海道の大自然の風景を通じて，細やかに描かれている。

四〔古文の読解―説話〕出典：『今物語』四四。

≪現代語訳≫下毛野武正といった随身が，関白殿の邸の北の対屋の後ろを，実に華やかで美しい様子で通ったところ，局の雑仕女が，「まあご立派なこと。鳩吹く秋とお思い申し上げますわ」と言ったところ，(武正は)「控えよ」と言った。女は悲しそうに隠れてしまった。／(武正は)随身所で，秦兼弘という随身に会って，「北の対屋の女の童に，さんざんに侮辱されてしまった」と言ったところ，(兼弘に)「どのように侮辱されたのか」と問われて，(武正が)「鳩吹く秋と思うよ(と言われた)」と言うと，兼弘は，歌人兼方の孫であって歌人兼久の子だったので，和歌のことをよく心得ている人物であって，「残念なことをおっしゃったものだ。(その女は)あなたに思いをかけて，(鳩吹く秋と)言ったのであるよ。／深い山を出て鳩吹く秋の夕暮れはまことに寂しいものですね。だから人恋しくて鳩吹くように声をおかけするのは，しばらくお待ちくださいとあなたに言わないだけで，本当はあなたをとどめたいのです／という和歌の意味なのだろう。(つまり，女は，あなたに)〈しばらくおとどまりください〉と言ったのですよ。そっけなく愛《あい》想《そ》もなく，なんと(ひどいことを彼女に)おっしゃったのか」と言ったので，(武正は)「さあさあ，それでは(女の)ご機嫌を直して差し上げよう」と言って，さっきの局の下の方に行って，「(おっしゃりたかった)お言葉をお聞きしよう。武正は，(おっしゃるとおり)鳩吹く秋(のようにここにとまりましたの)です，おいおい」と言い立てた。たいそうおもしろかった。

問一＜古典文法＞係助詞「こそ」が係るので，結びの「思ひまゐらす」「思ふ」が已然形をとり，「思ひまゐらすれ」「思へ」となる。このような古典文法上の規則を，係り結びの法則という。

問二＜古文の内容理解＞雑仕女が「あなゆゆし～思ひまゐらすれ」と言ったのに，武正が「つひふされ」と答えた。武正が兼弘に「北の対の～告られたりつる」と言ったのを，兼弘が，どのように侮辱されたのかと聞くと，武正が兼弘に「鳩吹く秋と〈こそ〉思へ」と答えた。

問三＜古文の内容理解＞雑仕女は，武正の姿が美しくて立派だったので，「み山出でて」の古歌の下の句「しばしと人をいはぬばかりぞ」という意味を含めて，「鳩吹く秋」という引き歌で武正に声をかけた。女は，姿の美しい武正に好意を持って，しばらくここにおとまりください，という意味で声をかけたのに，和歌の素養のない武正は，意味がわからず，女に侮辱されたと誤解して，うるさいとひどい言葉で拒絶したので，女は悲しそうに隠れてしまったのである。

問四＜古文の内容理解＞兼弘は，祖父兼方も父兼久も勅撰歌人であったので，和歌のことをよく心得ている人物だったから，雑仕女の言った「鳩吹く秋」という引き歌の意味がわかったのである。

問五＜現代語訳＞「口惜し」は，残念だ，という意味。

問六＜古文の内容理解＞雑仕女は，「み山出でて」の和歌の一節「鳩吹く秋」を引用することによって，下の句の「しばしと人をいはぬばかりぞ」の意味を暗示した。下の句の意味は，しばらくお待ちくださいとあなたに言わないだけで，本当はあなたをとどめたいのです，という意味なので，雑仕女は，武正に，しばらくここにとまってくださいと言いたかったのである。このように，古歌の一節を会話や文章に引用して古歌の意味を暗示する話法を，引き歌という。

問七＜古文の内容理解＞雑仕女は，姿の良い武正に思いをかけて，しばらくここにとまってください，という意味の歌を口にしたのだが，和歌の素養のなかった武正は，女の意図がわからず，うるさいとひどい言葉で女を拒絶してしまった。歌人の祖父，父を持つ兼弘には，女の意図がわかったので，無粋な武正を，なんとひどいことをおっしゃったものかと非難したのである。

問八＜古文の内容理解＞和歌の素養のなかった武正は，歌をよんだ雑仕女の真意がわからず，自分を侮辱されたと誤解して，ひどい言葉で女を拒絶したのだったが，兼弘に説明されて，女が自分に好意を持っていたことを知ると，臆面もなく女のもとに戻って，女の機嫌をとろうと声をかけた。このように，徹頭徹尾，無骨で粗野な振る舞いをする武正の単純さを，作者は「いとをかしかりけり」と批評している。

問九＜文学史＞『源氏物語』は，平安時代中期に紫式部が書いた物語。『新古今和歌集』は，鎌倉時代初期に，後鳥羽院の院宣によって藤原定家らが編さんした第八作目の勅撰和歌集。『万葉集』は，奈良時代に大伴家持が編さんしたといわれる，日本最古の和歌集。『おくのほそ道』は，江戸時代前期に松尾芭蕉が書いた俳諧紀行文。

Memo

Memo

2023年度 日本大学豊山女子高等学校(推薦)

【適性検査問題】 (60分)

【英　語】〈満点：35点〉

1 次の文章を読み，各設問に答えなさい。

In Japan, when people turn 20, they celebrate "Seijin-no-Hi" on the second Monday of January. (A)Most of those people come to a ceremony. It is usually held at their local city hall, and they meet their school classmates. Some become too excited and cause trouble.

There are not so many *coming-of-age ceremonies like "Seijin-no-Hi" in the world, but some countries hold unique events. Let us see some coming-of-age ceremonies around the world.

In the U.S., the 16th birthday is important because people becoming this age are allowed to drive in most states. They can be freer than before, so (B)this right is important for many Americans. Some 16-year-olds celebrate with an exciting dance party at a dance hall with their parents and friends.

*The Philippines also has a coming-of-age event. This is called "Debut." When girls turn 18, their family and friends celebrate the girls' birthday in a *grand way. This event is a kind of dance party, and the guests dance in pairs.

Some coming-of-age events are difficult. "Khatam Al Koran" is one example. This is a traditional ceremony which celebrates coming-of-age in *Malaysia. It is held on the last day of *Ramadhan month, so this ceremony is very *Islamic. When *Malaysian girls believing in Islam reach the age of 11, they are seen as adults. People celebrate the girls' birthday during "Khatam Al Koran" held at their local *mosque. To join this event, Malaysian girls have to remember the final *chapter of the *Koran perfectly before the event. Many people believe in Islam in Malaysia, so this is an important event.

Many coming-of-age events look like fun, but some give these new adults a hard test. Adults are given many new important rights in many societies. And they must understand that having these rights comes with *responsibilities.

(注)

coming-of-age：成人

grand：盛大な

Ramadhan：ラマダン(イスラム教で断食をする月)

Malaysian：マレーシアの

chapter：(本の)章

responsibility：責任

the Philippines：フィリピン

Malaysia：マレーシア

Islamic：イスラム教的な

mosque：モスク(イスラム教の礼拝堂)

Koran：コーラン(イスラム教の聖典)

(1) 下線部(A)を書きかえるとき，最も適切なものを選びなさい。

① Most of the people who want to meet their school friends come to a ceremony.
② Most of the people who live in their local city come to a ceremony.
③ Most of the people who became 20 years old come to a ceremony.
④ Most of the people who became excited and caused trouble come to a ceremony.

(2) 下線部(B)の理由として，最も適切なものを選びなさい。

① アメリカのほとんどの州では16歳になると自由にパーティーを開くことができるから。
② アメリカのほとんどの州では16歳になると運転が許され，より自由になれるから。
③ アメリカのほとんどの州では16歳になると一人暮らしが許され，自由に生活できるから。
④ アメリカのほとんどの州では16歳になると自由に自動車を買うことができるから。

(3)～(6)本文の内容に合うように文を完成させるとき，最も適切なものをそれぞれ選びなさい。

(3) In "Debut," ＿＿＿＿＿＿＿.

① 16-year-old girls dance with their family and their friends
② 16-year-old girls can drive cars
③ families and friends of 18-year-old girls have to take a difficult test
④ families and friends of 18-year-old girls celebrate the girls' birthday

(4) In Malaysia, ＿＿＿＿＿＿＿.

① the age of 10 is the coming-of-age for girls
② 12-year-old girls are already seen as adults if they believe in Islam
③ the coming-of-age ceremony is fun and grand
④ no coming-of-age ceremony is held for girls

(5) To join "Khatam Al Koran," ＿＿＿＿＿＿＿.

① new adults need to remember a part of the Koran
② all guests have to read the Koran before the event
③ all guests must practice to be able to dance perfectly
④ new adults live alone until the last day of Ramadhan

(6) People ＿＿＿＿＿＿＿ when they become adults.

① can communicate with people in the world
② will give responsibilities to their child
③ will understand becoming adults is hard
④ get many new rights

2 次の対話文に入る最も適切なものをそれぞれ選びなさい。

(7) A: Oh, I forgot to bring lunch. (　　　　)

B: No, but you can go to the supermarket over there.

① Did you eat breakfast at home this morning?

② Why don't we have dinner at that restaurant?

③ Is there a convenience store near here?

④ Your parents are cooks, aren't they?

(8) A: I'm going to go to the movie with my friend!

B: OK, but (　　　　)

A: Of course. It was easy for me.

① have you finished your homework yet?

② how will you go to the theater?

③ the movie is the most popular of all.

④ I wish I could go with you.

3 次の[　　　]内の語を正しく並べかえて英文を完成させるとき，不足している語があります。その語をそれぞれ選びなさい。(文頭に来る語も小文字で書いてあります。)

(9) [English / only / I / also / study / math / but] every day.

① don't　② and　③ as　④ not

(10) Please [where / the / is / library / me].

① walk　② say　③ tell　④ go

(11) [our / the / wants / to / teacher / us] classroom.

① clean　② cleans　③ cleaned　④ cleaning

4 次の各文の(　　　)内に入る最も適切なものをそれぞれ選びなさい。

(12) A: I enjoyed (　　　) the mountain yesterday.

B: Great! How was that?

① climb　② climbs　③ climbed　④ climbing

(13) A: Your sisters, Kate and Mary, are always kind to everyone.

B: Right. They always (　　　) me so happy.

① show　② make　③ teach　④ become

【数　学】〈満点：35点〉

（注意）(1)　定規，コンパスは使用してもよいが，計算機，分度器は使用してはいけません。
　(2)　$\boxed{①}$，$\boxed{②}$，$\boxed{③}$，……には，数字または符号を入れなさい。ただし，答えが分数になる場合は，既約分数で答えなさい。

次の$\boxed{}$に数または符号を入れなさい。

1　次の各問に答えなさい。

(1)　$\dfrac{5}{6}+\left(-\dfrac{3}{14}\right)\div\dfrac{4}{21}=\dfrac{\boxed{①②}}{\boxed{③④}}$

(2)　$\dfrac{8}{\sqrt{2}}-\sqrt{18}+\sqrt{56}\div\sqrt{7}=\boxed{⑤}\sqrt{\boxed{⑥}}$

(3)　$x=-2$，$y=5$のとき，$(3xy)^2\div 6x^3y^2\times\left(-\dfrac{1}{4}x^4y\right)=\boxed{⑦⑧}$である。

(4)　2次方程式　$(2x+1)(x+5)=(x+3)^2$　を解くと，$x=\dfrac{\boxed{⑨⑩}\pm\sqrt{\boxed{⑪⑫}}}{\boxed{⑬}}$である。

(5)　図で，4点A，B，C，Dは円周上にあり，点Pは線分ACとBDとの交点である。AC＝11cm，PB＝4cm，PD＝6cmのとき，PA＝$\boxed{⑭}$cmである。ただし，PA＜PCとする。

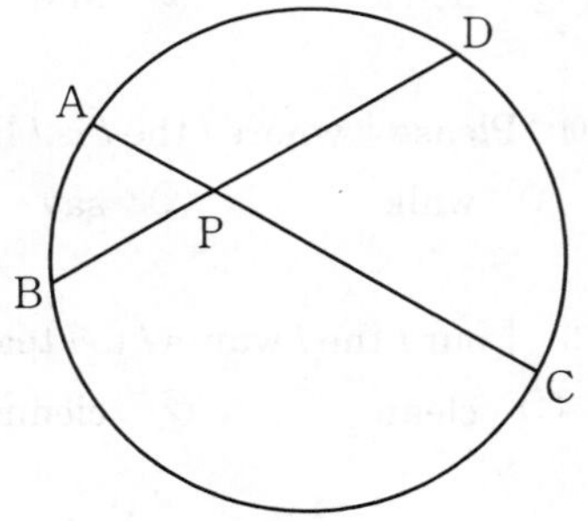

(6)　正方形ABCDの頂点Aに点Pがある。大小2つのさいころを同時に1回投げて，出た目の数の和だけ，点Pを反時計まわりに頂点を1つずつ移動させる。

移動後に，点Pが頂点Dにある確率は$\dfrac{\boxed{⑮}}{\boxed{⑯⑰}}$である。

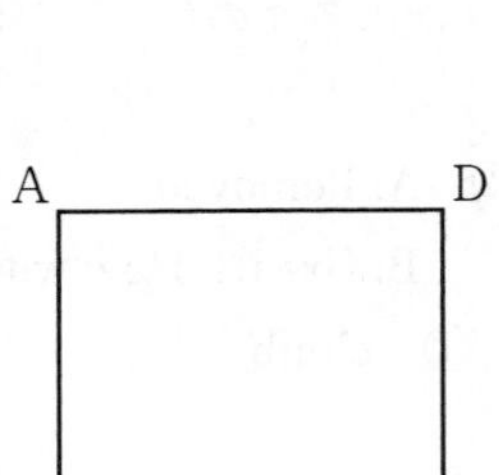

2　図で，放物線C_1は関数$y=x^2$のグラフ，放物線C_2は関数$y=ax^2 (a<0)$のグラフであり，放物線C_1上にy座標の等しい２点Ａ，Ｂがある。放物線C_2上に点Ｃがあり，点ＡとＣのx座標は正の等しい値である。

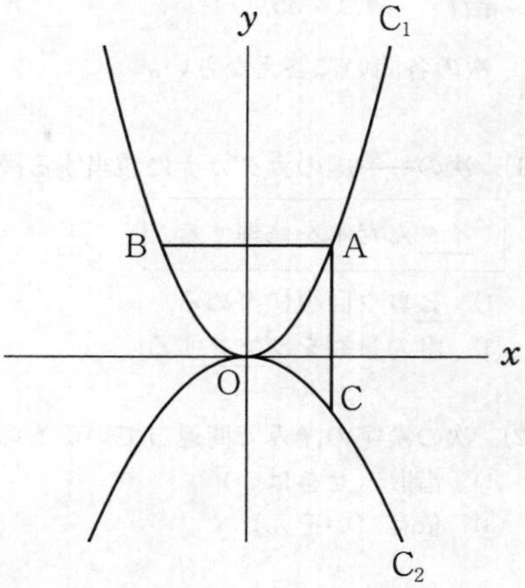

(1)　関数$y=x^2$について，xの変域が$-2 \leqq x \leqq 3$のとき，yの変域は⑱$\leqq y \leqq$⑲である。

(2)　$a=-\frac{1}{2}$，ＡＢ＝ＡＣのとき，点Ａの座標は，（⑳／㉑，㉒㉓／㉔）である。

(3)　∠ＡＯＢ＝60°，∠ＡＯＣ＝90°のとき，aの値は㉕㉖／㉗である。

3　図は，正四角錐Ｏ－ＡＢＣＤで，辺ＯＣ上にＯＥ：ＥＣ＝２：１となる点Ｅがある。ＡＢ＝6cm，ＯＡ＝9cmのとき，四角錐Ｅ－ＡＢＣＤの体積は㉘㉙√㉚ cm^3である。

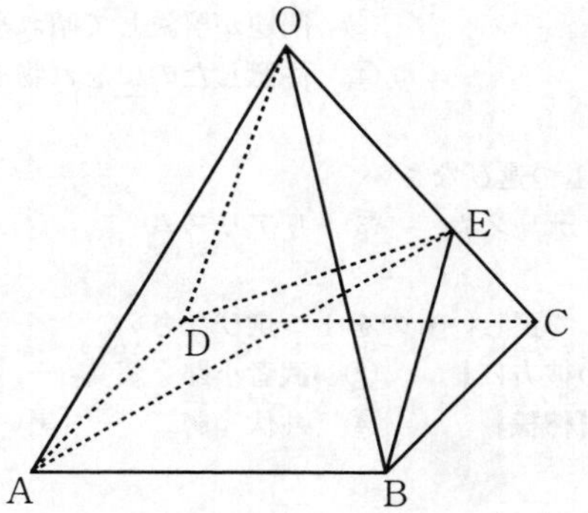

【国　語】〈満点：35点〉

1　次の各問いに答えなさい。

(1)　次の――線のカタカナに該当する漢字と同じ部首が使われているものを１つ選びなさい。

イタんだ本を修理する

①　ヒロウ回復に努める　　②　窓側のザセキを予約する
③　町の景観をジマンする　　④　イジン伝を読む

(2)　次の漢字の読みで間違っているものを１つ選びなさい。

①　惜敗（せきはい）　　②　貼付（ちょうふ）
③　依存（いそん）　　④　定礎（じょうそ）

(3)　次の――線の読みが他と異なるものを１つ選びなさい。

①　乱暴　　②　横暴　　③　暴露　　④　暴走

(4)　次の中から対義語でないものを１つ選びなさい。

①　建設－破壊　　②　任意－裁量　　③　悠長－性急　　④　栄転－左遷

(5)　次の四字熟語で漢字が正しく使われているものを１つ選びなさい。

①　大器晩成　　②　自我自賛　　③　出所進退　　④　朝礼暮改

(6)　次のことわざの意味として最も適切なものを選びなさい。

枯れ木も山のにぎわい

①　人の好みは，それぞれ異なるということ。
②　つまらないものでも，ないよりはましだということ。
③　わずかなものでも，集まると大きくなるということ。
④　外見は粗末でも，中身はすばらしいということ。

(7)　「苦しい立場で事にあたること」の意味を持つ故事成語を１つ選びなさい。

①　漁夫の利　　②　蛍雪の功　　③　背水の陣　　④　蟷螂《とうろう》の斧《おの》

(8)　次の――線と文法的に同じものを１つ選びなさい。

将来は歌手になりたい

①　彼女はついに夢をかなえた　　②　問題が解決して晴れやかに笑う
③　雪は昼過ぎから雨になった　　④　注意したのに忘れ物をした

(9)　「自由主義」の意味を表すものを１つ選びなさい。

①　ポピュリズム　　②　ナショナリズム　　③　リアリズム　　④　リベラリズム

(10)　次の作者と作品の組み合わせとして正しいものを１つ選びなさい。

①　菊池《きくち》　寛《かん》　―『父帰る』『恩讐《おんしゅう》の彼方《かなた》に』　　②　武者小路《むしゃのこうじ》　実篤《さねあつ》　―『にごりえ』『明暗』
③　川端《かわばた》　康成《やすなり》　―『伊豆の踊子』『檸檬《れもん》』　　④　井伏《いぶせ》　鱒二《ますじ》　―『黒い雨』『浮雲』

2 次の文章を読んで，後の問いに答えなさい。

習字の時間，太い筆に墨を含ませて，あらかじめ新聞紙で何度も練習した字を頭の中で確かめながら，白い紙の上にずぶん，すーっと引いて，き，くっと曲げたりして，お目当ての文字を書いていく。何度も練習したとはいえ，本番がその通りにいくわけもなく，あちこちちょっとずつの失敗がある。それを後から思い通りに直したいけど，それはいけないと先生にいわれる。

その理由がわからなかった。生徒たちの怪訝《けげん》な顔を見て，先生が何かいってくれたのは覚えているが，その具体的な理由について説明はなかったと思う。あるいはあっても，ぼくらの小さな頭ではわからなかったのか。

いまは大人になって身長も伸び，体重も増え，頭も大きくなったので，先生の言葉の内容を想像できる。㋐習字の字をなぞってはいけない理由としては，おそらく心の問題をいっていたのではないかと思う。

頭で考えれば，ちょっとした失敗は直した方がいい。その方がいい結果が得られるではないか，と頭は考える。でもそうやって結果さえよければ，となっていくと，字の勢いというものがなくなる。字の勢いというのは，書くときの心構えから出てくる。頭は整える技術ではあっても，勢いの発生源は心の中にある。そういうことを先生はいっていたのではないか。当時のふつうの先生である。

つまり一年生のぼくは，頭だけで考えていたのだ。心がなかったわけではないだろうが，たぶんこの世に生《うま》れて，自分の頭で考えはじめて，頭で考えることに㋑夢中になっていたのではないか。

考えてみれば，心に頭は必要である。頭でたくさん考えてこそ，考えられないものがぼんやり残される。人生の問題などとくにそうだ。頭で考えて解決できることを埋めつくしていくと，どうしても埋めつくされない㋒ゾーンが残される。そうはっきりしたものでもないだろうが，いわばその頭の近づけないゾーンに心の分野があるらしい。

大人になるほど，そのゾーンが広がってくるのかもしれない。㋓子供には気がつきにくい道理である。ぼくが大人になって，カメラを使いはじめてそのことに気づいた。いやほかにも小さないろいろな体験があるのだけど，カメラはとにかく実証的である。

ぼくのカメラとの交際は，フィールドワークである。いわゆる路上観察。町を歩いて，これはと思うものを撮っていく。これはとは何か，ということについての説明は長くなる。まあ好きな光景，感覚に触れたもの，ということにしておく。

㋔そうやって撮ったたくさんの写真を眺めていて気がつくのは，撮った写真に頭の働きが露出していることである。

少し説明すると，これはという面白い物件を見つけると，嬉《うれ》しくてまず撮る。その次に念のためとか，少し構図を変えてとか，レンズを変えてとか，いろいろ考えて何カットか撮る。そして何日かたち，その中からどれか一枚いいのを選んでみると，ほとんどの場合が最初の，つまりファーストショットなのである。

これが不思議なことで，次から撮ったカットは，どことなくあざとさがある。うまく撮ろうというような感じがどことなく出ている。つまり頭の考えが漏れ出て写ってしまっているのだ。

意外なものが写るのは背後霊だけではない。自分の頭の考えの漏れ出たものが写るのだ。ファーストショットが何故《なぜ》いいかというと，たぶん何も考えていないからだ。見つけたことの嬉しさで，とにかく気持《きもち》が丸裸になっている。

カメラは機械だから，そんな撮る人間の何かが出るはずはない，というのは机上の論というもので，現場経験を重ねてみると，それが明らかに㋕ケンシュツできるのである。

そんなことから，習字の字はなぞってはいけない，という習字の時間の先生の教えを思い出すのだ。もう小学校を出て何十年とたっているのに，人間，腑《ふ》に落ちないことは，腑に落ちるときまで忘れないものである。

㋖おそらくなぞってもいいとなってなぞりはじめたら，どこまでもなぞりつづけることになるのだろう。というより，墨を含んだ筆を最初に白い紙に下ろすときの，意を決してプールに飛び込むような㋗初発の力が失《う》せるのではないか。

なぞって修整するのは，頭の仕事である。形を整えて，結果を作る。だけど頭はプールに飛び込めない㋘。墨を含んだ筆のロケットで，何もない白い紙に飛び込んでいくという「無謀」は，頭にはできない。コンピューターにそれが出来ないのと同じことだ。

でも人間には頭だけでなく体があるから，それは無謀ではない。筆を接して書かなければ何ごともはじまらないし，目の前に紙があれば，まずは書こうという気持がふくらむ。そのふくらむ中心に心があるらしい。

（赤瀬川《あかせがわ》　原平《げんぺい》『大和魂』）

⑾　――線㋐の理由として最も適切なものを選びなさい。

①　気持ちがこもっていれば，ちょっとした失敗は直さなくても問題にはならないから。
②　形を直してよくすることよりも，筆をおろすときに緊張感をもつことの方が大切だから。
③　後から直すことはできないと思うことで，心構えが生まれて字に勢いが出てくるから。
④　結果さえよければいいと思うと，字に自分の思いがこもらなくなる恐れがあるから。

⑿　――線㋑と同じ品詞のものを１つ選びなさい。

①　おかしな話を聞く　　②　ゆっくり体を休ませる
③　親切な人に助けられる　　④　おいしいお菓子を食べる

⒀　――線㋒の外来語の意味として最も適切なものを選びなさい。

①　余白　　②　場面　　③　極限　　④　区域

⒁　――線㋓の理由として最も適切なものを選びなさい。

①　子供はまだ人生経験が乏しいので，先生も教えようがないし，仮に教えてもらったとしても，なかなか自分のこととして理解できないから。
②　自分の頭で考えるようになった子供は考えることに熱中するがその範囲はまだ狭く，考えても解決できない問題にまでたどり着いていないから。
③　自分の頭で考えることを知ったばかりの子供は，その面白さにとらわれてしまい，自分の心がどうあるべきかまで考えが及ばないから。
④　子供は考えはじめたばかりなのでまだつきつめて考えることができないし，考えて解決できないことを残しておくほど頭が大きくないから。

⒂　――線㋔の説明として最も適切なものを選びなさい。

①　対象物を最初に撮ったときのありのままの感動やその後のうまく撮ろうという欲が，明らかににじみ出ているもの。
②　写真を撮ったときの心が表れていて，それを見るとそのときの自分が何を考えていたのかまで思い出すことができるもの。
③　対象物を撮ったときの素直な気持ちだけでなく，よい写真を撮って評価されたいという思いまで暗示されているもの。
④　なぜその写真を撮ったのかという動機やどのように工夫して撮ったのかという過程が，ありのままに写し出されているもの。

⒃　――線㋕のカタカナと同じ漢字が含まれている熟語を１つ選びなさい。

①　日本は国民にシュケンがある　　②　設備をテンケンする
③　家財にホケンをかける　　④　シンケンに議論をする

⒄　――線㋖がかかる言葉として最も適切なものを選びなさい。

①　なぞっても　　②　なぞりはじめたら　　③　どこまでも　　④　なるのだろう

⒅　――線㋗と同じ性質の言葉を１つ選びなさい。

①　彼女の肌は雪のような白さだ　　②　美容師のような資格が取りたい

③　午後から雨が降るような雲行きだ　　④　忘れ物をしないような工夫をする

⒆　――線㋘の理由として最も適切なものを選びなさい。

①　頭で考えているうちに初めの感動が薄れて，思い切って何かを行う勢いを失ってしまうから。

②　頭はものごとをはじめるときも，よりよい結果を求めて考えたうえでしか行動できないから。

③　頭で考えて解決する習慣がつくと，考えずにものごとをはじめることが怖くなるから。

④　頭は考えることが仕事なので，何も考えずにものごとをはじめることはできないから。

⒇　次に示すのは，赤瀬川さんの文章を読んだ後の，**花子**さんとある**友達**のやりとりです。会話文中の□に入る文として最も適切なものを**＜選択肢＞**から選びなさい。

花子―なぜ習字の字はなぞってはいけないのかという子供の頃からの疑問に対して，大人になってから納得のいく答えを見つけたという赤瀬川さんの話は興味深いですね。

友達―そうですね。「腑に落ちないことは，腑に落ちるときまで忘れないものである」と言っており，違和感を大事にしていることが感じられました。

花子―赤瀬川さんは，子供の頃は習字の字をなぞってもいいのではないかと考えていましたね。でも，頭の考えが及ばないところがあることに気づいて，心を意識するようになっています。

友達―そのきっかけはカメラだと書かれていますね。なぜカメラから気づくことができたのでしょうか。

花子―最初に撮った写真とそれ以外の写真という，目に見える証拠があるからだと思います。これらを見比べて発見したことから，習字についての疑問に立ち返ったのですね。赤瀬川さんは文章の中で，□人間の心が体を動かすので，心が大切だと感じました。

友達―そうですね。頭で考えるだけではなにもはじまりません。心が動かされたときの素直な感動を大切にしたいと思わされる文章でした。

＜選択肢＞

①　人間には心と頭があり，頭で考えられることには限度があると述べていますが，頭で考えて説明しなければ心について表現することはできないので，両者は表裏の関係にあり優劣はつけがたいものの，理性の根底にあるのは感性なのではないでしょうか。

②　自分の感覚に触れたものを見つけて写真を撮る中で，最初のカットがいちばんいいと述べていますが，それは最初のカットに頭で考えて工夫したこと以上のものが出ており，理屈では説明できない心の動きがその人らしさを演出しているからではないでしょうか。

③　なぞってもいいと考えてなぞりはじめたらきりがないと述べていますが，いくらでも修整がきくとすると，紙に向かって最初の一筆に集中し，心をこめて書ききろうという思いがなくなって，書くことに新鮮な喜びを感じなくなるのではないでしょうか。

④　頭をコンピューターになぞらえ，計算できないことには対処できないと述べていますが，人間はコンピューターとは異なり体があるので，頭で計算できないことも感覚で受け止められて，勢いのある行動をとることもできるのではないでしょうか。

2023年度／日本大学豊山女子高等学校（推薦）

英語解答

1 (1) ③　(2) ②　(3) ④　(4) ②
(5) ①　(6) ④

2 (7) ③　(8) ①

3 (9) ④　(10) ③　(11) ①

4 (12) ④　(13) ②

数学解答

1 (1) ①…－　②…7　③…2　④…4
(2) ⑤…3　⑥…2
(3) ⑦…1　⑧…5
(4) ⑨…－　⑩…5　⑪…4　⑫…1
⑬…2
(5) 3　(6) ⑮…5　⑯…1　⑰…8

2 (1) ⑱…0　⑲…9
(2) ⑳…4　㉑…3　㉒…1　㉓…6
㉔…9
(3) ㉕…－　㉖…1　㉗…3

3 ㉘…1　㉙…2　㉚…7

国語解答

1 (1) ④　(2) ④　(3) ③　(4) ②
(5) ①　(6) ②　(7) ③　(8) ③
(9) ④　(10) ①

2 (11) ③　(12) ③　(13) ④　(14) ②
(15) ①　(16) ②　(17) ④　(18) ①
(19) ④　(20) ③

2023年度　日本大学豊山女子高等学校（一般）

【英　語】（50分）〈満点：100点〉

（注意）最初の約10分はリスニングテストです。

〈編集部注：放送文は未公表のため掲載してありません。〉

1　You are going to have a listening test. The test has two sections: Section A and Section B. Listen to each question and then mark the answer on your answer sheet.

Section A

You are going to hear four short conversations. For each question, choose the best answer and mark it on your answer sheet. You will hear each conversation and question twice.

（1） 1．She will take the training program on this weekend.
2．She will take the training program on Tuesday or Thursday evening.
3．She will take the training program on Monday or Friday evening.
4．She will take the training program on Tuesday or Thursday morning.

（2） 1．He will send an e-mail to Suzuki-sensei.
2．He will introduce Kate to Suzuki-sensei.
3．He will visit the ICT center.
4．He will not go to the ICT center.

（3） 1．4,000 yen
2．3,500 yen
3．3,200 yen
4．4,800 yen

(4) 1.

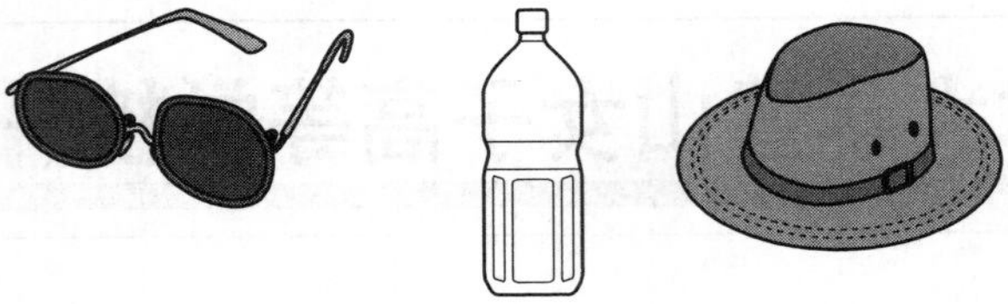

2.

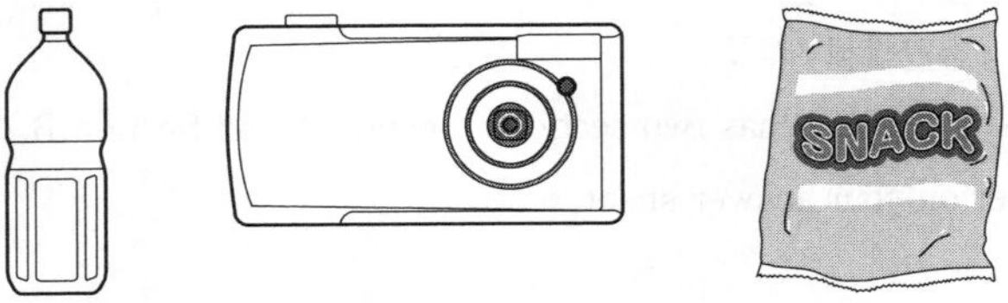

3.

4.

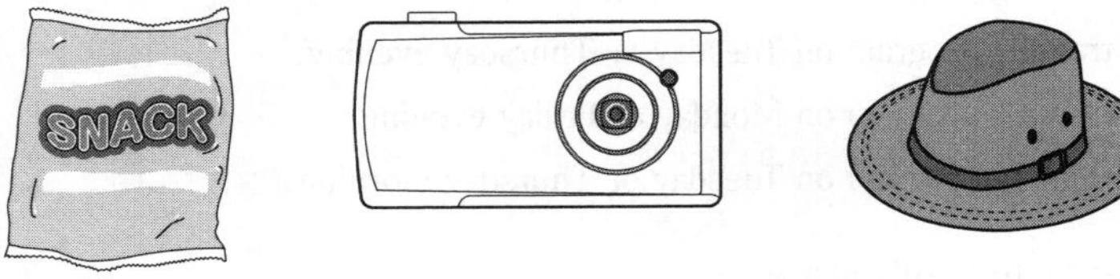

Section B

You will hear a conversation between two junior high school students about a presentation. Listen to it carefully, and choose the best answer. The conversation and the questions will be repeated.

(5) 1. Because he needs to talk to his teacher.
2. Because he needs to bring his homework to Yumi.
3. Because he needs to finish his report.
4. Because he needs to prepare for a presentation.

(6) 1. People have to say negative words.
2. People don't have to say positive words.
3. People can find a good idea by talking to each other without negative words.
4. People don't need to talk each other.

(7) 1. transportation and environment
2. traffic and house
3. traffic and water
4. subway and garbage

2 SDGsに関する３つの題材を読み，以下の問題に答えなさい。

<Topic-A>

Did you know that in every 10 seconds a child dies from hunger? More than 821 million people are going hungry. (A) almost 6.12 million tons of still *edible food in Japan are thrown away each year. And this situation is not only in Japan. Half of all food in the US, about 30% in the UK, and almost 90% of edible tomatoes in Australia are thrown away.

In many developed countries, much of the edible vegetables made by farmers are thrown away because their shape or size does not fit the *consumer's *standards or the supermarket's standards. Not to waste food at home is one thing for sure. (A) by reducing *food loss*, it is *estimated that we can make enough food for everyone around the world.

<Topic-B>

Wood products are used in many different parts of our life from *house building materials and furniture to chopsticks and paper. So, we cannot live without using wood. However, cutting down so many trees has a lot of problems. One of them is (あ)"deforestation". It means the loss of trees and other plants after cutting down trees.

This can cause local climate change, fewer crops, *flooding, changing the lands into *desert and so on. Deforestation is happening almost everywhere on the planet, but the Amazon *rainforest gets a lot of attention because of its size and impact on the global environment.

<Topic-C>

Governments across the world are campaigning for (い)"reuse, reduce and recycle." (B) *mass production *enabled companies to produce goods at a lower cost, consumers try to use cheap products casually. A wide variety of household goods are sold at 100-yen shops. For example, if you bought an umbrella there, and left it on the train, would you ask the train staff to find it? Millions of umbrellas which you can still use are thrown away nationwide through the year. Convenience stores were once *accused of *disposing of so many edible foods after *the designed expiration date and time.

How to balance economical sides and ecological sides is a difficult question we have to think today.

(注) edible：食べられる　consumer：消費者　standard(s)：基準　estimate：見積もる
house building material：住宅建材　flooding：洪水　desert：砂漠　rainforest：熱帯雨林
mass production：大量生産　enable：可能にする　accuse：責める
dispose of：～を破棄する　the designed expiration date and time：賞味期限

(8)（ A ）（ B ）に入るものの組み合わせとして正しいものを選び，番号で答えなさい。

1．A: And　B: So　　2．A: But　B: So
3．A: And　B: Because　　4．A: But　B: Because

(9) SDGsの目標の一つを達成するためにTopic-Aを読んでできることは何か。最もふさわしいものを選び，番号で答えなさい。

1． You have to take photos of delicious foods and share them on Instagram.
2． You have to buy a lot of local foods.
3． You have to eat everything on your plate.
4． You have to research other country's situation.

(10) 日常生活の中で木がどのように活用されているか。本文の中で触れていないものを選び，番号で答えなさい。

1．家具　2．箸　3．紙　4．色鉛筆

(11) Topic-Bの内容を読み，下線部(あ) "deforestation" の意味として最もふさわしいものを選び，番号で答えなさい。

1．森林破壊　2．地球温暖化　3．地下水汚染　4．絶滅危惧種

(12) 下線部(い) 3Rを実行する具体例としてふさわしいものを選び，番号で答えなさい。

1． To buy used clothes
2． To go to 100-yen shop
3． To clean up your own city
4． To use some umbrellas

(13) Topic-Cの内容にふさわしいSDGsマークを選び，番号で答えなさい。

1．

2．

3．

4．

(14) 本文の内容に関して正しい文を選び，番号で答えなさい。

1． Only Japanese throw away edible food every year.
2． Amazon rainforest has a big impact on the global environment.
3． When people lose their umbrellas on the train, they always try to find them.
4． Convenience stores don't try to throw away foods.

Topic-Cの記事を読んだ後，KateとMikiが会話をしています。会話の内容を踏まえ以下の問題に答えなさい。

Kate : How often do the garbage collectors collect the trash in your neighborhood?

Miki : They come at least (　　　) a week. The burnable items on Monday and Thursday, the non-burnable on Friday. Once a month on Tuesday, cans, plastic bottles and paper are collected for recycling.

Kate : Do you follow the community guidelines to *categorize the garbage?

Miki : Yes. But I sometimes wonder if I separated the trash correctly. Some products use some kinds of materials and it makes me think twice.

Kate : True. I hope *manufacturers will produce goods that are *long-lasting and easy to recycle.

(注) categorize：分別する　　manufacture(s)：生産者　　long-lasting：長持ちする

(15) How many times do the garbage collectors come in Miki's neighborhood?

- They come at least (　　　) a week.

1．once　　2．twice　　3．three times　　4．four times

(16) (17) 以下の分別リストを確認し，Kateはいつゴミを捨てるべきか，それぞれの状況にふさわしい日にちをカレンダーの中から選び，番号で答えなさい。

Burnable	Non-Burnable	Recycling
fallen leaves / garbage socks / shoes / pencil	watch / umbrella / mirror camera / cup / glass	cans / plastic bottles / paper

(16) Case 1：I've finished cleaning up near my house! I want to take out so many fallen leaves!

(17) Case 2：Yesterday, we enjoyed our home party! There are a lot of plastic bottles and cans... I have to take them out.

January						
Sun.	Mon.	Tue.	Wed.	Thu.	Fri.	Sat.
8th ①	9th	10th	11th	12th ②	13th	14th
15th	16th	17th ③	18th	19th	20th ④	21st

3 高校生のエマとハナコは，海のプラスチックごみによる汚染について話をしています。次の英文を読み，以下の問題に答えなさい。

Emma : There are so many plastic *wastes such as bags, forks, straws and bottles on the beach in our town. I want to do something to make our beach beautiful.

Hanako : I agree. The beach is covered with plastic products. They were thrown away or come from the rivers or land. It is called "plastic pollution". In my opinion, it is a big problem [A] for us [B] for sea birds and sea animals.

Emma : Why do you think so?

Hanako : When sea birds and sea animals find plastic products, they often mistake them for food.

Emma : Oh, I watched a TV program about plastic pollution in the ocean a few weeks ago. A research showed that twenty percent of fish had plastics in their stomachs. Fifty-two percent of sea turtles and ninety percent of sea birds worldwide have eaten plastic products in the ocean.

Hanako : [C] researches, plastic bags look like *jellyfish for sea turtles in the water. They think a bag is their dinner. (D)<u>But it's not.</u> It could make them sick.

Emma : That's too bad. It is dangerous for sea animals to eat plastic wastes. Then it is *harmful for us to eat fish, isn't it?

Hanako : Yes, it is. Plastic pollution in the ocean is a big problem for our health too.

Emma : I thought plastic is useful. It's cheap to produce and has many ways to use. We can make all kinds of important things. [E] bike *helmets, car *airbags and many *medical supplies are made of plastic. They save our lives. Thanks to plastic water bottles, we can carry clean drinking water with us outdoors.

Hanako : Not all plastics are bad. The problem is that most of us use and throw away more plastic than we need: things like shopping bags, bottles, straws and forks. This kind of plastic is used only once and is thrown away. It is called single-use plastic, and it is more than forty percent of all plastic waste. In addition, it stays in the natural world for a very long time.

Emma : I see. I think we should use more eco-friendly products and try to reduce plastics. Hey, I have an idea. How about making a poster about the problem and putting it at the city hall? I want more people to know about plastic pollution in the ocean.

Hanako : That sounds good. First, it is important for us to learn more about plastic pollutions. Then, it is also important to take actions. Why don't we go to the school library and start researching?

Emma : Yes. Why not?

（注） waste(s)：廃棄物　jellyfish：クラゲ　harmful：有害な　helmet(s)：ヘルメット
airbag(s)：エアバッグ　medical supplies：医療用品

(18) Choose the best pair for [A] and [B].

1. A : no other B : than
2. A : as well B : as
3. A : so much B : that
4. A : not only B : but

(19) Choose the best answer for [C].

1. Because of
2. According to
3. Next to
4. Thanks to

(20) What does (D) <u>But it's not.</u> mean?

1. A sea turtle is food for jellyfish.
2. Jellyfish is not food for sea turtles.
3. A bag is food for jellyfish, but not for sea turtles.
4. A bag is not jellyfish for sea turtles.

(21) Choose the best answer for [E].

1. At last,
2. Of course,
3. For example,
4. By the way,

(22) Which is <u>NOT</u> true?

1. Plastics are used for many things but they are expensive.
2. Plastic products we use can save people's lives in several ways.
3. Plastics can help people to make a lot of useful things.
4. Plastic water bottles are used for carrying clean water.

(23) Which is true?

1. All the plastics we produce are bad.
2. Every plastic product is used only once.
3. Over 40% of all plastic waste is single-use plastic.
4. Plastics stay in the nature for only a short time.

(24) If people use a plastic product one time, then it is never used again. What do you call it?

1. one-way plastic
2. single-use plastic
3. eco-friendly plastic
4. second-hand plastic

(25) Which is true?

1. Emma thinks that plastic is useful because it is used over and over.
2. Hanako thinks that we should use plastics only once and throw them away.
3. Hanako will go to the library to start their research but Emma won't.
4. Emma and Hanako have made their plan and they will begin it later.

(26) Which is true?

1. Plastic products sometimes save our lives but sometimes cause sickness for sea animals.
2. Plastic products are always produced to save lives of sea birds and animals.
3. We can save much money because plastic products are cheap to buy.
4. The life in the ocean is too dangerous for sea turtles because they don't have enough food.

(27) This is the poster which Hanako and Emma made after their research. Look at it and choose the best answer for [F] ～ [H] from ア～エ.

Do you know about Plastic Pollution in the Ocean?

Lots of plastic waste is found on beaches all over the world.

We want to share what we discovered.

700 different kinds of animals

are in danger because of plastic pollution in the ocean.

90% of [F]. They mistake it for food.

20% of [G].

52% of [H] in the ocean by mistake.

The facts and numbers are very shocking.

The good news is people around the world are working together to reduce plastic waste.

Please join us to learn and solve this problem.

Text by H and E from NBJ high school.

ア. sea turtles have eaten plastic waste
イ. sea animals have never eaten plastics
ウ. fish had plastics inside
エ. sea birds have eaten plastic waste

1. F：ア　G：イ　H：エ
2. F：ア　G：エ　H：イ
3. F：エ　G：ウ　H：ア
4. F：エ　G：ア　H：ウ

4 次の対話文の（　　）内に入るものとして最も適切なものを選び，番号で答えなさい。

(28) A： What's your dream, Serina?
B： I would like to be a vet in the future.
A： A vet?（　　）?
B： It is a short word for a veterinarian, a doctor for animals.
A： That's cool. A vet, I got it. I'd like to travel around the world when I finish the college.
B： Sounds fantastic!

1．What does it mean　2．Are you sure　3．Is it a long word　4．What is it for

(29) A： Michel, you have a lot of books about science. Do you like studying science?
B： Well, I'm interested in the space. I want to be an astronaut. Actually, it has been my dream.
A： An astro… something?
B： Yes. An astronaut is（　　）high up around the earth or into the space.

1．a scientist who studies　2．a person who travels
3．a student who studies　4．a rocket which goes

(30) A： Hello, everyone. Welcome to the Presentation World. I am Yui, and…
B： I'm Mai. We are today's masters of the ceremony, M.C.
A： Today, our friend, Mimi is going to make a presentation.
B： She is in the science club in our college. Mimi, please.
C： Thank you, Yui and Mai. My name is Mimi. Today, I would like to talk about the *food loss* in our country. At first, please（　　）.

1．take a look at the screen　2．have a seat on the screen
3．give us your presentation　4．tell us about your science club

(31) A： What's your（　　）music, Ryusei?
B： Well, I love J-Pop very much, and I'm a big fan of NBJ 49.
A： Me, too! I like their song "Sorena" the best.

1．better　2．favorite　3．loved　4．like

(32) A： May I help you, Ma'am?
B： I'm just looking for a pair of fur gloves. It's so cold in these days.
A： Indeed, Ma'am. Well, we have nice ones. What about these? Please（　　）.
B： OK. Well, the design is lovely, but they are too big for me. Show me smaller ones.
A： Certainly, Ma'am. Just a moment, please.

1．look for the nice color　2．put it on
3．try them on　4．buy these one

5　[　] 内の語句を並べかえて英文を完成させる時，A・Bに入る選択肢の組み合わせが正しいものを選び，番号で答えなさい。文頭に来る語も小文字で書いてあり，不要な選択肢が１語含まれています。[,] も選択肢の一つです。

(33) [fifteen / Fukuoka / has / in / for / he / lived / since / years].

______ ______ ___A___ ______ ______ ___B___ ______ ______.

1．A: lived　B: for　　2．A: in　B: fifteen

3．A: lived　B: since　　4．A: in　B: for

(34) [go / am / swimming / to / looking / going / I / forward] with my father.

______ ______ ___A___ ______ ______ ___B___ ______ with my father.

1．A: going　B: swimming　　2．A: looking　B: going

3．A: looking　B: go　　4．A: going　B: looking

(35) If I [would / knew / I / , / address / send / his / can] an e-mail to him.

If I ______ ______ ___A___ ______ ______ ___B___ ______ an e-mail to him.

1．A: address　B: can　　2．A: his　B: I

3．A: his　B: can　　4．A: address　B: would

(36) [impossible / of / the question / it / me / to / was / answer / for].

______ ______ ______ ___A___ ______ ___B___ ______ ______.

1．A: was　B: for　　2．A: to　B: the question

3．A: for　B: to　　4．A: to　B: for

(37) [teacher / story / talked / about / us / our / told / a] the UK.

______ ______ ___A___ ______ ______ ___B___ ______ the UK.

1．A: talked　B: a　　2．A: told　B: us

3．A: told　B: story　　4．A: talked　B: story

(38) [pictures / in / took / look / these / I / which / Hokkaido / at].

______ ______ ___A___ ______ ______ ___B___ ______ ______.

1．A: these　B: took　　2．A: these　B: I

3．A: these　B: in　　4．A: these　B: which

6 次の英文の空所に入る最も適切な語(句)を下記の選択肢の中から選び，番号で答えなさい。

Find your goal

You have learned at school about the 17 goals of SDGs, haven't you? The world is full of problems that we have to solve. For example, about "No *Poverty," even in Japan, one in every seven children suffers from poverty. About "Zero Hunger," in the world there are children in *refugee camps that are surviving on *just a small portion of food. About "Good health and *well-being," one child (39) every 20 seconds from a disease though a *vaccine can save that child's (40) with only 20 yen. And about "Quality Education," in Syria for example, more than 2,000,000 children (41) able to go to school.

How do you feel after learning about them? Some of you may feel so helpless and unhappy. But you shouldn't feel that way. The important thing is that (42) the problems is already a step forward. The key idea of SDGs is to "*Leave no one behind." Let's give a hand to those children to *achieve those goals. And we should also look at *the picture more from a different way of looking. There is always something (43) to help, so why don't we find problems that are not included in the goals? *They must be worth challenging! What is your 18th goal?

(注) poverty：貧困　refugee camp(s)：難民キャンプ　just a small portion of food：限られた食糧
well-being：福祉　vaccine：ワクチン　Leave no one behind：誰一人取り残さない
achieve：～を達成する　the picture：その状況
They must be worth challenging!：挑戦に値するはずだよ！

(39) 1．die　2．dies　3．dying　4．death

(40) 1．life　2．live　3．lives　4．living

(41) 1．haven't　2．mustn't　3．isn't　4．aren't

(42) 1．know　2．knew　3．known　4．knowing

(43) 1．can do　2．to can do　3．we can do　4．we did

【数　学】（50分）〈満点：100点〉

（注意）（1）定規，コンパスは使用してもよいが，計算機，分度器は使用してはいけません。

（2）$\boxed{①}$，$\boxed{②}$，$\boxed{③}$，……には，数字または符号を入れなさい。ただし，答えが分数になる場合は，既約分数で答えなさい。

$\boxed{1}$　次の各問に答えなさい。

(1)　$\dfrac{3x+y}{2}-\dfrac{5x-2y}{3}=\dfrac{\boxed{①}x+\boxed{②}y}{6}$

(2)　$x=0.5$，$y=-4$ のとき，$8x^3y\div(-6xy)\times\dfrac{3}{4}y^2=\boxed{③}\boxed{④}$

(3)　$\sqrt{8}\div\left(\sqrt{27}-\sqrt{75}\right)+\sqrt{24}=\dfrac{\boxed{⑤}\sqrt{\boxed{⑥}}}{\boxed{⑦}}$

(4)　連立方程式 $\begin{cases}ax+by=11\\ bx-ay=-2\end{cases}$ の解が $\begin{cases}x=4\\ y=3\end{cases}$ のとき，$a=\boxed{⑧}$，$b=\boxed{⑨}$ である。

(5)　2次方程式 $(x+3)^2=4(x+3)$ の解は，$x=\boxed{⑩}\boxed{⑪}$，$\boxed{⑫}$ である。

(6)　次のヒストグラムは，数学の小テストの結果を表したものです。点数の平均値は $\boxed{⑬}.\boxed{⑭}$ 点，中央値は $\boxed{⑮}$ 点です。

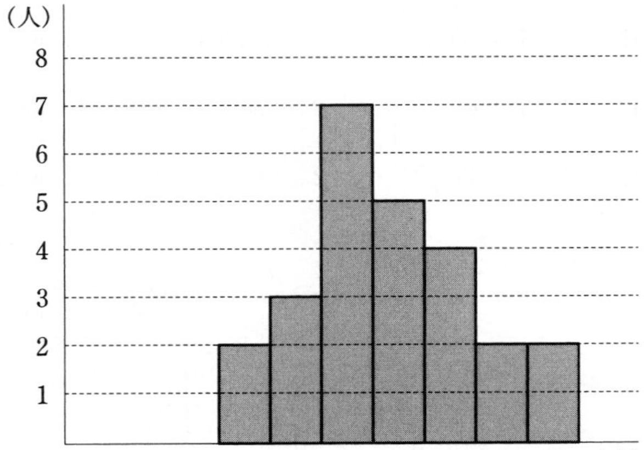

(7)　1つのさいころを2回投げて，1回目の出た目を a，2回目の出た目を b とするとき，$a+ab$ が3の倍数となる確率は $\dfrac{⑯}{⑰}$ である。

(8)　図の $\angle x$ の大きさは $\angle x=$ ⑱⑲ ° である。

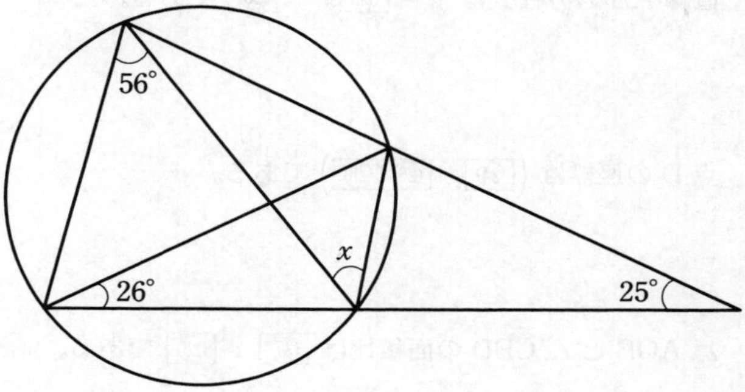

(9)　CHの長さは ⑳ $\sqrt{㉑}$ である。

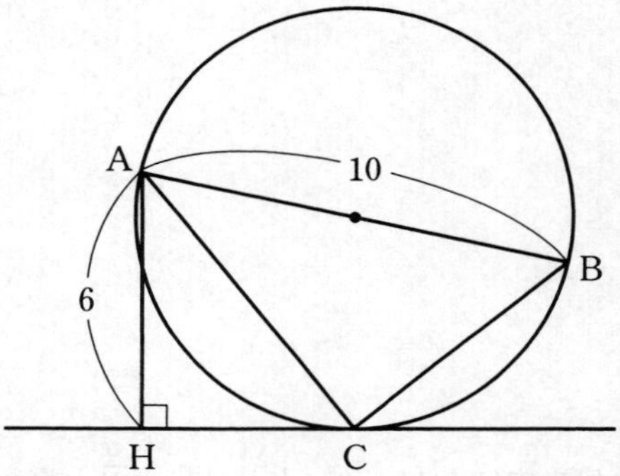

2　図のように，$y = x^2$ のグラフ上に，AB // CD となるように A(−1, 1)，B(3, 9)，C(−2, 4)，D をとり，y 軸と AB との交点を E，CD との交点を F とする。次の問に答えなさい。

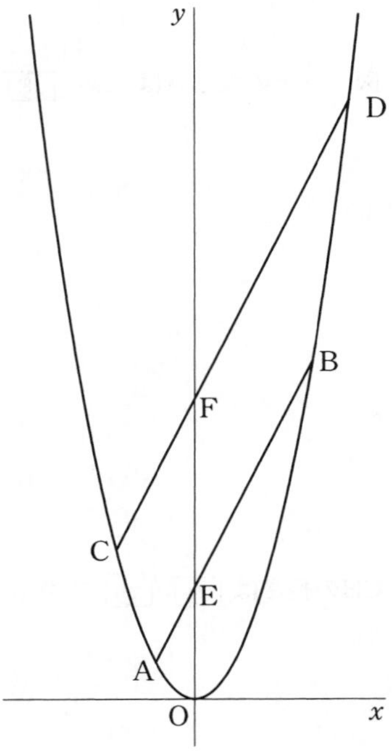

(1)　直線 AB の方程式は $y =$ ㉒ $x +$ ㉓ である。

(2)　点 D の座標は（㉔，㉕㉖）である。

(3)　△AOB と △CED の面積比は ㉗ : ㉘ である。

3　箱の中に，1，3，5，7，9 と書かれた 5 枚の番号札が入っている。

箱から 1 枚ずつ 3 枚の番号札を引き，百の位から順に並べて 3 桁の整数をつくる。ただし，引いた番号札は箱に戻さないものとする。次の問に答えなさい。

(1)　3 桁の整数は全部で ㉙㉚ 個である。

(2)　579 より大きい整数は ㉛㉜ 個である。

(3)　3 の倍数になる確率は $\dfrac{\text{㉝}}{\text{㉞}}$ である。

4　図のように母線の長さが 10 cm，底面の円の半径が 6 cm の円錐があり，この円錐の内部に底面と側面に接する球がある。次の問に答えなさい。

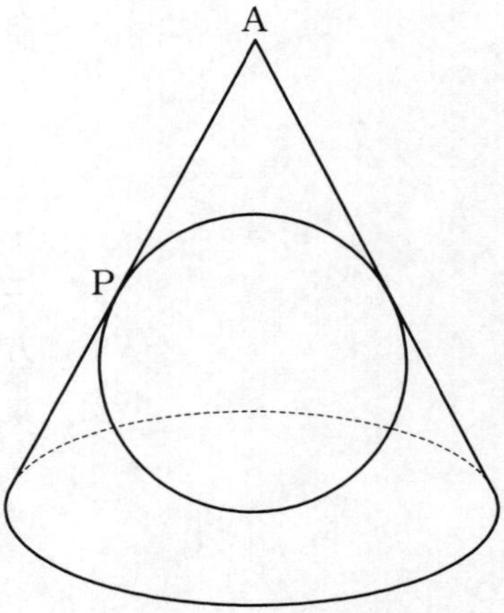

(1)　円錐の表面積は ㉟㊱ π cm^2 である。

(2)　球の体積は ㊲㊳ π cm^3 である。

(3)　母線 AB と球の接点を P とし，P を通り底面に平行な平面で円錐を切る。
このとき，切り口の面積は $\dfrac{\text{㊴㊵㊶}}{\text{㊷㊸}}$ π cm^2 である。

問八　――線⑧の理由として最も適切なものを選びなさい。

ア、今の妻にとって田舎での暮らしは辛いものだったから。
イ、男に対する今の妻の気持ちが冷めてしまったから。
ウ、今の妻の願いを叶えることができなかったから。
エ、今の妻に対する男の愛情がなくなってしまったから。

問九　本文の内容として最も適切なものを選びなさい。

ア、男は本の妻が寂しさをまぎらわそうとして和歌を詠んでいることに気づき、同情した。
イ、今の妻は男の心が自分から離れていったので、早く京に帰りたいという思いに駆られた。
ウ、本の妻は和歌を詠むことによって男の愛情を取り戻し、再び一緒に暮らすことになった。
エ、本の妻は男が新しい妻を都から連れて来て隣に住まわせたので、怒りをあらわにした。

問十　出典である『今昔物語集』と同じジャンルの作品を一つ選びなさい。

ア、宇治拾遺物語　　イ、平家物語
ウ、方丈記　　エ、万葉集

問一　——線①の国の現在の所在地として適切なものを一つ選びなさい。

ア、京都府　　イ、三重県　　ウ、滋賀県　　エ、広島県

問二　——線②の解釈として最も適切なものを選びなさい。

ア、分不相応の望みがある者であった。
イ、風流心のある者であった。
ウ、慈悲の心を持つ者であった。
エ、心の素直さがある者であった。

問三　——線③の説明として最も適切なものを選びなさい。

ア、男は本の妻が田舎者であることを物足りなく思っている。
イ、男は同じ土地出身の本の妻のことを大切に思っている。
ウ、本の妻は男の心変わりを仕方のないことだと思っている。
エ、本の妻は京からやって来た今の妻のことを疎ましく思っている。

問四　——線④の理由として最も適切なものを選びなさい。

ア、自分の方が今の妻よりも男のことを大切に思っているのに、見向きもされなかったから。
イ、京から来た今の妻は見た目は美しいけれども慎みがなく、自分よりも劣っているから。
ウ、今の妻に心を傾けている男が、いつかは自分の元に帰ってきてくれると信じているから。
エ、男の気持ちが自分のところから離れて、京から来た今の妻に移ってしまったから。

問五　——線⑤の説明として最も適切なものを選びなさい。

ア、今の妻は京で和歌を学んでいたはずなのに、秋に鳴く鹿の声についてありきたりな歌を詠んだということ。
イ、今の妻は京の洗練された食べ方ではなく、田舎の野蛮な食べ方を好んだので嫌気が差したということ。
ウ、今の妻は京から迎えた人なので優雅な返事を期待していたのに、自分の予想していたものではなかったということ。
エ、今の妻は食べ物のことしか考えておらず、本の妻のように機転の利いた返答ができなかったということ。

問六　——線⑥が指す内容として最も適切なものを選びなさい。

ア、鹿の鳴き声が聞こえるような山深い場所で、わび住まいをすること。
イ、鹿がしみじみとした声で鳴くのを聞いて、みやびな和歌を詠むこと。
ウ、その場にふさわしい和歌を詠み、相手の気持ちをつなぎとめること。
エ、和歌でよく詠まれる題材について、奇をてらった詠み方をすること。

問七　——線⑦の和歌の解釈として最も適切なものを選びなさい。

ア、あの牡鹿と想いは一緒で、私もあなたのことを恋しく思って泣いています。今こそ私のこの想いをあなたに聞いてもらいたいのです。
イ、あの牡鹿が鳴いて妻を求めたように、私もあなたから恋い慕われました。しかし今ではあなたの声を他の場所で聞いているだけです。
ウ、あの鹿たちのように、私たちもお互いを求め合っていました。会えなくなった今はただあなたの声が聞きたいだけなのです。
エ、あの牡鹿のようには、やはりあなたは私のことを愛していなかったのですね。今はもうあなたの声すら聞きたくないのです。

四 次の古文を読んで、後の問いに答えなさい。（＊印の付いている言葉には、本文の後に〔注〕があります。また、一部表記を改めたところがあります。）

今は昔、①丹波国に住む者あり。田舎人《ゐなかびと》なれども②心に情《なさ》けある者なりけり。それが妻《め》を二人持ちて家を並べてなむ住みける。本の妻はその国の人にてなむありける。③それをばあぢきなげに思ひ、今の妻は京より迎へたる者にてなむありける。それをば思ひ増さりたる様なりければ、④本の妻、「心疎《う》し」と思ひてぞ過ぐしける。

しかる間《あひだ》《そうする間に》、秋、北の方に、山郷《やまざと》にてありければ、後ろの山の方にいとあはれげなる音《こゑ》にて鹿の鳴きければ＊、男、今の妻の家に居たりける時にて、妻に、「こはいかが聞き給《たま》ふか」と云《い》ひければ、今の妻、「煎物《いりもの》＊にても甘《うま》し、焼物にても美《うま》き奴《やつ》ぞかし」と云ひければ、⑤男、心に違《たが》ひて、「『京の者なれば⑥かやうの事をば興ずらむ』とこそ思ひけるに、少し心づきなし《興ざめだ》」と思ひて、ただ本の妻の家に行きて、男、「この鳴きつる鹿の音は聞き給ひつや」と云ひければ、本の妻、かくなむ云ひける、

⑦われもしか＊なきてぞ君に恋ひられし今こそ声をよそにのみ聞け

と。男これを聞きて、いみじくあはれと思ひて、今の妻の云ひつる事思ひ合はせられて、今の妻の志《こころざし》失《う》せにければ、⑧京に送りてけり。さて本の妻となむ棲《す》みける。

思ふに、田舎人なれども、男も女の心を思ひ知りてかくなむありける。亦《また》、女も心ばへをかしかりければ、かくなむ和歌をも読みけるとなむ、語り伝へたるとや。

（『今昔物語集』）

〔注〕 鹿の鳴きければ……牡鹿《おじか》が雌鹿《めじか》を慕って鳴いたので。古来から雌鹿を呼ぶ牡鹿の声は、秋の景物として和歌に詠まれた。

煎物……油でいためた料理。

しか……「鹿《しか》」と「然《しか》」（そのように）の掛詞《かけことば》。

ⓑあっけにとられた

ア、意図を理解できず混乱した
イ、突然のことに慌てた
ウ、意外なことに驚きあきれた
エ、期待外れで失望した

問七　――線⑥「穀雨」は旧暦の春を表す言葉であるが、次のうち二十四節気と季節（旧暦）の組み合わせが間違っているものを一つ選びなさい。

ア、啓蟄《けいちつ》―春　イ、処暑《しょしょ》―夏
ウ、白露《はくろ》―秋　エ、大寒《だいかん》―冬

問八　――線⑦とあるが、「私」がそのように思った理由として最も適切なものを選びなさい。

ア、気象学者の家でてるてる坊主に雨を祈るという行為が非科学的で意外に感じたが、人間の力が及ばない自然には祈ることしかできないという考えに納得したから。
イ、気象学者の家で季節を二十四節気で表す時代遅れな習慣を守っていることに驚いたが、藤巻の高祖母の代から大切に守ってきた故郷の風習だと知り納得したから。
ウ、気象学者の家で穀雨の日に必ず雨が降ると信じていることを不思議に思ったが、穀雨の時期は一年の中で最も降水確率が高いという事実に納得したから。
エ、気象学者の家で俗信にならっててるてる坊主をつるすことが非科学的に感じたが、祈ることを大切に考える藤巻の祖父の考えに従っていると知り納得したから。

問九　――線⑧を説明したものとして最も適切なものを選びなさい。

ア、暗闇に差し込む一筋の光は、停電の暗闇のなか「私」と藤巻が互いに悩みを打ち明け心を通わせたことで、二人が地区の防災に貢献する良き同志となることを暗示している。
イ、暗闇に差し込む一筋の光は、「私」が藤巻に悩みを相談されるうちに防災課の職員として役に立てると確信できたことで、将来に期待が持てるようになることを暗示している。
ウ、暗闇に差し込む一筋の光は、藤巻が「私」と言葉を交わし素直な思いを語るうちに気象学の研究者として生きる覚悟を決めたことで、頼もしく未来を切り拓くであろうことを暗示している。
エ、暗闇に差し込む一筋の光は、仕事に意味を見いだせず悩む「私」が藤巻との対話を通じ自分にも役割があるかもしれないと気づくことで、希望ある未来が訪れるであろうことを暗示している。

問一　――線①のカタカナと同じ漢字が使われているものを一つ選びなさい。

ア、深コクな問題　　イ、所得を申コクする
ウ、コク明に記す　　エ、コク似した作品

問二　――線②の説明として最も適切なものを選びなさい。

ア、初対面の人に対して自分ばかりが一方的に話をしては不躾《ぶしつけ》だと理解しつつも、興味ある台風の話を止めることができない自分にあきれている。
イ、台風の被害を防ぐために気象学を学ぼうと決心したのに、幼い頃と変わらずいまだに台風の到来に心が躍る自分を情けなく感じている。
ウ、台風は社会的に大きな被害をもたらす危険性があると理解しつつも、好奇心から台風の到来を心待ちにする自分に気がとがめている。
エ、気象学者として台風研究に専念するべきであるのに、研究成果を防災に活用できないかと考える自分を研究者として半人前だと感じている。

問三　――線③とあるが、「私」がそのように言った理由として最も適切なものを選びなさい。

ア、若くして専門知識を活かし社会貢献を志す藤巻と比べ、「私」は元来仕事への情熱がなく、平凡な毎日に満足していたから。
イ、若くして専門知識を活かし社会貢献を志す藤巻と比べ、「私」は防災課の仕事に何の手応えも実感できず、不遇な日々を過ごしていたから。
ウ、若くして専門知識を活かし社会貢献を志す藤巻と比べ、「私」は専門ではない防災課で、誰からも期待されていないと感じていたから。
エ、若くして専門知識を活かし社会貢献を志す藤巻と比べ、「私」は防災課へ異動した不運を嘆き、貢献という公務員の使命を忘れていたから。

問四　――線④の理由として最も適切なものを選びなさい。

ア、研究の価値は世の中にいかに貢献するかで決まるが、自分の研究はいまだ何の役にも立っていなかったから。
イ、尊敬する祖父のように損得を考えず、ひたむきに気象の解明に取り組む境地に至れなかったから。
ウ、気象の研究がどんなに進歩しても、結局自然に対して人間は無力であることを思い知ったから。
エ、学者として祖父を尊敬しているが、自分の好奇心を優先し他を顧みないその生き方を理解できなかったから。

問五　――線⑤とあるが、「私」のどのような様子が読み取れるか。最も適切なものを選びなさい。

ア、人間が他の生きものと同様に自然の一部であるならば、自然のしくみを理解することが重要だということに納得した様子。
イ、自然は人間の都合を考えてくれないので、せめて想定外の被害を念頭に置くことが重要だということを理解した様子。
ウ、台風の進路は唯一予想ができるので、被害を最小限に抑えるために日頃の訓練が重要だということを再確認した様子。
エ、人間が自然を操作できないのであれば、せめて可能な限り備え受け入れることが重要だということに気づいた様子。

問六　――線ⓐ・ⓑの意味として最も適切なものを選びなさい。

ⓐいぶかしげに
ア、信用できない様子で
イ、不機嫌な様子で
ウ、確認する様子で
エ、疑わしい様子で

のことを地道にこつこつやるしかないんですよ。

　あたりまえのことを、地道に、こつこつと――それなら、ひょっとして、私にもできるだろうか。

「そうなんです。人間は、備えなきゃいけないんです」

　藤巻はわが意を得たりとばかりに、勢いこんで答えた。

「特に台風は、地震や火事なんかと違って、事前にある程度は予想できますし。状況を見定めて正しい判断をすれば、被害を最小限に食いとめられるはずです」

　一息に言いきって、「あれ？」とⓐいぶかしげに声を落とす。

「雨の音がしませんか？」

　私も耳をすましてみた。どこか遠くのほうから、かすかな雨音が響いてくる。窓もないのに、よほど激しく降っているのだろうか。

「本当だ。聞こえる」

「そういえば、今日って⑥穀雨ですよね」

「コクウ？」

　気象に関する専門用語かと思いきや、「はい。二十四節気の」と藤巻は言った。穀物の穀に、雨と書く。この時期に降る雨が農作物を育ててくれる、という意味あいだそうだ。

「うちの家、二十四節気のそれぞれに、決まりごとがあるんです」

　祖父の祖母、藤巻にとっては高祖母の故郷に、古くから伝わるならわしらしい。

「穀雨の日に雨が降ると、その年は充実した一年になるって言われてるんです。だから前日の夜に、てるてる坊主を作るんですよ。さかさにつるせば雨が降るっていうでしょう？」

「てるてる坊主、ですか」

　われながら、間の抜けた声が出た。

「学者の家なのに非科学的だって思いました？」

　すかさず藤巻に笑われてしまった。図星なので否定できない。

「でも祖父も、それでいいって。人間に雨を降らせることはできない。できるのは、祈ることだけ」

　⑦なるほど、筋が通っているといえば、通っている。

「それで、無事に雨が降ったら、浴びるんですよ」

「浴びる？　雨をですか？」

　私はまたしてもⓑあっけにとられた。

「恵みの雨だから、ご利益があるってことなんですかね。母や祖母はかたちだけ、窓から手を出すくらいですけど、祖父は本気で浴びます。私と弟も、子どもの頃は祖父をまねして庭に出て、雨にあたってました。びしょ濡《ぬ》れになるのがまた、楽しくって。母はすごくいやそうでしたけど」

　それはそうだろう。口に出すかわりに、無難な相槌《あいづち》を打っておく。

「楽しそうなおうちですね」

「おとなになるといろいろ忙しくて、参加できないことも多くなっちゃいましたけどね。今日もそうですし」

　でも、と藤巻は声をはずませた。

「これだけ降ってたら、いいことがありそう。しかも私たち、ばっちり雨に濡れましたもんね？」

　私が答えるより先に、背後でドアのきしむ音が聞こえた。

「大丈夫ですか？」

　気遣わしげな管理人の声と、白い懐中電灯のあかりが、同時に届いた。

「大丈夫です」

　ふたり分の返事が重なった。⑧闇をきりひらく、頼もしくまぶしい一筋の光に、私は目を細めた。

（瀧羽《たきわ》　麻子《あさこ》『博士の長靴』）

と、後ろめたそうにつけ足す。
「まあ、子どもってみんな、そんなもんじゃないですか？」
うちの娘たちも、もっとさかのぼるなら私自身だって、そうだった。嵐の日や大雪の日はどことなく特別な感じがして、そわそわと浮き足立った。警報で学校が休みになるのを待ち望み、早くに解除されてしまうと落胆した。
「だけど、死んじゃったりけがしたり、家をなくすひとだっているわけじゃないですか。だんだんそのへんがわかってくると、無邪気にはしゃげなくなって……それでもやっぱり、心の奥のほうでは、ちょっとうきうきしちゃってる気がして」
興味深い事象に出くわせば、その社会的な影響を案じるより先に心が躍る、研究者というのは多かれ少なかれそういう性を持っているものなのかもしれない。おさえきれない知的好奇心に突き動かされた人々が、数々の偉大な新発見をなしとげ、科学を進展させてきたともいえる。
「研究結果を防災のために活用したいっていうのは、罪滅ぼしみたいなところもあるのかも。変な言いかたですけど、折りあいをつけたいっていうか。私がやってる基礎研究やシミュレーションが、ちょっとでも役に立てばいいなって」
藤巻は訥々《とつとつ》と言葉を継ぎ、ふふ、と照れくさそうに小さく笑った。
「やだな、なんか熱く語っちゃった。私はまだまだ半人前なんですけどね」
③「いや。立派ですよ、藤巻さんは。専門知識を活かして、世の中に貢献しようとしてる」
おせじでもなんでもなく、素直な実感だった。
藤巻はまだ若いのに、自分のやるべきことを懸命にやっている。それにひきかえ、私はどうだ。わが身の不運を嘆き、日々を漫然とやり過ごすばかりで、なにも実のある仕事をしていない。藤巻のような専門知識を持たない私にできることなど、しょせんは限られているにしても。
そもそも、実のある仕事とはなんだろう。これまでの部署では、貢献というほど大仰なものではないにせよ、なんらかの成果を目標に働いていた。企画課の市民行事でも、財務課の年度予算でも、計画を立ててそれを実行してきた。でも防災課では、いくらがんばって綿密な避難計画を立てても、現実に災害が起きなければむだになってしまう。それでも、もちろん、なにも起きないに越したことはないのだ。なんというか、やるせない。
「ああ、でも」
藤巻が思いついたように言った。
「光野先生はたまに言うんです。役に立つかどうかを基準にものを考えるのって、研究者としてどうなんだろうなって。まあ、半分冗談でしょうけど」
その冗談が、残念ながら私には通じなかった。野暮を承知で聞き返す。
「研究って、なにかの役に立つものなんじゃないんですか？」
「うちの祖父は、ちょっと違ってて」
藤巻の声に笑みがまじった。
「気象のしくみを知りたい、ただそれだけなんです。知ってなにをしようとか、人間にどんな影響があるかとか、そういうんじゃなくて、本当に、知りたいだけ。ある意味、純粋っていうか」
「なるほど」
「私は祖父のことが大好きだし、心から尊敬してます。でも、祖父みたいにはなれそうになくて」
④藤巻はさびしそうにため息をついた。
「天気を変えることはできない、って祖父はいつも言ってます。人間も、他の生きものも、あるがままを受け入れるしかないんだって」
元来、自然とはそういうものだろう。人間を苦しめようとして、わざと雨を降らせたり風を吹かせたりしているわけではない。洪水は困るが、まったく雨が降らないのもまた困る、などというのは人間の勝手な都合に過ぎない。
どんなに科学が進歩しても、人間の力で天気を操ることはできない。雨雲をどこかへ吹き飛ばすことも、台風の進路を勝手に変えることもできない。
⑤「だから、せめて、備えなきゃいけない」
私は思わずつぶやいていた。光野の言葉が脳裏によみがえった。あたりまえ

問九 ――線⑨の説明として最も適切なものを選びなさい。

ア、誰かが特定の言葉に対して違和感を覚えたら、自分でも他に適当な言葉があるかどうかじっくりと考え、日頃から多くの言葉や表現に触れることで言葉についての理解を深めていくこと。

イ、誰かが特定の言葉に対して違和感を覚えたら、自分でもその言葉に意識を向けて、抵抗感のある原因がどこにあるのかを探っていき、他者と話し合いをしながらより良い言葉に言い換えていくこと。

ウ、誰かが特定の言葉に対して違和感を覚えたら、自分の物事のとらえ方や価値観を変えられる絶好の機会なので何らかの言葉に一斉に置き換え、その新しい言葉をためらわずに使っていくこと。

エ、誰かが特定の言葉に対して違和感を覚えたら、自分の物事の見方を変えたり、当たり前だと思い込んできたものをもう一度見直したりし、状況に応じて指摘していくこと。

問十 本文の論の展開に関する説明として、最も適切なものを選びなさい。

ア、筆者の経験を基に提示された問題について、様々な角度から検討を加え、引用を多用することで自身の主張に説得力をもたせている。

イ、筆者の身の回りの出来事をきっかけとして、言葉に含まれる問題点を取り上げ、読者に思索を巡らせることを促している。

ウ、まず筆者の意見を主張した後、自分とは異なる意見を取り入れ、それに対する反論を述べることで着実に論を進めている。

エ、現在の言葉の使われ方に問題があることを指摘した後に、色々な具体例を挙げ、正しい言葉遣いについて筆者の見解を述べている。

三 次の文章を読んで、後の問いに答えなさい。

私（榎本《えのもと》）が市役所の防災課に異動してきて三週間近くが過ぎた。これまで花形とされる部署をいくつも渡り歩いてきた私にとって、防災課は閑職そのものであり、これといった仕事をすることもなく現在に至っていた。ある日、課長と共に市長室に呼ばれた私は、地区の防災に関する論文を執筆した大学教授光野《みつの》と、その研究室の女子大学院生藤巻《ふじまき》を紹介される。会談後、市長に頼まれた私は、水害の危険性がある大松川周辺を視察したい藤巻を車で案内することになった。最後に訪れた避難所の市民スポーツセンター内にある備蓄倉庫で、突然の停電に二人は閉じ込められてしまう。

私が黙っていると、「なんか、すみません」と藤巻は気まずそうに謝った。

「なんでこんなことを喋《しゃべ》ってるんだろ、私。榎本さんとは初対面なのに」

①先コク私が考えたのと、そっくり同じことを言っている。つい笑ってしまいそうになって、私はあわてて口をおさえた。あの剣幕からして、笑いごとじゃない、と怒られかねない。

「ええと、家族の話でしたよね」

藤巻が気を取り直したように言う。

父親を除けば、家族との関係は良好らしい。母と弟と、あとは父方の祖父母も同居している。

「おじいさんは、光野先生の恩師だっていう？」

「そうです、そうです」

その祖父にあこがれて、藤巻は気象学を勉強しようと決めたのだという。

「特に台風には、子どもの頃から興味があって。台風が来るってニュースを見ると、すごくわくわくしました。朝晩、祖父と一緒に天気図を確認して、この先はどう動くか予想しあうんです。日本に上陸するってなったら、もう興奮しちゃって」

楽しげな声を不意にとぎらせて、

「②不謹慎ですよね」

問三　――線③・④のカタカナと同じ漢字が使われているものをそれぞれ一つ選びなさい。

③

ア、ユイショある神社を訪ねる　　イ、一日警察ショチョウに任命される

ウ、ゾウショの充実した図書館　　エ、ショチュウ見舞いのハガキを出す

④

ア、ハスウを切り捨てる　　イ、水面にハモンが広がる

ウ、契約をハキする　　エ、ハケン会社に登録する

問四　――線⑤の説明として最も適切なものを選びなさい。

ア、家庭には多くのジェンダーバイアスが存在しているという意味合い

イ、社会生活を円滑に営む上での守るべき道徳や規範としての意味合い

ウ、物事を産み出して育んでいく存在をたとえたものとしての意味合い

エ、子どもの人格は母親との関係から形づくられているという意味合い

問五　[A] に入る語として最も適切なものを選びなさい。

ア、したがって

イ、なぜなら

ウ、それから

エ、ときに

問六　――線⑥の理由として最も適切なものを選びなさい。

ア、「親語」という言葉が物事の新しい見方を開く語であるのに対して、「母語」という言葉はジェンダー化された表現だから。

イ、「親語」の「親」という言葉は歴史の浅い言葉であり、「母語」に置き換わって私たちの生活に浸透するまで長い年月がかかるから。

ウ、「母語」の「母」という言葉は比喩的な意味をもって多くの言葉と結びついているが、「親語」にはその意味合いが無いから。

エ、「母」のつく全ての熟語を別の言葉に言い換える必要があるのに、「母語」という言葉だけを「親語」に言い換えているから。

問七　――線⑦の説明として最も適切なものを選びなさい。

ア、言語は伝統的な価値を伴っており、文化や歴史を学ぶためにはまず習得するのが必要不可欠だということ。

イ、言語は伝統的な価値を伴うが、その一方で流動的なものなので記録に残すべきだということ。

ウ、言語は伝統的な価値を伴うが、その一方で使われる社会の変化に合わせて変わるものであるということ。

エ、言語は伝統的な価値を伴っており、学ぶことで物事を様々な視点からとらえる力が養われるということ。

問八　[B] に入る語として最も適切なものを選びなさい。

ア、相互的

イ、合理的

ウ、一般的

エ、抽象的

も、〈「母」は「親」に〉という風にして言葉をただ機械的に置き換えようとしても、うまくいくものではない。

たとえば、いま発達心理学や看護学などの分野で用いられることのある「親《しん》性」という言葉は、女性にも男性にも共通する親としての意識や感情の類いを端的に指すものであり、必ずしも「母性」や「父性」に完全に取って代わるべき言葉として位置づけられているわけではない。実際、これまで日本語のなかにはその種の意識や感情を表す言葉が無かったため、「母性」や「父性」に加えて、従来は光が当たりにくかった物事の見方を開く新語として、「親性」という言葉が少しずつ世間に広まり始めていると言えるだろう。

生活のなかに深く根を張った言葉の変化は、まさに生活の変化とともに、そして、関連する他の言葉たちの変化とともに、進行していく。言葉には大きな影響力があり——さらに言えば、権威や権力もあり——、伝統の維持にも変革にも働きかける面があるが、同時に、その維持や変革の動きによって影響される面もある。そうした B で全体的な影響の中身を、私たちはよく見極めていかなければならない。

逆に言えば、一切の変化に先回りして一挙にすべてを変えることはできない、ということだ。ある個別の言葉に対して、ある人々の間に違和感が生まれてきたときに、自分もその言葉に対してあらためて注意を向けて見直すこと。そして、その言葉に関連する現実（生活のかたち、社会のあり方）をさまざまな角度から見直すこと。自分が見逃してきたものを見ようとすること。そして、その言葉のある種の用法に対して、場合によっては異議を唱えること。——「母」は「親」に言い換えよ、といった単純明快なガイドラインに比べて、遅々とした面倒な方法に思えるかもしれない。だが、私たちの従来の物事の見方と密接に結びついている言葉に関して、その変容を促すには、⑨そうした地道な営みこそがむしろ不可欠だ。

（古田《ふるた》　徹也《てつや》『いつもの言葉を哲学する』）

問一　——線①・⑧の文中での意味として最も適切なものを選びなさい。

①肩身が狭い　ア、怒りや不満を抑えることができない
イ、周囲に対して恥ずかしく引け目を感じる
ウ、落ち着きを失ってあわてふためく
エ、同じことを何度も聞かされてうんざりする

⑧面食らい　ア、驚いて戸惑い
イ、真剣に考え込み
ウ、平気なふりをして
エ、怒りがこみあげ

問二　——線②の名称が批判の対象になった理由として、最も適切なものを選びなさい。

ア、母親が食事を準備するのが当たり前、という考え方の固定化につながるから。

イ、父親が育児や家事に積極的に関わっている、という事実が無視されているから。

ウ、母親はコンビニ総菜ではなく手料理を作るべき、という価値観を押し付けているから。

エ、父親は仕事ばかりで食事を作ってくれない、という現状が明らかにされるから。

あり続けるだろう。

では、「母」のつく熟語は一挙に別の言葉に置き換えてしまえばよいのだろうか。しかし、まずもって、どこまで置き換えればよいのだろうか。たとえば、「酵母」や「分母」、「母集団」、「母数」、「母音」といった言葉も全部別の言葉に換えるべきなのだろうか。だが、前章で外来語について強調したのと同様に、私たちの生活に深く根を張っている言葉たちを急に引っこ抜いて、よそよそしい言葉に置き換えることは、その分だけ日本語の表現力や、日本語を用いた思考力を脆弱《ぜいじゃく》なものにしてしまう。「母」のつく熟語を一切用いることなしに思考し、表現し、生活を送ろうとするのは、いまの私たちには困難きわまりない。

母や母体の概念が特定のイメージ――何かを産み育てる基盤、根源、大本といったイメージ――を含みもつことは、そもそも、古今東西の多くの文化にかなり古くから見られる特徴だと言える。たとえば、ギリシア神話など各地の神話には、世界や生命の根源として位置づけられる地母神《ちぼしん》（大地の母なる神）がしばしば存在する。また、中国の『老子』にも、世界の根源について「可以爲天下母（それは天下の母というべきものだ）」（第二五章）と表現する一節がある。同様の例は、ほかにも数多く見出すことができるだろう。

そして、この種のイメージは日本の文化においても存在し、それが独自の具体性をもって行き渡り、生き続けている。それは、「母屋」や「酵母」等々の言葉というかたちで、文化遺産としての日本語にもはっきりと認められる。日本語であれ、あるいは別の自然言語であれ、子どもが母語を学ぶことは、それぞれの言語が息づく文化の伝統的なイメージないしは物事の見方を学ぶことを伴うのだ。この点について、現代の哲学者ジョン・マクダウェルは次のように述べている。

> 各々の言語が世界の見方であるというのは、各々の言語が（言語学者が考えるような意味での）特定のタイプの言語であるからではなく、各々の言語において語られる事柄ないし伝えられる事柄のゆえである。……世界を視野に入れるという観念は、成長して伝統へと入っていくという観点においてはじめて理解可能となる。そして、成長して伝統へと入っていくというのは、普通の意味で言語を学ぶことの一部を成している。その学習において、人はたんに眼前を過ぎ去る光景の諸々の相貌に対して言葉で反応する傾向性を獲得するだけではなく、どのような事柄を言うべきかを学ぶのである。

マクダウェルの言う通り、伝統へと入っていくことは、母語を学ぶことの一部を成している。ただし、このことはもちろん、物事の伝統的な見方はすべてそのまま受け継がれて保存される、ということを意味するわけではない。⑦言語は生ける文化遺産であって、私たちの生活のかたちが絶えず変容を続けるなかで、言葉やその用法も変わり続けている。

そして、特定の言葉に対する違和感は、社会や物事のあり方に対する私たちの見方が変わりつつあることを示す重要なサインでありうる。たとえば、「お母さん食堂」や「おかあさんといっしょ」といったものに見られる「お母さん」の用法は、現在でも疑問に思ったり不自然に感じたりする人が一定数おり、今後もその割合は増えていくだろう。

私自身に関して言えば、娘をどの幼稚園に入れるか検討していた頃、近所のある幼稚園の説明資料のなかに、「お昼はお母さんの愛情弁当をご用意ください」と記してあって驚いたことがある。わが家では、家事・育児分担を相談した結果、娘が幼稚園に通っている間は私が妻子の「愛情弁当」をつくることになっていたから、この文面には⑧面食らい、がっかりした。そして、（ほかにも理由はあったが）この園は選択肢から外した。家族にはさまざまなかたちがあり、多様な育児・家事のあり方が存在するということが、この園の方々には見えていないか、見ようとしていないように思えたのだ。

「お母さん」の用法が変わっていくなかで、その遠い先に、「母語」や「酵母」や「分母」も何らかの別の言葉に置き換わる未来がくるかもしれない（あるいは、こないかもしれない）。それは現時点では不明だが、いずれにして

二　次の文章を読んで、後の問いに答えなさい。

私の娘は二歳までは保育園、三歳からは預かり保育のある幼稚園に通っている。自分は裁量労働制の下で働いているから、定時の仕事に就いている連れ合いに比べて時間の都合をつけやすい。そのため、自分の方が入園式や終業式といった行事に出ることが自然と多くなる。

そして、そのような場では、居並ぶ保護者に向かって先生が「お母さん方は……」と呼びかけるケースがよくある。自分はそのたびに少し①肩身が狭いような、みそっかすになったような気分になるのだが、ただ確かに、その場にいるのは圧倒的に「お母さん」たちなので、先生の方からしてみれば、目の前にいる人たちに対する自然な呼びかけなのだとも思う。（自分もそういう場では何となく憚《はばか》って、目立たない隅の方にいつも座っている。）

いまこの国で、家庭において夫が育児や家事に費やす時間が上昇する傾向にあることは間違いないが、ほかの先進国に比べて低い水準に留まっているのも事実だ。つまり全体として見れば、依然として育児や家事のかなり多くの割合を妻の方が担っている状況は変わっていない。

こうしたなか、コンビニ大手のファミリーマートが販売する総菜のシリーズ商品が②「お母さん食堂」と銘打たれたことに対して、「食事は母親が担当するものという意識が社会で強化されてしまう」という類いの批判が出たこと――そして、実際に高校生有志が、名称変更を求めるオンライン③ショメイ活動を行ったこと――は記憶に新しい。

それから、一九五〇年代から続いている「おかあさんといっしょ」というNHKのテレビ番組も、その名前が「育児は母親が担当するもの」という性役割の固定化に一役買っているという指摘は以前から見られる。二〇一三年からは「おとうさんといっしょ」という名前の④ハセイ番組が同局で始まり、時代や人々の意識の変化に即している面もあるが、ほぼ毎朝放映されている「おかあさんといっしょ」という番組名自体に変更はない。

ジェンダーバイアス（社会的な性役割についての固定観念）をめぐる問題に関しては、「お母さん」という言葉以外に、⑤「母」というこの一語自体が社会で含みもってきた特定の意味合いも無視できない。

たとえば、「母語」、「母国」、「母校」といった言葉は、文字通り母体のなかで受精卵が子へと成長して生まれ出てくるという自然的事実や、その後の育児を行う役割を主に母親が担ってきたという社会的事実が基になっていると言える。つまり、言語であれ、国であれ、学校であれ、自分を産み育てた根源や基盤の比喩として「母」が機能しているということだ。そのため、たとえば先の「母語」という言葉を「第一言語」等の言葉に置き換えると、「母語」のもっているいわば「根源的な言語」というニュアンスが希薄になるだろう。すなわち、生まれた後にいつの間にか身についており、以来そこから完全には離れることができず、自分自身をかたちづくる大きな基盤となっているもの、というニュアンスである。

しかし、子どもの誕生にはもちろん父親もかかわっているし、育児を母親が担うのも必然的な事柄ではない。むしろ、「母語」、「母国」、「母校」といった言葉の使用――さらに、たとえば「運営母体」のような、「母体」の比喩的用法――は、この社会におけるジェンダーバイアスを維持する土台の一部を構成しているのかもしれない。実際、先の「母語」という言葉について言えば、たとえばある論文において、「「母語」というのはジェンダー化された表現なので、実際には「親語」といった用語をあてるべき」という主張がなされたりもしている。

しかし、当該の論文で直後に「今のところ一般的に用いられる適切な代案がない」とも言われているように、「母語」を「親語」に言い換えることは（少なくともいますぐには）不可能だ。　A　、先に確認したような「母」という言葉が含みもつ意味合いを、「親」という言葉は歴史的に備えていないからである。また、「母」の比喩的意味が通底している言葉は、「母国」、「母校」、「母語」のほかに、「空母」、「母船」、「母屋」などさまざまなものがある。このように無数の言葉が相互に浸透し、つながり合っているなかで、「母語」という言葉だけ「親語」などに置き換えたとしても、⑥それは不自然で浮いた言葉で

二〇二三年度　日本大学豊山女子高等学校（一般）

【国　語】〈五〇分〉〈満点：一〇〇点〉

一　次の各問いに答えなさい。

問一　次の――線のカタカナと同じ漢字が使われているものを一つ選びなさい。

産業をオコす

ア、記録をコウシンする　イ、朝六時にキショウする
ウ、世界陸上をユウチする　エ、災害からフッコウする

問二　次の漢字の読みで間違っているものを一つ選びなさい。

ア、為替（かわせ）　イ、竹刀（たち）
ウ、足袋（たび）　エ、老舗（しにせ）

問三　次の四字熟語で漢字が正しく使われているものを一つ選びなさい。

ア、意気当合　イ、温古知新　ウ、読書百遍　エ、人関未到

問四　次の類義語の組み合わせとして間違っているものを一つ選びなさい。

ア、寡黙―内向　イ、思慮―分別
ウ、架空―虚構　エ、寄与―貢献

問五　「物事がおおざっぱで間違いが多いこと」という意味をもつ故事成語を一つ選びなさい。

ア、推敲《すいこう》　イ、杜撰《ずさん》　ウ、蛇足《だそく》　エ、杞憂《きゆう》

問六　次の□に入らないものを一つ選びなさい。

肩すかしを□　折り合いを□　猛威を□

ア、ふるう　イ、くう　ウ、つける　エ、とる

問七　次の――線の動詞の中で他と異なる活用の種類のものを一つ選びなさい。

私の朝は、小さな白いじょうろで鉢植えのグリーンに㋐水やりすることで㋑始まる。東向きのリビングは、朝がいちばん気持ちいい。真冬でも、さんさんと㋒輝く朝日がフローリングの床に㋓差し込んでくる。

（原田《はらだ》　マハ『スイート・ホーム』）

問八　「企業が法令や規則、社会的規範や倫理を守ること」という意味をもつカタカナ語を一つ選びなさい。

ア、イノベーション　イ、サステイナビリティー
ウ、コンプライアンス　エ、ダイバーシティ

問九　次の短歌に用いられている表現技法を一つ選びなさい。

砂原と空と寄合《よりあ》ふ九十九里の磯《いそ》ゆく人等《ら》蟻《あり》の如《ごと》しも（伊藤《いとう》　左千夫《さちお》）

ア、直喩法　イ、体言止め
ウ、倒置法　エ、擬人法

問十　次の書き下し文を参考にして、漢文に正しく返り点が付けられているものを一つ選びなさい。

之《これ》を好む者に如《し》かず。

ア、不㆔如㆓好㆑之者㆒。　イ、不㆑如㆓好㆒㆑之者。
ウ、不㆑如㆓好㆑之者㆒。　エ、不㆑如㆓好㆑之㆒者。

英語解答

1 (1) 2 (2) 3 (3) 3 (4) 2
(5) 4 (6) 3 (7) 1

2 (8) 4 (9) 3 (10) 4 (11) 1
(12) 1 (13) 3 (14) 2 (15) 3
(16) ② (17) ③

3 (18) 4 (19) 2 (20) 4 (21) 3
(22) 1 (23) 3 (24) 2 (25) 4
(26) 1 (27) 3

4 (28) 1 (29) 2 (30) 1 (31) 2
(32) 3

5 (33) 1 (34) 2 (35) 4 (36) 3
(37) 3 (38) 1

6 (39) 2 (40) 1 (41) 4 (42) 4
(43) 3

1 〔放送問題〕放送文未公表

2 〔長文読解総合─説明文〕

≪全訳≫「話題Ａ」❶10秒ごとに１人の子どもが飢えで死んでいるということをあなたは知っていただろうか。現在，８億2100万人以上の人が飢餓の状態にある。しかし，日本では毎年，約612万トンのまだ食べられる食品が廃棄されている。そして，この状況は日本のみではない。アメリカでは全ての食品の半分が，イギリスでは約30パーセントが，そしてオーストラリアではまだ食べられるトマトのほぼ90パーセントが廃棄されている。❷多くの先進国で，形や大きさが消費者の基準やスーパーマーケットの基準に合わないという理由から，農業従事者によって生産されたまだ食べられる野菜の多くが廃棄されている。家庭で食品を無駄にしないことは，確かに必要なことの１つだ。しかし，食品ロスを削減することによって，世界中の全ての人に十分な食品が用意できると考えられている。／「話題Ｂ」❸木製品は，住宅建材や家具から，箸や紙まで，私たちの生活のさまざまな場面で使われている。だから，私たちは木を使わずには生活できない。しかし，あまりに多くの木を伐採することには多くの問題がある。その１つが「森林破壊」である。それは，樹木を伐採した後，樹木や他の植物が失われることを意味している。❹これは，地域の気候変動や，収穫物の減少，洪水，土地の砂漠化などを引き起こす可能性がある。森林破壊は地球上のいたるところで起きているが，アマゾンの熱帯雨林は，その規模と地球環境に与える影響のために，大いに注目されている。／「話題Ｃ」❺世界中の政府が「リユース，リデュース，リサイクル」を掲げている。大量生産によって，企業は低コストで商品を製造することができるようになったので，消費者は気軽に安価な製品を使おうとする。多くの種類の日用品が100円ショップで販売されている。例えば，もしそこで傘を買い，それを電車に忘れたとして，あなたは駅員にそれを捜してくれと頼むだろうか。全国で年間を通して何百万本ものまだ使える傘が捨てられているのだ。コンビニエンスストアはかつて，賞味期限が切れたまだ食べられる食品を大量廃棄することで責められた。❻いかにして経済的な側面と環境保護の側面のバランスをとるかは，今日我々が考えなければならない難しい問題である。

(8)＜適語選択＞Ａ．どちらの空所も空所前後が相反する内容になっている。１つ目は，「多くの人が飢えに苦しんでいるが，大量の食品が廃棄されている」，２つ目は，「家で食べ物を無駄にしないことはもちろん大事だが，食品ロスの削減も有効な手段だ」という文脈である。　Ｂ．空所が導く節の「大量生産によって，企業は低コストで商品を製造することができるようになった」は，後半の「消費者は気軽に安価な製品を使おうとする」の‘理由’である。

(9)＜要旨把握＞「話題Ａ」の主旨は，最終文にあるように食品ロスを減らすこと。食品ロスにつながる行動は３．「皿の上の物は全部食べなければならない」。「話題Ａ」はSDGsの目標の１つである「飢餓をなくそう」に関する文章である。

⑽＜**要旨把握**＞第３段落第１文に木からできる物の具体例が挙げられている。色鉛筆は含まれていない。

⑾＜**語句解釈**＞直後の文に「それ(＝deforestation)の意味は，樹木を伐採した後，樹木や他の植物が失われることである」とある。

⑿＜**要旨把握**＞1．「古着を買う」が reuse に該当する。

⒀＜**要旨把握**＞「話題C」は，安価なコストで生産された製品を消費者が使い捨てにする例などを挙げて，今日の社会で経済的な側面と環境保護の側面のバランスの重要性を述べている。この内容に関連するのは「つくる責任／つかう責任」である。

⒁＜**内容真偽**＞1．「毎年，日本人だけがまだ食べられる食品を捨てている」…×　第１段落最後の２文参照。この状況は日本だけでなく世界中で見られる。　2．「アマゾンの熱帯雨林は地球の環境に大きな影響を与えている」…○　第４段落第２文に一致する。　3．「人は電車に傘を忘れたとき，いつもそれを見つけようとする」…×　第５段落第４，５文参照。　4．「コンビニエンスストアは食品を捨てようとはしない」…×　第５段落最終文参照。

⒂～⒄≪**全訳**≫❶ケイト(K)：あなたの近所ではどのくらいの頻度でごみを収集しているの？❷ミキ(M)：少なくとも週に３回よ。燃えるごみは月曜日と木曜日，燃えないごみは金曜日。缶，ペットボトル，紙類は月に一度の火曜日にリサイクルのために回収されるよ。❸K：ごみを分別するための地域の決まりに従っている？❹M：ええ。でも，ときどき正しく分別できているか心配になるよ。数種類の素材を使っている製品があって，迷わされるから。❺K：そうだね。生産者には長持ちして簡単にリサイクルできる商品をつくってもらいたいな。

⒂＜**英問英答**＞「ミキの近所にはごみ収集作業員は何回来るか」―3．「少なくとも週に3回」　第２段落参照。毎週月，木，金は決まった収集日である。

⒃・⒄＜**要旨把握―表を見て答える問題**＞

燃えるごみ	燃えないごみ	リサイクル
落ち葉，生ごみ，靴下，靴，鉛筆	腕時計，傘，鏡，カメラ，カップ，ガラス	缶，ペットボトル，紙類

＜**解説**＞⒃ケース１：家の近くの掃除を終えた！　大量の落ち葉を出したい！―②　表より，落ち葉は燃えるごみなので，月曜日か木曜日。　⒄ケース２：昨日はホームパーティーを楽しんだ！　大量のペットボトルと空き缶がある…ごみに出さないと。―③　表より，ペットボトルと空き缶はリサイクルごみなので火曜日。

３　〔**長文読解総合(英問英答形式)―対話文**〕

≪**全訳**≫❶エマ(E)：私たちの町の海岸には，袋やフォーク，ストローやペットボトルなどのプラスチックごみがとてもたくさんあるよね。私は，海岸をきれいにするために何かしたいな。❷ハナコ(H)：私もそう思う。海岸はプラスチック製品だらけだもんね。それらは捨てられたり，川や陸から流れ着いたものよ。それは「プラスチック汚染」と呼ばれているの。私の考えでは，これは私たちにとってだけでなく，海の鳥や動物にとっても大きな問題よ。❸E：なぜそう思うの？❹H：海の鳥や動物はプラスチック製品を見つけると，食べ物と間違えてしまうのよ。❺E：あっ，数週間前に海洋プラスチック汚染についてのテレビ番組を見たわ。ある研究によると，20パーセントの魚の胃の中にプラスチックが入っているんだって。世界中のウミガメの52パーセントと海の鳥の90パーセントが海の中のプラスチック製品を食べたことがあるらしいわ。❻H：研究によると，ウミガメには水の中のレジ袋はクラゲのように見えるそうなの。彼らは袋を食べ物と思うのね。でもそうではない。食べたら病気になってしまうよ。❼E：それはいけない。海の動物がプラスチックごみを食べるのは危険よね。そして私たちが魚を食べることも有害ということよね？❽H：ええ，そうね。海のプラスチック汚染は私たちの健康にとっても大きな問題よ。❾E：私はプラスチックは役に立つと思っていたの。製造コストが安いし，たくさんの使い道がある。あらゆる種類の大切なものをつくることができる。例えば，バイクのヘルメット，車のエアバッグ，そしてたくさんの医療用品がプラスチックからつくられているわ。それらは私たちの命を助けてくれる。ペットボトルのおかげで，きれいな飲料水を屋外で持ち運ぶことができるよね。**10**H：全てのプラスチックが悪いわけではないわ。問題なのは，私たちのほとんどが必要以上にレジ袋やペットボトルやストローやフォークなどのプラスチックを使って捨ててしまうことよ。これらは一度だけ使って捨てられる。それは使い捨てと呼ばれて，全てのプラスチックごみの40パーセント以上なの。そしてこれは自然界にとても長い間残るのよ。**11**E：なるほど。私たちはもっと環境に優しい製品を使って，プラスチックを削減するべきだと思うな。ねえ，考えがあるの。この問題に関するポスターをつくって市役所に掲示するのはどう？　私はもっと多くの人に海洋プラスチック汚染について知ってもらいたいな。**12**H：それはいいね。まず，もっとプラスチック汚染について学ぶことが大切だね。そして，行動を起こすことも大切だわ。学校の図書館に行って調査を始めない？**13**E：ええ。そうしましょう。

⑱**＜適語(句)選択＞**「[A]と[B]に入れるのに最も適切な組み合わせを以下から選べ」　'not only *A* but (also) *B*' で「*A*だけではなく*B*も」という意味を表す。

⑲**＜適語句選択＞**「[C]に最も当てはまる答えを選べ」　according to ～「～によれば」

⑳**＜英文解釈＞**「(D)But it's not. は何を意味しているか」―4.「袋はウミガメにとってクラゲではない」　下線部は，直前の a bag is their(＝sea turtles') dinner を受けた文で，省略されている部分を補うと But it's not their dinner. となる。it は a bag を受けるので，「袋はウミガメのディナーではない」という意味になる。ウミガメはクラゲを食べるため，選択肢では dinner が jellyfish に言い換えられている。

㉑**＜適語句選択＞**「[E]に最も当てはまる答えを選べ」　直後で列挙される bike helmets などは，空所前で述べた all kind of important things の具体例である。　for example「例えば」

㉒**＜内容真偽＞**「正しくないものはどれか」　1.「プラスチック製品は多くの物に使われているが，それらは高価である」…×　第9段落第2文参照。　2.「私たちが使うプラスチック製品はいろいろな方法で人々の命を守る」…○　第9段落に一致する。　3.「プラスチックは人間がたくさんの有用なものをつくるのに役立つ」…○　第9段落に一致する。　4.「ペットボトルはきれいな水を持ち運ぶのに使われる」…○　第9段落に一致する。

㉓**＜内容真偽＞**「正しいものはどれか」　1.「私たちが生産する全てのプラスチック製品は悪である」…×　第10段落第1文参照。全てが悪いわけではない。　2.「全てのプラスチック製品は一度だけ使われる」…×　このような記述はない。　3.「全てのプラスチックごみの40パーセント以上が使い捨てのプラスチックである」…○　第10段落第4文に一致する。　4.「プラスチックはほんの短い期間だけ自然界に残る」…×　第10段落最終文参照。

㉔**＜要旨把握＞**「もし人々があるプラスチック製品を一度使うと，それは二度と使われることがない。それは何と呼ばれるか」―2.「使い捨てプラスチック」　第10段落第3，4文参照。

㉕**＜内容真偽＞**「正しいものはどれか」　1.「エマはプラスチックは何度も使われるので便利だと考えている」…×　第9段落第1～3文参照。because 以下が一致しない。　2.「ハナコはプラスチック製品は一度だけ使って捨てるべきだと考えている」…×　このような記述はない。　3.「ハナコは図書館に行って調査を始めるつもりだが，エマは行かない」…×　第13段落参照。この Why not？は「いいよ，そうしよう」という意味で，相手の誘いなどに同意する表現。　4.「エマとハナコは計画を立てて，後でそれを実行するつもりだ」…○　第11～13段落参照。

㉖**＜内容真偽＞**「正しいものはどれか」　1.「プラスチック製品は私たちの命を救うことがあるが，海の動物の病気を引き起こすこともある」…○　第6，9段落に一致する。　2.「プラスチッ

ク製品は常に海の鳥や動物の命を救うためにつくられる」…×　このような記述はない。　3.「プラスチック製品は安く買えるので，多額のお金を節約できる」…×　このような記述はない。4.「十分な食糧がないので，ウミガメにとって海中の生活は危険すぎる」…×　このような記述はない。

(27)＜**内容一致**＞「これはハナコとエマが調査の後で作成したポスターである。これを見て，F～Hに最も当てはまる答えをア～エから選べ」

≪**全訳**≫海洋プラスチック汚染について知っていますか？／世界中の海岸でたくさんのプラスチックごみが見つかっています／私たちが調べたことを伝えます／700種類の生き物が海洋プラスチック汚染が原因で危機にひんしています／海の鳥の90パーセントがプラスチックごみを食べています。彼らはそれを食べ物と間違えているのです／20パーセントの魚の体内にプラスチックがありました／ウミガメの52パーセントが海中のプラスチックごみを間違えて食べています／この事実と数字はとても衝撃的です／よい知らせとして，世界中の人々がプラスチックごみの削減のために協力しています／この問題を学び，解決するために私たちの活動に参加してください／文責：HとE(NBJ高校)

＜**解説**＞それぞれ，空所の前の数字が手がかりになる。　F．第5段落最終文参照。　G．第5段落第2文参照。　H．第5段落最終文参照。

4〔**対話文完成―適語(句)選択**〕

(28)**A**：あなたの夢は何，セリナ？／**B**：私は将来，vetになりたいの。／**A**：vet？　それはどういう意味？／**B**：獣医を表す veterinarian の略語よ。／**A**：それはいいね。獣医さん，わかったわ。私は大学を卒業したら世界中を旅行したいの。／**B**：すばらしいわ！∥直後でAがvetの意味を説明している。Bはvetという単語の意味を尋ねたのである。

(29)**A**：マイケル，あなたは科学に関する本をたくさん持っているね。科学を勉強するのが好きなの？／**B**：ええと，宇宙に興味があるんだ。僕は astronaut になりたいんだ。実のところ，ずっと夢なんだよ。／**A**：astro…何とか？／**B**：うん。astronaut は地球の上空か宇宙空間に行く人だよ。∥astronaut は「宇宙飛行士」の意味。その説明として正しくなるものを選ぶ。

(30)**A**：皆さん，こんにちは。プレゼンテーション・ワールドへようこそ。私はユイです，そして…／**B**：私はマイです。私たちは今日のMC，つまり進行役です。／**A**：今日は私たちの友達のミミが発表を行います。／**B**：彼女は私たちの大学の科学部に所属しています。ミミ，どうぞ。／**C**：ありがとう，ユイ，マイ。私の名前はミミです。今日は，私たちの国の食品ロスについて話したいと思います。まず最初に，スクリーンを見てください。∥presentation は「発表，プレゼン」の意味。紹介を受けて聴衆の前で発表を始めるミミが，最初に呼びかける内容として適切な内容を選ぶ。take a look at ～「～をちらりと見る」

(31)**A**：あなたの好きな音楽は何，リュウセイ？／**B**：ええと，僕はJポップが大好きで，NBJ49の大ファンなんだ。／**A**：私も！　私は彼女たちの「ソレナ」が一番好きだよ。∥自分たちの好きな音楽について話している。　favorite「お気に入りの」

(32)**A**：何をお探しですか，お客様？／**B**：毛皮の手袋を探しているところです。最近，とても寒いので。／**A**：そのとおりですね，お客様。ええと，すてきなものがございます。こちらはいかがですか。どうぞ試してみてください。／**B**：そうしましょう。ええと，デザインはすてきですけど，私には大きすぎます。もっと小さいのを見せてください。／**A**：わかりました，お客様。しばらくお待ちください。∥try ～ on〔try on ～〕「～を試着する」

5〔**整序結合**〕

(33)'have/has＋過去分詞' の現在完了形の文をつくる。He has lived とした後，住んでいる場所を in

Fukuoka と示す。残りは for を'期間'を表す前置詞として用いて for fifteen years とまとめる。不要な語は since。　He has lived in Fukuoka for fifteen years.「彼は15年間福岡に住んでいる」

(34)am/are/is ～ing の現在進行形の文をつくる。look forward to ～ing で「～するのを楽しみにする」。この to は前置詞なので直後に動詞が続く場合は動名詞(～ing)になることに注意。go swimming で「泳ぎに行く」。不要な語は go。　I am looking forward to going swimming with my father.「私は父と水泳に行くのを楽しみにしています」

(35)'If＋主語＋動詞の過去形～，主語＋助動詞の過去形＋動詞の原形…'という形で「もし～なら，…だろうに」という現在の事実に反する内容を表す仮定法過去の文をつくる。不要な語は can。　If I knew his address, I would send an e-mail to him.「もし私が彼のアドレスを知っていたら，彼にメールを送るのに」

(36)'It is ～ for … to ―'「…にとって―することは～だ」の文をつくる。不要な語は of。　It was impossible for me to answer the question.「その質問に答えることは私には不可能だった」

(37)talk about ～「～について話す」を使って Our teacher talked about とするとうまくまとまらない。'tell＋人＋物事'「〈人〉に〈物事〉を話す，教える」の形をつくる。a story about the UK で「英国に関する話」となる。不要な語は talked。　Our teacher told us a story about the UK.「私たちの先生は私たちにイギリスに関する話をしました」

(38)Look at these pictures「この写真を見なさい」で始め，these pictures を先行詞とする関係代名詞節をつくる。which を目的格の関係代名詞として使うと which I took in Hokkaido とまとまるが，1語不要という指示があるので，省略可能な目的格の関係代名詞 which はここでは用いない。
Look at these pictures I took in Hokkaido.「私が北海道で撮ったこれらの写真を見てください」

6 〔長文読解―適語(句)選択―説明文〕

≪全訳≫あなたの目標を見つけよう／❶あなたたちは学校でSDGsの17の目標について学びましたよね？　世界には解決しなければならない問題があふれています。例えば，「貧困をなくそう」について，日本でさえ，7人に1人の子どもが貧困に苦しんでいます。「飢餓をゼロに」については，世界には限られた食糧で生き延びている難民キャンプの子どもたちがいます。「すべての人に健康と福祉を」については，20秒ごとに1人の子どもが病気で死んでいます。わずか20円あればワクチンがその子どもの命を救えるのに。「質の高い教育をみんなに」については，例えばシリアでは，200万人以上の子どもたちが学校に行くことができません。❷これらのことを学んだ後で，あなたたちはどのように感じますか？無力で悲しく感じる人もいるかもしれません。しかし，そのように感じるべきではないのです。大切なことは，問題を知ることですでに前に踏み出しているのだということです。SDGsの大事な考え方は「誰一人取り残さない」ということです。これらの目標を達成するために，それらの子どもたちに手を差し伸べましょう。そして私たちはさまざまな視点からその状況を見るべきでもあります。私たちが役に立つためにできることは常に何かあるので，目標に含まれていない問題を見つけてみませんか？　挑戦に値するはずです！　あなたの18番目の目標は何ですか？

＜解説＞(39)主語 one child に対応する述語動詞が入る。die の3人称単数現在形の dies が適切。

(40)ワクチンが救うことができるのは子どもの「命」。that child は単数なので，単数形の life が入る。

(41)be able to ～ で「～することができる」という意味。主語が複数形なので，aren't が適切。

(42)(　) the problems が that節の主語になる。主語になれるのは「～すること」という意味を表す動名詞(～ing)。knowing the problems で「問題を知ること」となる。　(43)something we can do で「私たちができること」となる(目的格の関係代名詞が省略された'名詞＋主語＋(助)動詞'の形)。4の we did は過去形なので，意味上不適切。

2023年度／日本大学豊山女子高等学校(一般)

数学解答

1 (1) ①…－　②…7
(2) ③…－　④…4
(3) ⑤…5　⑥…6　⑦…3
(4) ⑧…2　⑨…1
(5) ⑩…－　⑪…3　⑫…1
(6) ⑬…6　⑭…8　⑮…7
(7) ⑯…5　⑰…9
(8) ⑱…4　⑲…7
(9) ⑳…2　㉑…6

2 (1) ㉒…2　㉓…3
(2) ㉔…4　㉕…1　㉖…6
(3) ㉗…2　㉘…5

3 (1) ㉙…6　㉚…0
(2) ㉛…2　㉜…7
(3) ㉝…2　㉞…5

4 (1) ㉟…9　㊱…6
(2) ㊲…3　㊳…6
(3) ㊴…1　㊵…4　㊶…4　㊷…2
㊸…5

1 〔独立小問集合題〕

(1)＜式の計算＞与式 $=\dfrac{3(3x+y)-2(5x-2y)}{6}=\dfrac{9x+3y-10x+4y}{6}=\dfrac{-x+7y}{6}$

(2)＜数の計算＞与式 $=8x^3y\times\left(-\dfrac{1}{6xy}\right)\times\dfrac{3y^2}{4}=-\dfrac{8x^3y\times1\times3y^2}{6xy\times4}=-x^2y^2=-0.5^2\times(-4)^2=-0.25\times16=-4$

(3)＜数の計算＞与式 $=\sqrt{2^2\times2}\div(\sqrt{3^2\times3}-\sqrt{5^2\times3})+\sqrt{2^2\times6}=2\sqrt{2}\div(3\sqrt{3}-5\sqrt{3})+2\sqrt{6}=2\sqrt{2}\div(-2\sqrt{3})+2\sqrt{6}=-\dfrac{\sqrt{2}}{\sqrt{3}}+2\sqrt{6}=-\dfrac{\sqrt{2}\times\sqrt{3}}{\sqrt{3}\times\sqrt{3}}+2\sqrt{6}=-\dfrac{\sqrt{6}}{3}+\dfrac{6\sqrt{6}}{3}=\dfrac{5\sqrt{6}}{3}$

(4)＜連立方程式─解の利用＞$ax+by=11$……①，$bx-ay=-2$……②とする。①，②の連立方程式の解が $x=4$，$y=3$ だから，解を①に代入して，$4a+3b=11$……③となり，②に代入して，$4b-3a=-2$，$3a-4b=2$……④となる。③×4＋④×3より，$16a+9a=44+6$，$25a=50$，$a=2$ となり，これを③に代入すると，$8+3b=11$，$3b=3$，$b=1$ となる。

(5)＜二次方程式＞$x^2+6x+9=4x+12$，$x^2+2x-3=0$，$(x+3)(x-1)=0$　$\therefore x=-3,\ 1$

(6)＜データの活用─平均値，中央値＞4点が2人，5点が3人，6点が7人，7点が5人，8点が4人，9点が2人，10点が2人だから，点数の合計が $4\times2+5\times3+6\times7+7\times5+8\times4+9\times2+10\times2=170$(点)，人数の合計が $2+3+7+5+4+2+2=25$(人)より，平均値は，$170\div25=6.8$(点)である。中央値は，人数の合計が25人だから，点数の小さい順に並べたときの13番目の点数である。6点以下が $2+3+7=12$(人)，7点以下が $12+5=17$(人)より，13番目の点数は7点だから，中央値は7点である。

(7)＜確率─さいころ＞1つのさいころを2回投げるとき，目の出方は全部で $6\times6=36$(通り)あるから，a，b の組も36通りある。このうち，$a+ab$ が3の倍数となるのは，$a+ab=a(1+b)$ より，a，$1+b$ のどちらかが3の倍数のときである。$a=1$ のとき，$1+b$ が3の倍数となるから，$b=2$，5の2通りある。$a=2$，4，5のときも同様に，それぞれ2通りある。$a=3$ のとき，a が3の倍数だから，$b=1$，2，3，4，5，6の6通りあり，$a=6$ のときも同様に6通りある。よって，$a+ab$ が3の倍数となる a，b の組は，$2\times4+6\times2=20$(通り)となるので，求める確率は $\dfrac{20}{36}=\dfrac{5}{9}$ である。

(8)＜平面図形─角度＞次ページの図1のように，5点A～Eを定める。$\overparen{BC}$ に対する円周角より，$\angle BDC=\angle BAC=56^\circ$ であり，$\triangle BDE$ で内角と外角の関係より，$\angle ADB=\angle DBE+\angle DEB=26^\circ+$

$25^\circ=51^\circ$ だから，$\angle ADC=\angle ADB+\angle BDC=51^\circ+56^\circ=107^\circ$ となる。また，$\overset{\frown}{CD}$ に対する円周角より，$\angle CAD=\angle CBD=26^\circ$ である。よって，$\triangle ACD$ の内角の和より，$\angle x=180^\circ-(\angle CAD+\angle ADC)=180^\circ-(26^\circ+107^\circ)=47^\circ$ である。

図1

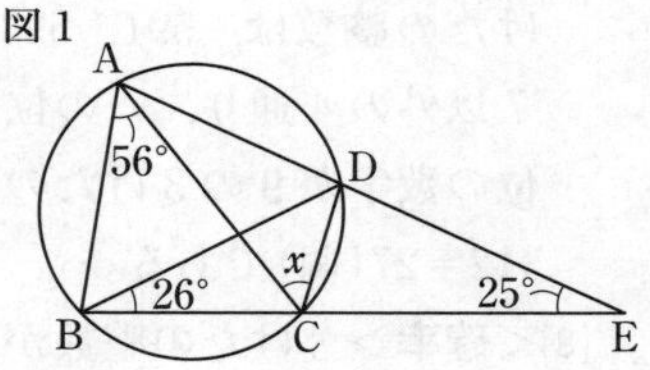

(9)＜**平面図形―長さ**＞右下図２のように，円の中心をＯとし，点Ｏと点Ｃを結ぶ。$\triangle AHC$ と $\triangle ACB$ において，線分 AB が円Ｏの直径より，$\angle ACB=90^\circ$ だから，$\angle AHC=\angle ACB=90^\circ$ である。また，直線 HC は点Ｃで円Ｏに接しているから，$OC\perp HC$ となり，$AH\perp HC$ より，$AH/\!/OC$ となる。これより，錯角は等しいので，$\angle HAC=\angle ACO$ となる。$\triangle OAC$ は $OA=OC$ の二等辺三角形だから，$\angle ACO=\angle CAB$ であり，$\angle HAC=\angle CAB$ となる。よって，$\triangle AHC\backsim\triangle ACB$ となるので，$AH：AC=AC：AB$ より，$6：AC=AC：10$ が成り立ち，$AC^2=6\times10$，$AC^2=60$ となる。$\triangle AHC$ で三平方の定理より，$CH=\sqrt{AC^2-AH^2}=\sqrt{60-6^2}=\sqrt{24}=2\sqrt{6}$ である。

図２

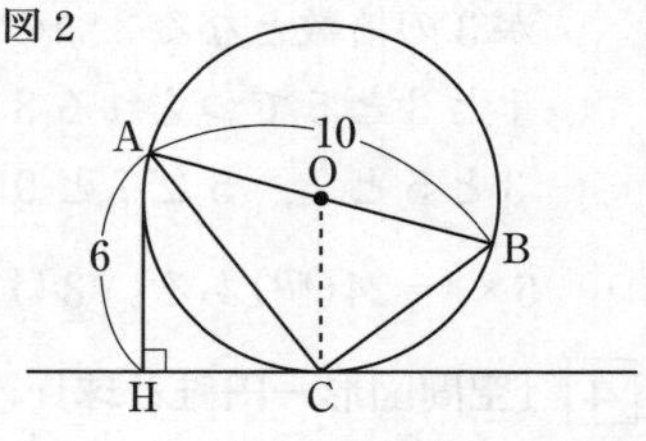

2 〔**関数―関数 $y=ax^2$ と一次関数のグラフ**〕

(1)＜**直線の式**＞右図で，$A(-1,\ 1)$，$B(3,\ 9)$ より，直線 AB の傾きは $\dfrac{9-1}{3-(-1)}=\dfrac{8}{4}=2$ だから，その式は $y=2x+b$ とおける。点Ａを通るので，$y=2x+b$ に $x=-1$，$y=1$ を代入して，$1=2\times(-1)+b$，$b=3$ となる。よって，直線 AB の式は $y=2x+3$ である。

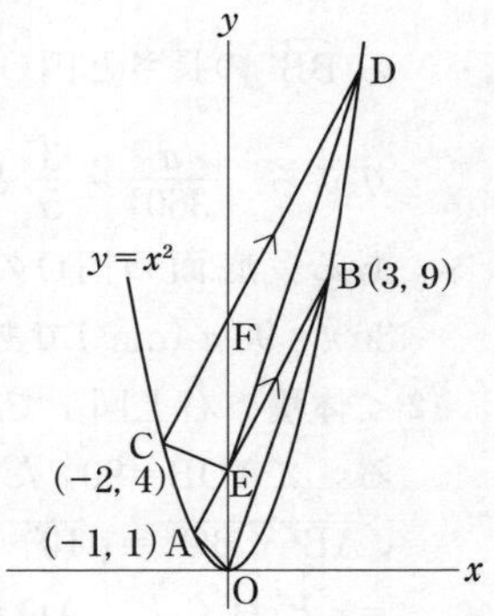

(2)＜**座標**＞右図で，$AB/\!/CD$ より，直線 AB の傾きと直線 CD の傾きは等しい。(1)より，直線 AB の傾きは２だから，直線 CD の傾きも２となり，直線 CD の式は $y=2x+b'$ とおける。$C(-2,\ 4)$ を通るので，$4=2\times(-2)+b'$，$b'=8$ となり，直線 CD の式は $y=2x+8$ である。点Ｄは，放物線 $y=x^2$ と直線 $y=2x+8$ の交点だから，$x^2=2x+8$，$x^2-2x-8=0$，$(x+2)(x-4)=0$ より，$x=-2$，４となり，点Ｄの x 座標は４である。$y=4^2=16$ となるので，$D(4,\ 16)$ である。

(3)＜**面積比**＞右上図で，(1)より，直線 AB の切片は３だから，$E(0,\ 3)$ であり，$OE=3$ である。(2)より，直線 CD の切片は８だから，$F(0,\ 8)$ であり，$EF=8-3=5$ である。$\triangle AOB=\triangle AOE+\triangle BOE$ であり，$\triangle AOE$，$\triangle BOE$ の底辺を辺 OE と見ると，高さは，２点Ａ，Ｂの x 座標より，それぞれ１，３となる。よって，$\triangle AOE=\dfrac{1}{2}\times3\times1=\dfrac{3}{2}$，$\triangle BOE=\dfrac{1}{2}\times3\times3=\dfrac{9}{2}$ より，$\triangle AOB=\dfrac{3}{2}+\dfrac{9}{2}=6$ となる。同様に，$\triangle CED=\triangle CEF+\triangle DEF$ であり，$\triangle CEF$，$\triangle DEF$ の底辺を辺 EF と見ると，高さは，２点Ｃ，Ｄの x 座標より，それぞれ２，４となる。これより，$\triangle CEF=\dfrac{1}{2}\times5\times2=5$，$\triangle DEF=\dfrac{1}{2}\times5\times4=10$ となり，$\triangle CED=5+10=15$ となる。以上より，$\triangle AOB：\triangle CED=6：15=2：5$ である。

3 〔**データの活用―場合の数・確率―番号札**〕

(1)＜**場合の数**＞番号札は５枚あるので，番号札の引き方は，１枚目は５通りあり，２枚目は，残りが４枚より４通り，３枚目は，残りが３枚より３通りある。よって，番号札の引き方は全部で $5\times4\times3=60$（通り）あるから，３けたの整数は60個つくれる。

(2)＜**場合の数**＞番号札の数字は１，３，５，７，９だから，百の位の数字が５で，579より大きい３

けたの整数は，591，593，597の３個ある。百の位の数字が７の３けたの整数は，十の位の数字が７以外の４通り，一の位の数字が７と，十の位の数字以外の３通りより，$4\times3=12$(個)ある。百の位の数字が９の３けたの整数も同様に，12個ある。よって，579より大きい３けたの整数は，$3+12\times2=27$(個)である。

(3)＜**確率**＞３けたの整数が３の倍数になるとき，各位の数字の和が３の倍数となる。各位の数字の和が３の倍数となる３つの数字の組は，１と３と５，１と５と９，３と５と７，５と７と９である。１と３と５でつくれる３けたの整数は，135，153. 315，351，513，531の６個ある。１と５と９，３と５と７，５と７と９でつくれる３けたの整数もそれぞれ６個だから，３の倍数となる整数は，$6\times4=24$(個)ある。３けたの整数は全部で60個あるので，求める確率は $\frac{24}{60}=\frac{2}{5}$ である。

4 〔**空間図形―円錐と球**〕

(1)＜**面積**＞右図１で，円錐の底面の円の中心をＯとし，円錐を展開すると，右下図２のようになる。おうぎ形 ABB′ の中心角を a とおくと，円錐の側面積は，おうぎ形 ABB′ の面積で，$\pi\times10^2\times\frac{a}{360^\circ}$ で求められる。おうぎ形 ABB′ の $\overset{\frown}{\mathrm{BB'}}$ の長さと円Ｏの周の長さは等しいので，$2\pi\times10\times\frac{a}{360^\circ}=2\pi\times6$ が成り立ち，$\frac{a}{360^\circ}=\frac{3}{5}$ となる。よって，円錐の側面積は，$\pi\times10^2\times\frac{3}{5}=60\pi$ である。底面の円Ｏの面積は $\pi\times6^2=36\pi$ なので，円錐の表面積は，$60\pi+36\pi=96\pi$ (cm²)である。

図１

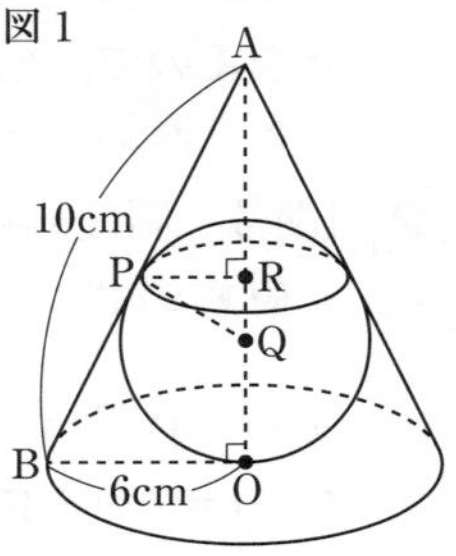

図２

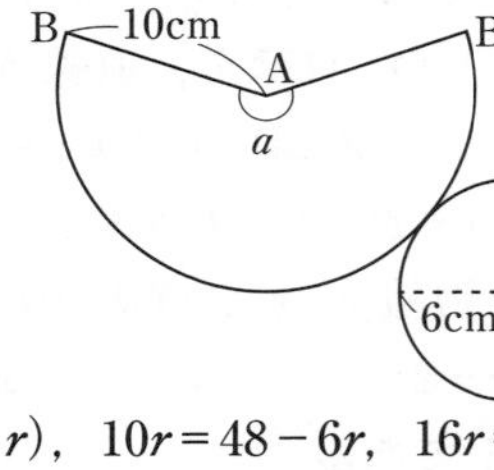

(2)＜**体積**＞右上図１で，AB と球の接点をＰとし，球の中心をＱとする。$\angle\mathrm{AOB}=90^\circ$ だから，△ABO で三平方の定理より，$\mathrm{AO}=\sqrt{\mathrm{AB}^2-\mathrm{BO}^2}=\sqrt{10^2-6^2}=\sqrt{64}=8$ となる。球Ｑの半径を $\mathrm{QO}=\mathrm{QP}=r$ とおくと，$\mathrm{AQ}=\mathrm{AO}-\mathrm{QO}=8-r$ と表せる。$\angle\mathrm{BAO}=\angle\mathrm{QAP}$，$\angle\mathrm{AOB}=\angle\mathrm{APQ}=90^\circ$ より，$\triangle\mathrm{ABO}\backsim\triangle\mathrm{AQP}$ だから，$\mathrm{BO}:\mathrm{QP}=\mathrm{AB}:\mathrm{AQ}$ となる。よって，$6:r=10:(8-r)$ が成り立ち，$10r=6(8-r)$，$10r=48-6r$，$16r=48$，$r=3$ となる。球の半径が３cm なので，体積は，$\frac{4}{3}\pi\times3^3=36\pi$ (cm³)である。

(3)＜**面積**＞右上図１で，点Ｐから AO に垂線 PR を引くと，点Ｐを通り底面に平行な平面で円錐を切ったときの切り口は，半径を線分 PR とする円となる。(2)より，$\triangle\mathrm{ABO}\backsim\triangle\mathrm{AQP}$ だから，$\mathrm{AO}:\mathrm{AP}=\mathrm{BO}:\mathrm{QP}=6:3=2:1$ となり，$\mathrm{AP}=\frac{1}{2}\mathrm{AO}=\frac{1}{2}\times8=4$ となる。また，PR∥BO より，$\triangle\mathrm{APR}\backsim\triangle\mathrm{ABO}$ だから，$\mathrm{PR}:\mathrm{BO}=\mathrm{AP}:\mathrm{AB}=4:10=2:5$ となり，$\mathrm{PR}=\frac{2}{5}\mathrm{BO}=\frac{2}{5}\times6=\frac{12}{5}$ となる。よって，切り口の面積は，$\pi\times\left(\frac{12}{5}\right)^2=\frac{144}{25}\pi$ (cm²)である。

2023年度／日本大学豊山女子高等学校（一般）

国語解答

一 問一 エ　問二 イ　問三 ウ
問四 ア　問五 イ　問六 エ
問七 ㋐　問八 ウ　問九 ア
問十 ウ

二 問一 ①…イ　⑧…ア　問二 ア
問三 ③…イ　④…エ　問四 ウ
問五 イ　問六 ウ　問七 ウ
問八 ア　問九 エ　問十 イ

三 問一 ア　問二 ウ　問三 イ
問四 イ　問五 エ
問六 ⓐ…エ　ⓑ…ウ　問七 イ
問八 ア　問九 エ

四 問一 ア　問二 イ　問三 ア
問四 エ　問五 ウ　問六 イ
問七 イ　問八 エ　問九 ウ
問十 ア

一〔国語の知識〕

問一＜漢字＞「興す」と書く。アは「更新」，イは「起床」，ウは「誘致」，エは「復興」。

問二＜漢字＞「竹刀」は，「しない」と読む。

問三＜四字熟語＞アは「意気投合」，イは「温故知新」，エは「人跡未踏」と書く。

問四＜語句＞「寡黙」の類義語は「無口」。「内向」の類義語は「陰気」。

問五＜故事成語＞「杜撰」は，物事がいいかげんで誤りが多いこと。「推敲」は，詩の字句や文章の表現を練り直すこと。「蛇足」は，余計なもののこと。「杞憂」は，心配する必要のないことをあれこれ心配すること。

問六＜慣用句＞「肩すかしをくう」は，意気込んで向かっていったのに，勢いをうまくそらされる，という意味。「折り合いをつける」は，互いに譲り合って解決する，という意味。「猛威をふるう」は，すさまじい威力，猛烈な勢いで広がる，という意味。

問七＜品詞＞「水やりする」は，サ行変格活用の複合動詞。「始まる」は，ラ行五段活用の動詞。「輝く」は，カ行五段活用の動詞。「差し込む」は，マ行五段活用の複合動詞。

問八＜語句＞「コンプライアンス」は，法令遵守のこと。特に，企業がルールに従って公正公平に業務を遂行すること。「イノベーション」は，これまでとは異なった新機軸，革新のこと。「サステイナビリティー」は，持続可能性のこと。「ダイバーシティ」は，多様性のこと。

問九＜短歌の技法＞「磯ゆく人等」が九十九里浜を進む様子を，「蟻の如し」と直接的にたとえている。

問十＜漢文の訓読＞「之」→「好」→「者」→「如」→「不」の順に読む。「之」から「好」へ，「如」から「不」へ，それぞれ一字返るので，「好」と「不」にレ点を付す。また，「者」から「如」へ二字以上返るので，「如」に二点，「者」に一点を付す。なお，「不」は，助動詞なので，書き下し文では平仮名になる。

二〔論説文の読解─芸術・文学・言語学的分野─言語〕出典；古田徹也『いつもの言葉を哲学する』。

≪本文の概要≫日本では，現代でも育児や家事のかなり多くの割合を妻の方が担っている。コンビニ大手が販売する総菜シリーズに「お母さん食堂」という商品名がついていることや，NHKテレビに「おかあさんといっしょ」という番組が放送され続けていることにも，育児は母親が担当するものという性役割の固定化が見られる。「母語」などの熟語の中の「母」という語には，自分を生み育てた根源や基盤の比喩という，社会的に含みを持ってきた特定の意味合いがあり，このことはジェンダーバイアスを巡る問題にも関与しているかもしれない。子どもが母語を学ぶことは，それぞれの言葉が息づく文化の伝統的なイメージや物事の見方を学ぶことを伴う。伝統へ入っていくことは，母語を学ぶことの一部である。ただし，言語は生きている文化遺産であり，私たちの生活の形が絶えず変容する中で，言葉やその用法も変わり続けている。特定の言葉に対する違和感は，社会や物事のあり方に対する私たちの見方が変わりつつあることを示す重要なサインである。個別の言葉に対して違和感が生まれたときには，その言葉に改めて注意を向けて見直し，関連する現実を多角的に見直すこと，自分が見逃してきたものを見ようとし，ある種の用法に対して異議を述べることといった地道な営みが必要である。

問一①＜**慣用句**＞「肩身が狭い」は，世間に対して面目が立たず引け目を感じる，という意味。

⑧＜**語句**＞「面食らう」は，突然のことに驚き戸惑う，という意味。

問二＜**文章内容**＞「お母さん食堂」という商品名によって，「食事は母親が担当するものという意識が社会で強化されてしまう」ことが考えられるのである。

問三＜**漢字**＞③「署名」と書く。アは「由緒」，イは「署長」，ウは「蔵書」，エは「暑中」。　④「派生」と書く。アは「端数」，イは「波紋」，ウは「破棄」，エは「派遣」。

問四＜**文章内容**＞「母や母体の概念」は，「何かを産み育てる基盤，根源，大本といったイメージ」を含みもっており，「母語」「母国」「母校」などの熟語には，「自分を産み育てた根源や基盤の比喩として『母』が機能している」のである。

問五＜**接続語**＞「母語」という言葉を「親語」に言い換えることが不可能なのはなぜかというと，「母」という言葉が含みもつ「自分を産み育てた根源や基盤」といった意味合いを，「『親』という言葉は歴史的に備えていないから」である。

問六＜**文章内容**＞「親」は「『母』という言葉が含みもつ意味合い」を「備えて」いない。また，「『母』の比喩的意味が通底している言葉」は，「母国」「空母」「母屋」などたくさんあり，それらが相互に浸透し「つながり合っている」中で，「母語」だけ「親語」にすると，つながりがなくなって，「親語」という言葉が「浮いた」感じになるのである。

問七＜**文章内容**＞言葉は，「物事の伝統的な見方」を受け継いで「保存」してゆく言語文化という遺産であるが，同時に，「私たちの生活のかたちが絶えず変容を続けるなかで，言葉やその用法も変わり続けている」ので，生きている文化遺産であるといえる。

問八＜**表現**＞言葉が「伝統の維持にも変革にも働きかける面がある」のと同時に，言葉が伝統の「維持や変革の動きによって影響される面もある」ように，言葉と伝統は互いにはたらきかけあい，影響を及ぼしあっている。

問九＜**文章内容**＞「私たちの従来の物事の見方と密接に結びついている言葉」の「変容を促す」には，ある言葉に対して人々の間に違和感が生じたときに，その言葉に関連する現実を「さまざまな角度から見直すこと」や「見逃してきたものを見ようとすること」，場合によっては「異議を唱えること」などが必要なのである。

問十＜**要旨**＞本文は，「私」の子の幼稚園での出来事をきっかけとして，言葉に内在する「ジェンダーバイアス」について考察し，ある言葉に違和感を覚えたら，その言葉に自分も改めて注意を向けて見直し，場合によっては異議を唱えるという地道な営みをすることを，読者に促している。

三〔小説の読解〕出典；瀧羽麻子『博士の長靴』。

問一＜漢字＞「先刻」と書く。イは「申告」，ウは「克明」，エは「酷似」。

問二＜心情＞「不謹慎」は，慎みに欠けること。台風は社会的な影響が深刻になる恐れもあり，「死んじゃったりけがしたり，家をなくすひとだって」いる。それなのに，台風に「興味」があるため，台風が来るというニュースを見ると「すごくわくわく」し，日本に上陸するとなったら，「興奮」してしまう自分の態度を，藤巻は，「不謹慎」だと後ろめたく感じたのである。

問三＜文章内容＞藤巻は「まだ若いのに，自分のやるべきことを懸命にやって」いる。それに対して，自分は，「閑職」の防災課に異動させられた「わが身の不運を嘆き，日々を漫然とやり過ごすばかり」で，藤巻のように「世の中に貢献しようとして」いないので，「私」は藤巻を「立派」だと言った。

問四＜文章内容＞祖父は，気象の研究を「役に立つかどうかを基準」にするのではなく，「気象のしくみを知りたい，ただそれだけ」の純粋な気持ちから行っていた。藤巻は，そんな「祖父みたいにはなれそうに」ないので「さびしそうにため息をついた」のである。

問五＜文章内容＞どんなに科学が進歩したとしても，人間の力で「天気を操ることはできない」し「雨雲をどこかへ吹き飛ばすことも，台風の進路を勝手に変えることもできない」以上，「せめて，備えなきゃいけない」と，「私」は思った。

問六＜語句＞ⓐ「いぶかしげ」は，怪しく思っているさま。　ⓑ「あっけにとられる」は，意外なことに出会い，驚きあきれる，という意味。

問七＜語句＞「処暑」は，旧暦の七月中旬頃で，秋を表す。

問八＜文章内容＞藤巻の家では，穀雨に雨が降るようにと，てるてる坊主を逆さにつるすという話を聞いて，「私」は，「学者の家なのに非科学的だ」と意外に思った。しかし，「人間に雨を降らせることはできない。できるのは，祈ることだけ」だという理由を聞いて，「私」は，「なるほど」と納得したのである。

問九＜表現＞「私」は，防災課の仕事にやりがいを見出せずに悩んでいた。しかし，藤巻との対話を通じて，「私」は，「あたりまえのことを，地道に，こつこつと」やることなら，自分にもできるかもしれないと思った。「闇をきりひらく，頼もしくまぶしい一筋の光」は，今の仕事に「私」が見出しかけた希望を象徴しているといえる。

四〔古文の読解―説話〕出典；『今昔物語集』巻第三十ノ第十二。

≪現代語訳≫今となっては昔のことだが，丹波の国に住む者がいる。田舎者であるけれども風流心のある者であった。その男が妻を二人持って家を並べて住んでいた。もとの妻は丹波の国の人であった。そのことをつまらないように思い，新しい妻は京から迎え入れた者であった。そちら（の新しい妻の方）をより多く愛している様子だったので，もとの妻は，「つらい」と思って過ごした。／そうする間に，秋に，北の方に，（男の家は）山里であったので，後ろの山の方でたいそうしみじみとした声で牡鹿が雌鹿を慕って鳴いたので，男は，新しい妻の家にいたときであって，妻に，「あなたは（この鹿の声を）どのようにお聞きなさるか」と言ったところ，新しい妻は，「（鹿の肉は）油でいためてもうまい，焼いてもおいしいやつであるよ」と言ったので，男は，期待していたことと違って，「『京の者だからこのようなことをおもしろがるだろう』と思ったのに，少し興ざめだ」と思って，ただただもとの妻の家に行って，男は，「この(さっき)鳴いた鹿の声は(あなたは)聞きなさったか」と言ったところ，もとの妻は，このように言った，／私もそう，牡鹿が鳴いて牝鹿を慕うように，泣いてあなたに恋い慕われました。しかし今ではあなたの声を他の場所で聞いているだけです。／と。男はこの和歌を聞いて，たいそうしみじみと感動して，新しい妻の言った(無粋な)ことも思い合わせられて，新しい妻への愛情が失せてしまったので，京に送り返してしまった。そうしてもとの妻と一緒に住んだ。／思うに，田舎者であるけれども，男も女の心を思い知ってこのようだったのだ。また，女も心のありようがすばらしかったので，このように和歌をもよんだと，語り伝えたとかいうことだ。

問一＜古典の知識＞「丹波」は，現在の京都府中部と兵庫県北東部にまたがる地域。

問二＜現代語訳＞「情け」は，風情，風流を解する心のこと。

問三＜古文の内容理解＞「あじきなし」は，つまらない，不満である，という意味。もとの妻は，男と同じ「丹波国」の人で，つまらなく思ったので，男は，新しい妻を「京」から迎えたのである。

問四＜古文の内容理解＞「心疎し」は，つらい，という意味。もとの妻は，男が京から迎えた新しいの妻の方を，「思ひ増さりたる様」に感じたので，つらいと思っていた。

問五＜古文の内容理解＞男は「心に情けある者」で，田舎者の妻に飽き足らず，京から新しい妻を迎えた。「いとあはれげなる音」で鹿が鳴いたので，男が新しい妻に，その鳴き声をどのように聞いたかを尋ねると，妻は「煎物にても甘し，焼物にても美き奴ぞかし」と言った。男は，新しい妻は京の女なので，何か風流なことを言うのではないかと期待したのに，無粋なことを言ったので，思っていたのと違うと感じたのである。

問六＜古文の内容理解＞「心に情けある者」であった男は，わざわざ「京」から迎えた女なのだから，「いとあはれげなる音」など聞けば，何か風流なことを言うか，和歌の一つもよむようなことをおもしろがるだろうと思っていたのである。

問七＜和歌の内容理解＞「なき」には「鳴き」と「泣き」が掛けられている。私もそのように，牡鹿が雌鹿を慕って鳴くように，泣いてあなたに恋い慕われた。今は，あんなに私に愛を語ってくれたあなたの声を，他の場所で聞くばかりだ，ともとの妻はよんだ。

問八＜古文の内容理解＞男は，「今の妻の志失せにければ」，新しい妻を京に送り返してしまった。

問九＜古文の内容理解＞もとの妻は，鹿の声をどのように聞くかという男の問いに対し，男の愛を失った女の悲しみを，優美な和歌によんで訴えて男を感動させ，男の愛を取り戻した。もとの妻の風流心に感動した男は，新しい妻を京に送り返し，またもとの妻と一緒に暮らすようになった。

問十＜文学史＞『今昔物語集』は，平安時代末期に成立した説話集。『宇治拾遺物語』は，鎌倉時代に成立した説話集。『平家物語』は，鎌倉時代に成立した軍記物語。『方丈記』は，鎌倉時代前期に鴨長明が書いた随筆。『万葉集』は，奈良時代に大伴家持が編さんした日本最古の和歌集。

Memo

Memo

2022年度 日本大学豊山女子高等学校(推薦)

【適性検査問題】 (60分)

【英　語】 〈満点：35点〉

1 次の文章を読み，各設問に答えなさい。

There are many kinds of traditional events around the world. (A)Songkran is one of them. It's held in Thailand every April during the Thai lunar New Year to celebrate the New Year.

During the Thai lunar New Year, many people in Thailand go back to their hometown and do some things for Songkran with their family. For example, they pour water on the hands of their parents and grandparents, and they give them presents. These customs have two meanings. One is paying reverence to their ancestors, and the other is wishing happiness for younger people. People also pour water on Buddhist statues to wash them, and they offer food and money to monks.

Many people go to Songkran Festival and do some unique things there. For example, people throw water at anyone on the street by using hoses and water guns. All people become wet easily. You may think throwing water at other people is bad, but it's not at this festival. In some cities, people also play in the water with elephants. Not only local people but also many tourists join the festival and have a good time.

In this way, people use a lot of water at Songkran Festival. Why do they do that? Since ancient times, pouring water has a meaning of "showing respect." Songkran Festival in the ancient times was an event just to pour water on parents and grandparents, and to wash the Buddhist statues. However, it became a festival that has the purpose of cooling down with water as well as showing respect. It's hottest from March to May in Thailand, so throwing water at each other on the street is a fun way to cool down.

You may have a chance to visit Thailand during the Thai lunar New Year. If you visit during that period, (B)you have to be careful. People will throw water at you even if you're a tourist!

(注)

Thai lunar New Year：タイの旧正月(旧暦で正月にあたる期間)　pour ～：～をかける

pay ～：(注意や敬意)を払う　reverence：尊敬，敬意

ancestor：祖先　Buddhist statue：仏像

monk：僧侶　water gun：水鉄砲

(1) 下線部(A)を書きかえるとき，最も適切なものを選びなさい。

① Songkran is one of the oldest events to celebrate April.
② Songkran is one of the events that have long history.
③ Songkran is one of the traditional events held in the New Year.
④ Songkran is one of the traditional events that are loved in the world.

(2)～(5)本文の内容に合うように文を完成させるとき，最も適切なものをそれぞれ選びなさい。

(2) During the Thai lunar New Year, ＿＿＿＿＿＿.

① a few tourists go to Songkran Festival
② many people in Thailand spend time with their families
③ people wash Buddhist statues by throwing them into water
④ only local people can have a good time at Songkran Festival

(3) People in Thailand have a custom to ＿＿＿＿＿＿ for Songkran.

① give their parents presents
② get food from monks
③ pay reverence to monks
④ wish happiness for their parents

(4) At Songkran Festival, ＿＿＿＿＿＿.

① throwing water at monks is bad
② no people use water guns
③ anyone on the street drinks water from hoses
④ becoming wet is easy

(5) In Thailand, ＿＿＿＿＿＿.

① people have used water at Songkran Festival to cool down since ancient times
② tourists need to try to enjoy Songkran Festival without using water
③ people think they can show respect by pouring water on other people
④ tourists can do some unique things at Songkran Festival only every March

(6) 下線部(B)の理由として，最も適切なものを選びなさい。

① 水遊びをしている最中に，象に襲われる可能性があるから。
② ３月から５月は気温がとても高く，体調を崩す可能性があるから。
③ 祭りの期間は，雨が多く降るので濡れてしまう可能性があるから。
④ 誰かれかまわず人々から，水をかけられる可能性があるから。

2 次の対話文に入る最も適切なものをそれぞれ選びなさい。

(7) A: I don't like this dish. It has too much salt, right? (　　　　　)

B: Oh ..., I added too much *miso*.

① Where did you eat this?

② I like salt very much.

③ How much salt did you add to this?

④ What delicious *miso*!

(8) A: Mary hasn't come here yet.

B: She goes to bed late every night. (　　　　　)

A: OK. Do you know her phone number?

① What time should we meet?

② We saw her last night.

③ You don't need to see her.

④ Maybe you should call her.

3 次の[　　　]内の語を正しく並べかえて英文を完成させるとき，不足している語があります。その語をそれぞれ選びなさい。(文頭に来る語も小文字で書いてあります。)

(9) [you / going / Kyoto / are / visit] with your parents?

① will　② to　③ when　④ in

(10) [last / my / month / selected / brother / the / present] very nice.

① which　② that　③ were　④ was

(11) [you / I'll / how / draw / to] these flowers.

① give　② show　③ see　④ take

4 次の各文の(　　)内に入る最も適切なものをそれぞれ選びなさい。

(12) A: If I (　　　) a car, I could go there with you.

B: You don't need a car. We can walk there.

① have　② had　③ don't have　④ didn't have

(13) A: Did you eat all of this food?

B: No, my brother did. He eats (　　　) than I.

① as more　② much more　③ many more　④ as much

【数　学】〈満点：35点〉

（注意）(1)　定規，コンパスは使用してもよいが，計算機，分度器は使用してはいけません。
(2)　$\boxed{\text{①}}$，$\boxed{\text{②}}$，$\boxed{\text{③}}$，……には，数字または符号を入れなさい。ただし，答えが分数になる場合は，既約分数で答えなさい。

1　次の$\boxed{}$に数または符《ふ》号《ごう》を入れなさい。

(1)　$\left(\dfrac{7}{4}-3\right)\div\left(-\dfrac{5}{6}\right)+\left(-\dfrac{2}{3}\right)^2=\dfrac{\boxed{\text{①}}\boxed{\text{②}}}{\boxed{\text{③}}\boxed{\text{④}}}$

(2)　$-3\sqrt{12}+8\sqrt{3}+\dfrac{6}{\sqrt{3}}=\boxed{\text{⑤}}\sqrt{\boxed{\text{⑥}}}$

2　$x=-4$，$y=3$のとき，$\dfrac{2}{3}(x+4y)-\dfrac{1}{4}(-2x+3y)=\dfrac{\boxed{\text{⑦}}\boxed{\text{⑧}}}{\boxed{\text{⑨}}\boxed{\text{⑩}}}$である。

3　2次方程式　$(x-\sqrt{6})^2-4(x-\sqrt{6})-12=0$　を解くと，$x=\boxed{\text{⑪}}\ \boxed{\text{⑫}}+\sqrt{\boxed{\text{⑬}}}$，$\boxed{\text{⑭}}+\sqrt{\boxed{\text{⑬}}}$である。

4　図で，直線ℓは円Oの接線であり，点Aは接点である。
このとき，$\angle x=\boxed{\text{⑮}}\boxed{\text{⑯}}\boxed{\text{⑰}}{}^\circ$である。

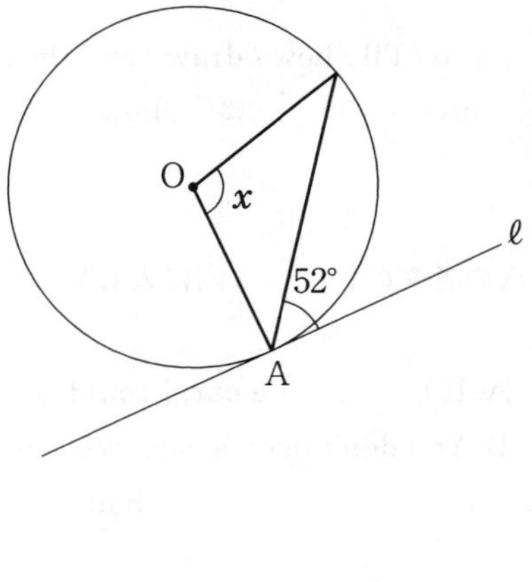

5　2つの袋《ふくろ》A，Bがあり，袋Aには2，4，6，8の数字が書かれたカードが1枚ずつ，袋Bには1，3，7，9の数字が書かれたカードが1枚ずつ入っている。袋A，Bからそれぞれ1枚ずつカードを取り出し，袋Aから取り出したカードに書かれた数字を十の位，袋Bから取り出したカードに書かれた数字を一の位として2けたの整数をつくる。

このとき，2けたの整数が素数になる確率は$\dfrac{⑱}{⑲⑳}$である。

6　図で，放物線C_1は関数$y=\dfrac{1}{8}x^2$のグラフ，放物線C_2は関数$y=ax^2\left(a>\dfrac{1}{8}\right)$のグラフである。放物線$C_1$上に2点A，Bがあり，その$x$座標はそれぞれ8，$-4$である。点Cは直線OAと放物線$C_2$との交点で，その$x$座標は3である。

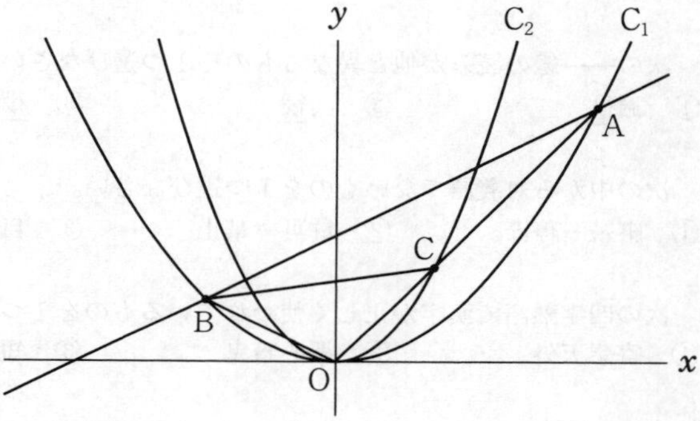

(1)　直線ABの式は　$y=\dfrac{㉑}{㉒}x+㉓$である。

(2)　aの値は$\dfrac{㉔}{㉕}$である。

(3)　△OBCの面積は㉖である。

7　図は，AB＝BC＝12cm，AE＝4cmの直方体ABCD－EFGHである。この直方体の3つの頂点A，F，Cを結んでできる△AFCの面積は㉗㉘$\sqrt{㉙㉚}$ cm^{2}である。

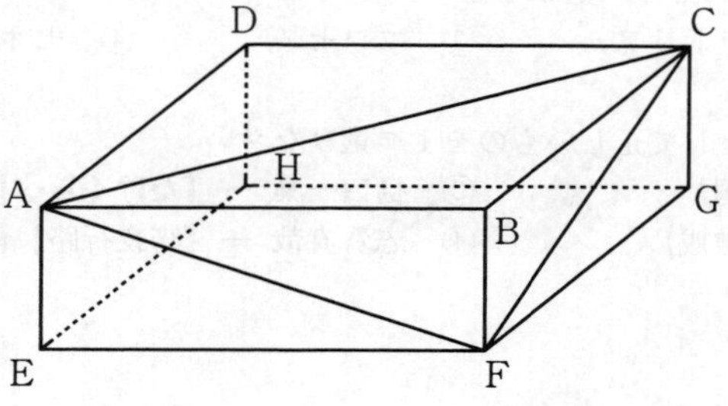

【国　語】〈満点：35点〉

1　次の各問いに答えなさい。

(1)　次の――線のカタカナに該当する漢字と同じ部首が使われているものを１つ選びなさい。

ハナれた土地に住む友人から手紙が届く

①　ギロンが白熱する　　②　水分をキュウシュウする
③　図書館でザッシを読む　　④　セイジに興味を持つ

(2)　次の漢字の読みで間違っているものを１つ選びなさい。
①　定石（じょうせき）　　②　完遂（かんすい）
③　不世出（ふせいしゅつ）　　④　叱責（たくせき）

(3)　次の――線の読みが他と異なるものを１つ選びなさい。
①　適役　　②　兵役　　③　役目　　④　役者

(4)　次の中から対義語でないものを１つ選びなさい。
①　継続－停滞　　②　許可－禁止　　③　自然－人工　　④　公海－領海

(5)　次の四字熟語で漢字が正しく使われているものを１つ選びなさい。
①　寄想天外　　②　擬心暗鬼　　③　短刀直入　　④　雲散霧消

(6)　次のことわざの意味として最も適切なものを選びなさい。

紺屋《こうや》の白袴《しろばかま》

①　どんなに優れた人でも，ときには失敗することもあるということ。
②　口先ではさも立派なことばかり言うが，自分では実行しないこと。
③　他人のことにばかり忙しくして，自分のことをする暇がないこと。
④　価値がわからない人に貴重なものを与えても，無駄だということ。

(7)　「最も優れているもの」の意味を持つ故事成語を１つ選びなさい。
①　完璧　　②　白眉《はくび》　　③　助長　　④　知音

(8)　次の――線と同じ品詞のものを１つ選びなさい。

今年の夏はほとんど雨が降らなかった

①　姉はお菓子をほとんど食べない　　②　この本はおもしろくない
③　さりげない気づかいに感謝する　　④　やり残したことは一つもない

(9)　「物事の過程」の意味を表すものを１つ選びなさい。
①　アセスメント　　②　モラトリアム　　③　プロセス　　④　セオリー

(10)　次の作者と作品の組み合わせとして正しいものを１つ選びなさい。
①　中島　敦　―『山月記』『雪国』　　②　樋口一葉　―『たけくらべ』『十三夜』
③　芥川龍之介　―『羅生門』『破戒』　　④　志賀直哉　―『暗夜行路』『舞姫』

2 次の文章を読んで，後の問いに答えなさい。（＊印の付いている言葉には，本文のあとに〔**注**〕があります。）

わたしは小説家だから，小説の話もしよう。若いころから一貫して，青春小説を書いてきた。生きることの意味を問い，(ア)いかに生きるべきかを考え，自分とは何かと思い惑う人物を描いてきた。当初は，自分の青春時代を書いていた。息子の世代を書いたこともある。そのうち，現代の青春を書いても仕方がないと感じるようになり，歴史小説に転じた。歴史上の人物の青春を描く。

五十歳をすぎたころから，自分は作家として成熟しているという手応えを覚えるようになった。桓武《かんむ》天皇とか，空海《くうかい》とか，日蓮《にちれん》とか，どんなに偉い人物でも，二十歳の時は，ただの若者にすぎない。その若さを，六十歳の書き手が批判的に見ている。これは小説家だけに与えられた特権ともいうべきもので，どんな偉大な人物でも，小説の中の神の視点で見れば，＊俯瞰《ふかん》的に眺めることができる。

けれども，二十歳という若さは，うらやましい。歴史的な有名人となれば，なおさらだ。いまは無名の若者にすぎないが，やがては歴史に名を残すほどの，偉大な事業を成し遂げることが，(イ)最初から約束されている。そういう人物になりたいという思いがあるからこそ，わたしはその小説を書いているわけだから，書いているうちに，いつのまにか二十歳の主人公になりきってしまっている。これもまた小説家の特権である。

神の視点と，主人公の視点。これを立体的にとらえるのが，小説を書く極意といってもいいのだが，(ウ)若いころには，主人公を俯瞰的に眺めることが難しかった。六十歳になったいまは，長い年月を生き，死ともそれほど(エ)ソエンではなくなった老成した書き手として，主人公を突き放して見ることができる。

これが老作家の特権といっていいだろう。小説を書くのが楽になった。自分が描きつつある作品の世界を，若者の目と，老人の目と，二つの側面から見すえることができる。すなわち，複眼である。

とはいえ，(オ)複眼でとらえた作品が，必ずしも売れるとは限らない。売り上げだけから言えば，ごく単純な乗りで書いた作品の方が，多くの読者に支持されるだろう。立体的で奥深い作品を，じっくり鑑賞し，評価するだけの良識と鑑識眼をもった読者は，それほど多くはないのだ。類型化したキャラクターを貼り付けただけのファンタジーや，状況設定とアラスジだけのケータイ小説が売れる時代である。

しかし，売れ行きとか，評判などといったものを無視して，やりたいことをやれるというのが，老人のパワーだろう。何しろ，子供を養育する必要はないのだし，自分自身の食い扶持《ぶち》も，わずかな蓄えと年金で(カ)カバーできるのだから，本など，売れなくてもいいのだ。こういうことを言うと，本を出してくれる出版社がなくなってしまうので，あわてて訂正するけれども，ベストセラーを出す必要もないし，流行作家にならなくてもいいということを，わたしは言いたいのだ。

わたしは団塊の世代と(キ)呼ばれる，人数の多い世代だ。若者のご機嫌をとらなくても，同世代の人々に語りかけるだけで，そこそこ本は売れるだろう。同世代の読者が死にたえたころには，わたしもこの世にいないだろうから，それでいいのだ。

老人には，未来がない。だからこそ，自由だ。若いころ，何か社会に批判されるようなことがあると，きみには将来があるのだから，といったことで，自粛を要請されることがあった。(ク)いまは怖いものは何もない。途方もない夢を抱くということはなくなったが，そこそこに何かできそうな気がしているし，やれることができればそれでいいという気分になっている。

若いころは，「いま」しかないと思っていた。それはとんでもない思い違いで，二十歳の翌年には二十一歳の自分がいる。それから年月を重ねて，いま，六十歳の自分がいる。ここまで生きてみると，来年には六十一歳の自分がいると想像がつく。そうやって，七十歳，八十歳と生きていくうちに，いつか死がやってくるのだろうが，とにかく明日のことは考える。一歩一歩と，死に向かって歩いていくわけだが，(ケ)その一歩には重みがある。もしかしたら二歩目はないかもしれない，その一歩を，今日，確実に踏み出した。そんな充実感の中で生きている老人は，たぶん，若者以上に，青春を謳歌《おうか》し，未来に向かって前進しているのだ。

（三田《みた》　誠広《まさひろ》「複眼で生きる」）

〔注〕 俯瞰《ふかん》――――高いところから対象の全体を見下ろすこと。

(11) ――線㋐と同じ品詞のものを１つ選びなさい。

① 小さな花を摘む　② かなり昔の出来事

③ 便利な道具を使う　④ 短く切った髪

(12) ――線㋑の説明として最も適切なものを選びなさい。

① 後世に残るほどの偉業を達成したという史実を基にするため描き方が決まっているということ。

② 歴史上の人物が達成した偉大な業績を誇張したり改変したりすることは許されないということ。

③ 偉業を達成するまでの過程に思い惑うことがあろうとも到達する結末は変わらないということ。

④ 歴史的に有名な人物を主軸に書く作品は幅広い読者層に受け入れられる確証があるということ。

(13) ――線㋒の理由として最も適切なものを選びなさい。

① 主人公の青春時代が自分の年齢に対して近いために，主人公に対する客観的な視点が書き手としての自分の中に育っていないから。

② 小説家としての技量が未熟な若い時代は主人公を魅力的に書く執筆力に乏しく，理想の主人公を具体的に描き出すことができないから。

③ 将来的に偉業を達成する主人公に同化したいという作家自身の願望が色濃く反映されるため，史実よりも華美な描写を選びがちだから。

④ 自分の青春時代を終えて間もないころの執筆であるために，主人公を取り巻く年長者の視点を具体的に想像することができないから。

(14) ――線㋓のカタカナと同じ漢字が含まれている熟語を１つ選びなさい。

① 母方のソフに電話をする　② 新たなソシキを立ち上げる

③ ソボクな味わいの煮物だ　④ 意思のソツウをはかる

(15) ――線㋔の説明として最も適切なものを選びなさい。

① 単純な乗りを重視する若者の視点と，立体的で奥行きのある作品を求める老人の視点という，相反する感覚を共に反映させて描いた作品。

② 主人公に同化して生き生きと描く視点と，主人公を自身と分けて達観的にとらえた視点によって，作品世界をより立体的に認識して描いた作品。

③ 若さゆえの葛藤をリアルに描く視点と，作品世界を冷静にとらえる視点とを両立させることで描くことができる，厳しい鑑賞に堪えうる良質な作品。

④ 作品内の主人公の成長に合わせ，若者の感性と老人の感性を使い分けて物語を描くことで，一人の人物をより生き生きと描き出した作品。

(16) ――線㋕の外来語の意味として最も適切なものを選びなさい。

① 保障　② 強化　③ 選択　④ 補塡

(17) ――線㋖と同じ性質の言葉を１つ選びなさい。

① 昔のことが思い出される　② いくらでも食べられる

③ ひどい雨に降られる　④ 先生が教室に入られる

(18)　――線㋗がかかる言葉として適切なものを１つ選びなさい。

①　怖い　　②　ものは　　③　何も　　④　ない

(19)　――線㋘の理由として最も適切なものを選びなさい。

①　「いま」の先にある未来に向かって確実に一歩を踏み出したという達成感をかみしめているから。

②　死を目前に控えているという緊張感の中で踏み出す一歩には何にも代えがたい価値があるから。

③　明日について考える思考力が低下する中で前進することは生命力があるという自信になるから。

④　多くの人の支えがあって今日も生きているという感謝を年老いたことで改めて感じているから。

(20)　次に示すのは，三田さんの文章を読んだ後の，**花子**さんとある**友達**のやりとりです。会話文中の［　　］に入る文として最も適切なものを**＜選択肢＞**から選びなさい。

花子―若いころには得られなかった小説家としての充実感が，年を重ねて成熟してきた「いま」だからこそ得られるという三田さんの話は興味深いですね。

友達―そうですね。「若者以上に，青春を謳歌」しているとあることからも，年を取ることを楽しんでいるように感じました。

花子―これまでの人生そのものを糧《かて》にして，小説家としての仕事にやりがいを感じていることが伝わってきます。正に，若者にはもちえない「老人のパワー」で未来を切り開いていく，老作家としての誇りを感じました。

友達―そのような誇りをもちながら，文章の中で「老人には，未来がない」と書かれていたのには驚きました。一見すると悲観的な言葉に思えますが，花子さんはどう考えますか。

花子―この言葉の後に「だからこそ，自由だ」とあることから，三田さんが老いというものを肯定的にとらえていることがわかります。三田さんは文章の中で，［　　］価値観の変化が，生き方そのものにも影響をおよぼすのだと感じました。

友達―そうですね。私もそう思います。長い人生をそのときどきの自分に合わせてどう有意義に生きるべきかということを考えるきっかけとなる文章でした。

＜選択肢＞

①　若いころは思い違いをしていたと振り返っていますが，「いま」にしばられることで将来への不安が膨れあがり，未来に対する希望を失いがちである若いころに比べ，人生経験を積んだ老後の方がどんなことにも余裕をもって「自由」に取り組めるということではないでしょうか。

②　若いころに自粛を要請された経験に触れていますが，年を重ねて人生経験を積むことで他者からの束縛を柔軟にかわす対応力が次第に身につき，自己と社会との間で円滑な関係を築いていくことによって「自由」を満喫することができるということではないでしょうか。

③　途方もない夢を抱くことはなくなったと述べていますが，可能性が多くある分制約もあった若いころとは違い，未来にとらわれる必要のない今の自分にできることを考え，その中でやりがいを見つけながら生きることにこそ「自由」を感じているということではないでしょうか。

④　老作家になり小説を書くのが楽になったと明かしていますが，若いころは売れ行きや世間からの評価を意識するあまり「自由」に書けなかったのが，年を重ねて外聞を気にしなくなることでこれまで以上に壮大な作品を執筆する意欲が増すということではないでしょうか。

2022年度／日本大学豊山女子高等学校（推薦）

英語解答

1 (1) ② (2) ② (3) ① (4) ④
(5) ③ (6) ④

2 (7) ③ (8) ④

3 (9) ② (10) ④ (11) ②

4 (12) ② (13) ②

数学解答

1 (1) ①…3 ②…5 ③…1 ④…8
(2) ⑤…4 ⑥…3

2 ⑦…1 ⑧…3 ⑨…1 ⑩…2

3 ⑪…− ⑫…2 ⑬…6 ⑭…6

4 ⑮…1 ⑯…0 ⑰…4

5 ⑱…9 ⑲…1 ⑳…6

6 (1) ㉑…1 ㉒…2 ㉓…4
(2) ㉔…1 ㉕…3 (3) 9

7 ㉗…2 ㉘…4 ㉙…1 ㉚…1

国語解答

1 (1) ③ (2) ④ (3) ② (4) ①
(5) ④ (6) ③ (7) ② (8) ①
(9) ③ (10) ②

2 (11) ② (12) ③ (13) ① (14) ④
(15) ② (16) ④ (17) ③ (18) ④
(19) ① (20) ③

2022年度 日本大学豊山女子高等学校（一般）

【英　語】（50分）〈満点：100点〉

（注意）最初の約10分はリスニングテストです。

〈編集部注：放送文は未公表のため掲載してありません。〉

1　You are going to have a listening test. The test has two sections: Section A and Section B. Listen to each question and then mark the answer on your answer sheet.

Section A

You are going to hear four short conversations. For each statement, choose the best answer and mark it on your answer sheet. You will hear each conversation twice.

（1）

1．He has to take pictures.　　2．He has to find his pictures.

3．He has to go to Egypt.　　4．He has to clean his room.

（2）

1．On December 13th.　　2．On September 14th.

3．On December 20th.　　4．On December 21st.

（3）

1．Tuesday.

2．Wednesday.

3．Thursday.

4．Saturday.

Monday	Tuesday	Wednesday	Thursday	Friday	Saturday

15℃	7℃	10℃	5℃	10℃	9℃

（4）

1．A kind of pasta for lunch.　　2．Making spaghetti with his mother.

3．Eating spaghetti at a restaurant.　　4．Parsley in their garden.

Section B

You will hear a conversation between two university students about "The City and the Country". Listen to it carefully, and choose the best answer. The conversation will be repeated.

（5）

1．People are so open and friendly.

2．The city has more museums and people can be relaxed.

3．She can enjoy trying more different kinds of vegetables and fruits.

4．The cost of living is less expensive than she thought.

（6）

1．Nancy feels the country life is slower than the city life.

2．Nancy thinks that the country life is healthier and cleaner, and she likes the fantastic life.

3．Tom wants to live in a city in the future.

4．Tom thinks that the country life is really boring, but he likes feeling of slower life.

2 次の英文と写真はCoronavirus COVID-19（新型コロナウイルス）や宇宙開発に関する2020年12月26日の２つの新聞報道からのものです。英文をよく読み，また写真をよく観察して後の問いに答えなさい。

Coronavirus changes world, postpones Tokyo Games

[1] Since the first infections were found in China in the late 2019, the new coronavirus has spread around the world, and more than 70 million people have become ill or sick (A)this month. Johns Hopkins University reports that so many people are in trouble in the world.

[2] The pandemic has changed (B)people's lives. Social distancing and the wearing of masks in public have become usual. Many countries have stopped people's travels, and we have had much fewer visitors to Japan from abroad between April and September than (C)the ones we had last year.

[3] We had to decide to stop or postpone many events, and the saddest ones for many Japanese people were the Tokyo Olympic and Paralympic Games.

[4] The International Monetary Fund (IMF) says the world economy has slowed and global gross domestic product (GDP) is going to go down 4.4% in 2020.

[5] In Japan, the government is telling people to stay away from (D)"Three Cs"－confined places, crowded places and close contact with others－and it declared a nation wide state of emergency between April 16 and May 14, and it gave two masks and 100,000 yen to all the families in Japan. The government also started the "Go To Travel" campaign in July to help the tourism recover.

Photo-1

People wear masks while walking in Tokyo's Shinjuku Ward on Nov. 11.

SpaceX's Crew Dragon spacecraft launched

6 NASA and SpaceX successfully launched the Falcon 9 rocket on May 30. It had the Crew Dragon spacecraft, and (E)they took two astronauts to the International Space Station (ISS). The spacecraft safely returned to Florida on August 2. It was the first manned spacecraft made by a private company.

7 Japanese astronaut Noguchi Soich, 55, was also carried to the ISS by the Crew Dragon spacecraft on November 16, and he will stay (F)there until April 2021.

Photo-2

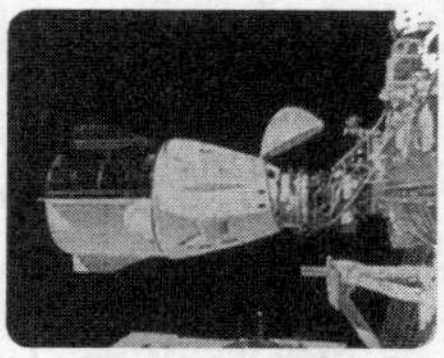

The SpaceX Crew Dragon is seen after docking at the ISS on Nov. 17. (NASA TV)

注：

postpone：延期する　infection：感染　pandemic：世界的流行

in public：人前で　IMF：国際通貨基金　GDP：国内総生産　government：政府

declare：宣言する　state of emergency：緊急事態　campaign：キャンペーン

Crew Dragon：クルードラゴン　successfully launch：打ち上げに成功する

spacecraft：宇宙船　astronaut：宇宙飛行士　manned：有人の

(7) (A) this monthとは何月か。

1．April　2．May　3．September　4．December

(8) (B) people's livesの変化について文中で述べられていないものはどれか。

1．ソーシャル・ディスタンス　2．マスク着用　3．消毒　4．旅行制限

(9) (C) the onesが表しているものは次のうちのどれか。

1．多くの国々　2．旅行　3．訪問者　4．4月から9月

(10) (D) Three Csは日本語でいわゆる「三密」を表している。この中で「密閉」を指し示す語句は次のうちのどれか。

1．confined places　2．crowded places　3．close contact　4．coronavirus

(11) (E) theyは何を指し示しているか。

1．ISS　2．SpaceX　3．NASA and SpaceX　4．the Crew Dragon

(12) (F) thereは何を指し示しているか。

1．ISS　2．the Dragon spacecraft　3 Japan　4．Florida

(13) Photo-1をもっともよく言い表しているものは次のうちではどれか。

1．Many people are wearing coats because they don't want to get sick.

2．The photo was taken about 50 days before this newspaper.

3．Masks are useful for people to stay away from cold.

4．People are enjoying walking on a day in December.

(14) Photo-2およびこの新聞記事で扱っていないものはどれか。

1．The Crew Dragon spacecraft is a spacecraft a private company built.

2．Noguchi Soichi was the captain of the project of the Crew Dragon spacecraft.

3．The Crew Dragon spacecraft and ISS were connected on November 17, 2020.

4．You can see ISS and the Crew Dragon spacecraft in the space.

(15) 本文中には段落番号が[1]～[7]までふってある。このうち日本または日本人のことについて直接触れていない段落は次の組み合わせのうちのどれか。

1．[1]と[6]　　2．[1]と[4]　　3．[4]と[6]　　4．[1]と[4]と[6]

[3] 昼休みの英語サークルで英語ネイティブ講師のMr. Jonesが高校生のアヤノ，エマ，ミカの３人と話をしています。次の英文を読んで，あとの問いに答えなさい。

Mr. Jones: Hi, everyone. Today, we're going to talk about sports and club activities. In Japan students are usually in one club and some of them play one sport at school. But in Canada students usually play different sports in each season at school and sometimes at private clubs outside school. [(A)], in fall and winter I did basketball and in spring and summer I played tennis. Which is better, playing only one sport or playing different sports?

Ayano: I think that playing more than one sport is better. I'm in the basketball club, but I'm also interested in other sports. It's great to be able to enjoy different sports.

Emma: (B) I don't agree with you. I'm in the volleyball club at school. If you want to be a good player, you have to practice only volleyball.

Mika: I think so too. I've played softball [(C)]. I think I have improved a lot because I have focused on it.

Ayano: But you can find the sport [(D)] you really like if you play many different sports.

Mika: I don't think I have to do that because I like softball the best.

Mr. Jones: You really like softball, Mika. Do you have any other ideas, Ayano?

Ayano: You can learn things from other sports. [(A)] if you play different sports, you will learn different ways of moving your body. They will be useful for playing softball, Mika.

Mika: (E) I see. I've heard that even some professional athletes play different sports.

Mr. Jones: That's right. Some of (F) them do that. It could be a great chance to learn many things from different sport activities.

Emma: I'm beginning to think that it's a good idea to try different sports.

Mika: Well, listen. If you continue to play one sport for a long time, your team will be more united. You will be able to make good friends. I met my best friends in the softball club. We understand each other very well because we have worked together in difficult times in the club.

Ayano: That's nice. But you can make many friends if you play other sports in different clubs. Also, we can meet new people and improve our communication skills too.

Emma: (G) I understand that. But I also met my best friends because I continued to play volleyball. I don't know which is better. Both ways of thinking about sports have good points.

(16) Which one is correct? Choose the best answer from below.

1. Canadian students usually like to do sports in only one season.
2. Canadian students think it is better to play sports at private clubs.
3. Canadian students can join some clubs not only at school but outside school.
4. Canadian students do not want to try many sports.

(17) Choose the best answer for (A).

1. According to
2. By the way
3. First of all
4. For example

(18) What does (B) mean? Choose the best answer from below.

1. I don't want to belong to the basketball club.
2. It's not a good idea to play other sports.
3. Playing volleyball is better than basketball.
4. It's great to enjoy many sports.

(19) In (C), choose the best sentence from below.

1. since I was six years old
2. when I was in the elementary school
3. after I was eight
4. for I am sixteen years old

(20) In (D), choose the best word from below.

1. so　　2. and
3. that　　4. when

(21) What does (E) mean? Choose the best answer from below.

1. Mika saw that people were moving their bodies a lot.
2. Playing softball is important and could be useful for life.
3. If you want to be good at one sport, you don't need to think about other sports.
4. It is good for people to do other sports.

(22) 下線部(F)が指す語を一つ選びなさい。

1. professional athletes
2. different sports
3. Japanese students
4. club activities

(23) What does (G) mean? Choose the best answer from below.

1. Mika and her friends have worked together in difficult times and they made a good friendship.
2. It is important to challenge many sports to make new friends.
3. For our better communication skills, focusing on one sport is a best way to do.
4. You can make new friends and improve communication skills by joining different clubs.

(24) 話の内容として述べられていないものを選びなさい。

1. We should focus on one sport for years to be a better player.
2. Playing more sports can be helpful to improve our communication skills.
3. There are no easy ways when you want to become a professional athlete.
4. When you spend lots of time together with friends, your friendship may be stronger.

(25) 以下の文は4人での会話を終えた後にエマが残した感想である。本文での流れに合うようにア，イ，ウの文を空所①，②，③に入れるとき，適切な順番を選びなさい。

Which is better, playing one sport or playing different sports? Today we talked about it. (①) (②) I also heard that we can meet our best friends by playing only one sport. (③)

ア. I think both ideas I heard today are true, so it is difficult to decide which is better.
イ. But my idea started to change when I heard that we can learn new things from other sports.
ウ. I believed that I should play only one sport to be a better player.

1. ア→イ→ウ
2. イ→ウ→ア
3. ウ→ア→イ
4. ウ→イ→ア

4 次の対話文の（　　）内に入るものとして最も適切なものを選び，番号で答えなさい。

(26) A： Nice to meet you, Hiromi. So, (　　　　　)

B： I'm a high school student. How about you?

A： I'm a junior high school student now.

1. how are you doing?
2. how do you do?
3. what do you do?
4. what are you doing now?

(27) A： This coffee is too strong for me.

B： Why don't you put milk in your coffee?

A： Okay. (　　　　　)

B： Here you go.

1. Would you like milk?
2. Could you pass me the milk?
3. I will go there.
4. You can try it.

(28) A： Good morning. May I help you?

B： (　　　　　)

A： All right. Take your time.

1. Sorry, this kind of watch is sold out.
2. Do you know what time it is?
3. I'm just looking. Thanks.
4. These watches are so expensive.

(29) A： Hello, this is Mayumi. Can I speak to Mr. Nakamura?

B： (　　　　　) Would you like to leave a message?

A： No, thank you. Tomorrow I'll call him again.

1. Just a minute.
2. Maybe you have the wrong number.
3. He's just come back.
4. Sorry, he has already gone home.

(30) A： Would you like to have dinner with me tonight?

B： Thanks. But tomorrow will be much better for me.

A： (　　　　　　)

1. Then, we'll meet at seven o'clock tonight.
2. Sorry, I will be busy tonight.
3. Sure. Then, why don't we go the day after tomorrow?
4. Okay. What time will we meet?

(31) A： You look pale. (　　　　　　)

B： I've caught a bad cold.

A： That's too bad.

1. What's wrong?
2. What are you doing?
3. What's the matter with her?
4. How do you do?

(32) A： Excuse me. Do you know where the National Museum is?

B： Oh, yes. It's not so far from here.

A： How long does it take from here?

B： (　　　　　　)

1. About five hundred meters.
2. It's open at nine in the morning.
3. I go there once a week.
4. About five minutes on foot.

5 (33)～(35)指定された日本語の文章に合うように，各語群から語(句)を並べ替えて英文を完成させ，全文を解答用紙に記入しなさい。ただし，文頭に来るべき語も小文字から始まっている。また，使用しない語(句)も含まれている。

(33) そのテレビ番組は面白かったので私はそれをもう一度見ました。

(watched / to / it / so / was / interesting / that / too / the TV program / I / again).

(34) 私には絵を描くことが得意な友達がいます。

(have / drawing / which / a friend / is / who / good / I / at / writing).

(35) 換気のため，窓を開けておいてください。

(please / keep / to / the windows / opening / open) for air circulation.

(36)，(37)次の対話を読み，それぞれの対話が意味の通ったものになるように英文を作成し，解答用紙に記入しなさい。ただし，各問題の語数の指示に従うこと。

(36)

A: I am going to see the movie, *Courage in the Sky*.

B: (　　6語以内で考えること　　)?

A: It's a true story about a pilot who saved many lives. I think you heard the news before.

(37)

A: Did you have lunch?

B: Yes.

A: (　　5語以内で考えること　　)?

B: My brother did. He likes cooking. He sometimes cooks for us.

6 次の英文の空所に入る最も適切な語(句)を下記の選択肢の中から選びなさい。

Saving energy

Cars

On the Santa Monica Freeway, in Los Angeles, thousands of people are trying to get to work, but they are not going anywhere. A driver in Los Angeles spends about 70 hours a year in traffic that is not moving. (38) long lines of cars wait, their engines are producing dangerous gases. Drivers look at their watches with anger. Sometimes you cannot see the sun in Los Angeles (39) of all the pollution in the air! It is the same every morning in many other cities.

What about other ways to travel? Walking and cycling to work or school are great ways to save energy and stay healthy as well. You can still save energy if you take a train or bus, not driving. In a lot of cities, people are joining car-sharing groups; each person in the group drives their friends to work one day a week. Everyone (40) oil and money, and there are fewer cars on the road.

Food

All the time, millions of tones of food are moving around the world, and this uses much energy. Of course, you cannot grow tea in Iceland or rice in Qatar, so we have to buy food from other countries. It is great to eat Italian spaghetti or (41) a hot cup of Kenyan coffee, but it is also good to think, "where do some of the food on our table come from?" If we want to save energy, we can try to buy more things (42) were produced in our country. In Japanese supermarkets, for example, you can buy mangoes from Miyazaki.

(注) Santa Monica サンタモニカ(米国カリフォルニア州南西部にある先端産業都市)
freeway 高速道路
pollution 汚染
Qatar カタール(アラビア半島東部にある首長国)
Kenyan ケニアの

(38)	1. How	2. But	3. While	4. What
(39)	1. because	2. so	3. and	4. if
(40)	1. save	2. saves	3. are saved	4. were saved
(41)	1. enjoy	2. enjoyed	3. was enjoyed	4. have enjoyed
(42)	1. whose	2. who	3. where	4. that

【数　学】（50分）〈満点：100点〉

（注意）(1)　定規，コンパスは使用してもよいが，計算機，分度器は使用してはいけません。

(2)　$\boxed{\text{①}}$，$\boxed{\text{②}}$，$\boxed{\text{③}}$，……には，数字または符号を入れなさい。ただし，答えが分数になる場合は，既約分数で答えなさい。

1

次の $\boxed{}$ に数字または符号を入れなさい。

(1)　$\left\{1-\frac{3}{10}\div\left(-\frac{6}{5}\right)\right\}\times(-2)^3=\boxed{\text{①}}\boxed{\text{②}}\boxed{\text{③}}$

(2)　$a=-3$，$b=-8$ のとき，$(a^4b)^3\div(-3a^5b^3)^2\times(-6ab^2)=\dfrac{\boxed{\text{④}}\boxed{\text{⑤}}}{\boxed{\text{⑥}}}$

(3)　$(\sqrt{3}+\sqrt{6})^2-\dfrac{6-\sqrt{18}}{\sqrt{72}}=\dfrac{\boxed{\text{⑦}}\boxed{\text{⑧}}+\boxed{\text{⑨}}\boxed{\text{⑩}}\sqrt{2}}{2}$

(4)　連立方程式 $\begin{cases}0.6x+y=-2.2\\ \dfrac{x-1}{2}-\dfrac{2y-1}{3}=1\end{cases}$ の解は $x=\dfrac{\boxed{\text{⑪}}\boxed{\text{⑫}}}{\boxed{\text{⑬}}}$，$y=\boxed{\text{⑭}}\boxed{\text{⑮}}$ である。

(5)　2次方程式 $4x^2-10x+1=0$ の解は $x=\dfrac{\boxed{\text{⑯}}\pm\sqrt{\boxed{\text{⑰}}\boxed{\text{⑱}}}}{\boxed{\text{⑲}}}$ である。

(6)　次の ⓪ ～ ⑤ の数を小さい方から順に並べたとき，2番目は $\boxed{\text{⑳}}$ であり，4番目は $\boxed{\text{㉑}}$ である。

⓪　$(-\sqrt{2})^3$　　②　$\frac{5}{3}$　　③　$\sqrt{3}$　　④　$2-\frac{5}{\sqrt{2}}$　　⑤　2

(7)　赤玉4個，白玉2個，黒玉1個が入った袋から同時に2個の玉を取り出すとき，玉の色が同じになる確率は $\dfrac{\boxed{\text{㉒}}}{\boxed{\text{㉓}}}$ である。

(8)　次の表はある工場で製造される品物から200個を無作為に抽出し，品質検査を8回行ったときの不良品の個数をまとめたものである。この工場で1日に7000個の品物を製造するとき，不良品はおよそ ㉔㉕㉖ 個あると推測される。

検査	1	2	3	4	5	6	7	8
不良品の個数	5	2	4	5	3	4	3	6

(9)　図でPA，PBを円Oの接線とするとき，
$\angle x$ の大きさは ㉗㉘ ° である。

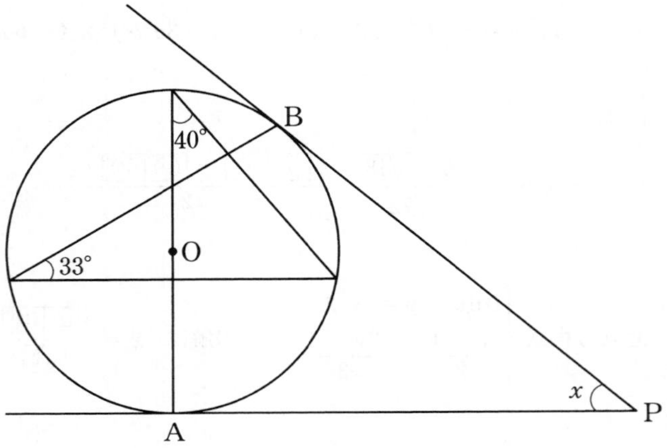

(10)　図のように平行四辺形ABCDの∠Bの二等分線が対角線AC，辺AD，辺CDの延長とそれぞれE，F，Gで交わっている。

AB = 6 cm，DG = 2 cm，FG = 3 cm であるとき，

EF = $\dfrac{㉙㉚}{㉛}$ cm である。

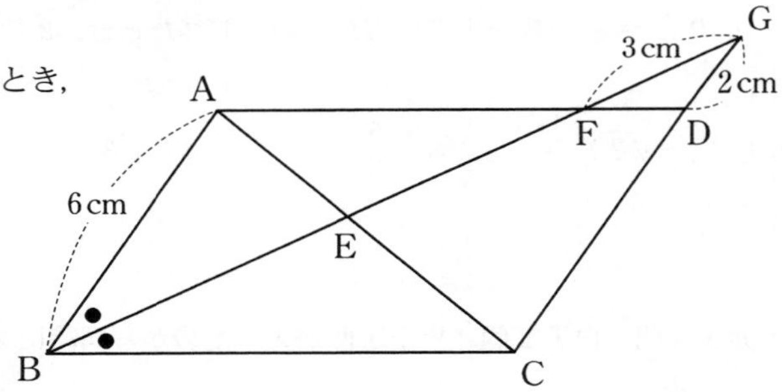

2　図の放物線①は，関数 $y = ax^2$ のグラフで，x が 1 から 5 まで増加するときの変化の割合が $\dfrac{9}{2}$ であった。また，直線②は傾きが $-\dfrac{3}{2}$ で，点 (6，-3) を通る。放物線①と直線②の交点を A，B とし，直線②と x 軸との交点を C とするとき，次の問に答えなさい。

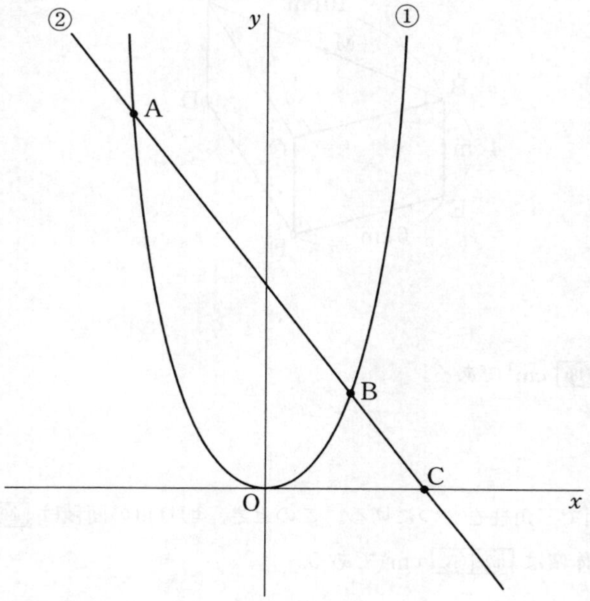

(1)　放物線①の式は $y = \dfrac{\boxed{32}}{\boxed{33}}x^2$ である。

(2)　交点 A の座標は $\left(\boxed{34}\boxed{35},\ \boxed{36}\boxed{37}\right)$ である。

(3)　△OBA と△OCB の面積比は $\boxed{38}$: $\boxed{39}$ である。
ただし最も簡単な整数比で答えなさい。

(4)　△OCA を直線 AC を軸として 1 回転させてできる立体の体積は，$\dfrac{\boxed{40}\boxed{41}\boxed{42}\sqrt{\boxed{43}\boxed{44}}}{\boxed{45}\boxed{46}}\pi$ である。

3 　図のような，底面が直角三角形の三角柱 ABC－DEF がある。辺 AB，AC の中点をそれぞれ M，N とするとき，次の問に答えなさい。

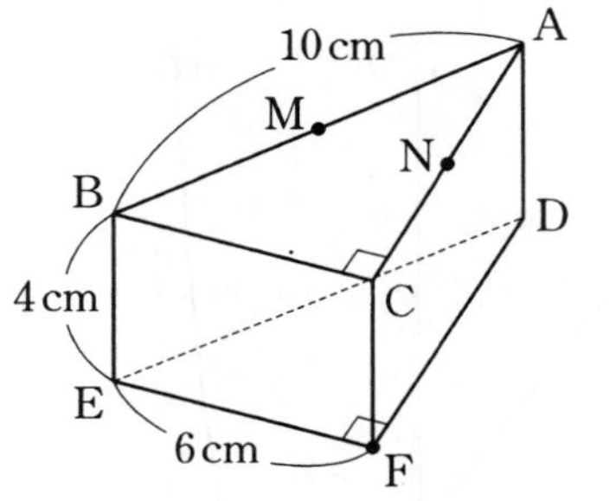

(1)　この三角柱の体積は ㊼㊽ cm^3 である。

(2)　3 点 M，N，F を通る平面で三角柱を 2 つに切る。このとき，切り口の面積は ㊾㊿$\sqrt{(51)}$ cm^2 であり，点 B を含む方の立体の体積は (52)(53) cm^3 である。

4 　図のように，頂点 A を共有する△ ABC と△ ADE がある。
△ ABC ∽△ ADE であるとき，△ ABD ∽△ ACE を証明しなさい。

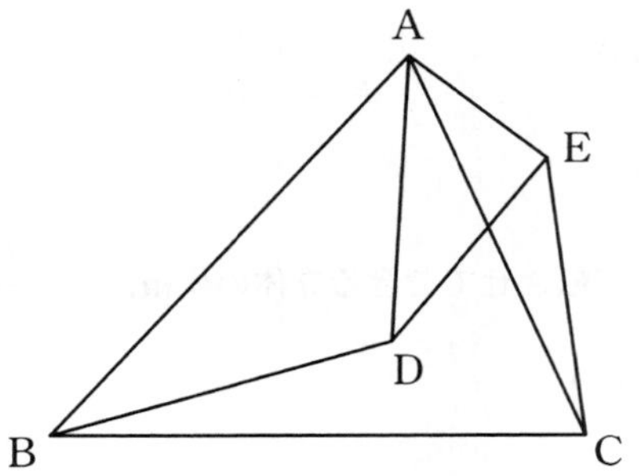

問七　――線⑤と村上天皇が考えた理由として最も適切なものを選びなさい。

ア、宣耀殿の女御は『古今和歌集』の暗誦が得意だと聞き、時間が過ぎるのも忘れて和歌について論じたことで夜もふけてしまったから。

イ、『古今和歌集』の試験に勝ちたかったが、さらに残り十巻を読み進めても宣耀殿の女御に負け悔しい思いをすることは明らかだったから。

ウ、『古今和歌集』をすべて暗誦できたことにより、宣耀殿の女御の記憶力が人並み以上であることを宮中に知らしめることができたから。

エ、間違いを見つけるまで試験を続けようと『古今和歌集』を読み進めたが、十巻を過ぎてもなお宣耀殿の女御が間違えることはなかったから。

問八　――線⑥にあてはまらないものを二つ選びなさい。

ア、村上天皇が宣耀殿の女御に対する『古今和歌集』の試験を、二十巻通し最後までやり遂げた熱意。

イ、宣耀殿の女御が父親の教えを守り、『古今和歌集』の詞書・歌を完璧に暗記していたこと。

ウ、村上天皇と宣耀殿の女御の教養に感化され、仕える人々までもが和歌をよく理解していたこと。

エ、藤原師尹が娘である宣耀殿の女御のために、『古今和歌集』の試験成功を仏に祈願する一途な思い。

オ、村上天皇が風流な遊びの際には、必ず宣耀殿の女御を呼び寄せてそばに置かれたということ。

問一　――線①とは『古今和歌集』のことです。この歌集に収められている歌を一つ選びなさい。

ア、めぐり逢ひて見しやそれともわかぬまに雲がくれにし夜半の月かな　（紫式部）

イ、来ぬ人をまつほの浦の夕なぎに焼くや藻塩の身もこがれつつ　（藤原定家）

ウ、うらうらに照れる春日に雲雀《ひばり》あがり心悲しもひとりし思へば　（大伴家持）

エ、袖ひちてむすびし水のこほれるを春立つけふの風やとくらむ　（紀貫之）

問二　――線②と宣耀殿の女御が感じた理由として最も適切なものを選びなさい。

ア、いつもと違い、村上天皇が几帳を引いて宣耀殿の女御との間を隔てたから。

イ、いつもと違い、村上天皇が約束もなく宣耀殿の女御の部屋を訪ねてきたから。

ウ、いつもと違い、村上天皇が物忌みの日に宣耀殿の女御を部屋に呼び寄せたから。

エ、いつもと違い、村上天皇が『古今和歌集』について宣耀殿の女御に質問してきたから。

問三　――線③の「かう」が指す内容として最も適切なものを選びなさい。

ア、物忌みの日に気晴らしをすること

イ、『古今和歌集』について共に学ぶこと

ウ、『古今和歌集』の暗誦試験をすること

エ、持参した碁石で対戦すること

問四　[A]に入る語として正しいものを一つ選びなさい。

ア、ぞ　　イ、こそ　　ウ、や　　エ、なむ

問五　――線④とあるが、宣耀殿の女御の様子を説明したものとして最も適切なものを選びなさい。

ア、書・琴・『古今和歌集』を学び高い教養を持ちながらも、村上天皇を前にして恥じらう様子。

イ、『古今和歌集』に精通しながらも、そのまま知識をひけらかす答え方はしない奥ゆかしい様子。

ウ、突然部屋にやってきて、『古今和歌集』の歌を答えさせる村上天皇の強引なやり方に戸惑う様子。

エ、宮中での『古今和歌集』の試験に失敗することで、父大臣に迷惑をかけないかと不安に思う様子。

問六　文中の「すゑ」・「夾算《けふさむ》」・「つひに」を現代仮名遣いに直したとき正しい組み合わせのものを一つ選びなさい。

ア、「すえ」・「きょうさん」・「ついに」

イ、「すゑ」・「きょうさん」・「ついに」

ウ、「すい」・「けうさん」　・「つひに」

エ、「すえ」・「きょうさむ」・「ついに」

四　次の古文は『枕草子』の中で語られた「*宣耀殿《せんえうでん》の女御《にようご》」の逸話です。宣耀殿の女御は父親の教えを守り、書・琴を学ぶほか『古今和歌集』二十巻の内容すべてを暗誦することができました。そのことを聞きつけた村上天皇は、ある日、『古今和歌集』を携えて女御のもとを訪れます。後を読んで、問いに答えなさい。（*印の付いている言葉には、本文の後に〔注〕があります。）

*御物忌《ものい》みなりける日、①古今をもて渡らせ給ひて、*御几帳《みきちやう》を引き隔てさせ給ひければ、女御、②例ならずあやし、とおぼしけるに、御草子《『古今和歌集』の本》を広げさせ給ひて、「その月、何のをり、その人の詠《よ》みたる歌はいかに。」と問ひ聞こえさせ給ふを、③かうなりけり、と心得給ふもをかしきものの、ひが覚え《間違って覚えていたり》をもし、忘れたる所もあらばいみじかるべきこととわりなうおぼし乱れぬべし。そのかたにおぼめかしからぬ人《和歌の方面に精通している女房を》、二三人ばかり召し出でて、碁石《ごいし》して数おかせ給ふとて、強《し》ひ聞こえさせ給ひけむほどなど、いかにめでたうをかしかりけむ。御前にさぶらひけむ人さへ　A　うらやましけれ。せめて申させ給へば、④さかしう、やがてすゑ《下の句》まではあらねども、すべてつゆたがふことなかりけり。いかでなほ少しひがこと見つけてを止まむ、とねたきまでにおぼしめしけるに、十巻《とまき》にもなりぬ。⑤「さらに不用なりけり。」とて、御草子に夾算《けふさむ》《しおり》さして大殿《おほとの》《お休みに》ごもりぬるも《なったのも》またためでたしかし。いと久しうありて起きさせ給へるに、「なほこのこと勝ち負けなくて止ませ給はむ、いとわろかるべし。」とて、下《しも》十巻を、「明日にならば、こと《別の『古今和歌集』の本》をぞ見給ひあはする。」とて、「今日定めてむ。」と、大殿油《おほとなぶら》参りて、夜ふくるまでよませ給ひける。されど、つひに負け聞こえさせ給はずなりにけり。「*上渡らせ給ひて、かかること。」など、人々*殿に申し奉られたりければ、いみじうおぼし騒ぎて、*御誦経《みずきやう》などあまたせさせ給ひて、そなたに《宮中の方角に》向きてなむ念じ暮らし給ひける、⑥すきずきしうあはれなることなり。

〔注〕宣耀殿の女御……左大臣藤原師尹《もろただ》の娘、藤原芳子《ほうし》のこと。女御は中宮に次ぐ妃の位で村上天皇に大変寵愛《ちょうあい》された。

御物忌み……陰陽道《おんようどう》で天一神《なかがみ》・太白神《たいはくじん》が遊行する方角を犯すと災いを招くということから、その日が過ぎるまで家にこもって身を慎むこと。天皇に関することのため「御」を付けている。

御几帳……室内に立てて隔てとした道具。

上……村上天皇のこと。

殿……藤原師尹のこと。宣耀殿の女御（芳子）の父。

御誦経などあまたせさせ給ひて……試される娘（芳子）を案じて、方々の寺に読経を命じて無事成功を祈った。

問六　――線⑥と言った理由として最も適切なものを選びなさい。

ア、だれも予測できない世の中だからこそ、仕事に就けたことを感謝し、雇ってくれた会社に少しでも貢献したいから。

イ、だれも予測できない世の中だからこそ、ただひたすら目の前のことをやり続ければ、良い結果につながることもあると思っているから。

ウ、だれも予測できない世の中だからこそ、先のことを決めずに仕事をしていると、思い通りにならないことが起こっても傷つかずに済むから。

エ、だれも予測できない世の中だからこそ、地道に努力を積み重ねていくことで、やがて仕事に対する自信を得られると思っているから。

問七　――線⑦の説明として最も適切なものを選びなさい。

ア、「私」の失敗の後始末をしただけでなく、お客さんに新しいスカーフを購入させたこと。

イ、先輩として苦情の矢面に立っただけでなく、毅然《きぜん》とした態度でお客さんを説得したこと。

ウ、お客さんの苦情を手際よく処理しただけでなく、その人自身に寄り添う対応をしたこと。

エ、お客さんの苦情対応を行っただけでなく、接客業の素晴らしさを「私」に示したこと。

問八　――線⑧の心情として最も適切なものを選びなさい。

ア、ひたむきに続けて得た知識や経験をいかし、見事に問題を解決した沼内さんに感動している。

イ、パートのボスとして長年つとめても、初心を忘れず仕事に向き合う沼内さんに感動している。

ウ、えらそうにしているだけでなく、その態度を裏打ちする実力を持つ沼内さんに感動している。

エ、長年同じ制服を着続けたことで、エデンの制服を上手に着こなす沼内さんに感動している。

問九　本文の内容として最も適切なものを一つ選びなさい。

ア、以前の「私」は自信過剰で、常にお客さんやパートを見下していたが、沼内さんに助けてもらったことで心を入れ替えた。

イ、以前の「私」は正社員の立場を利用して、パートに仕事を押しつけていたが、沼内さんに親切にされたことで反省した。

ウ、以前の「私」は仕事に誇りを持てなかったが、お客さんや桐山くんと出会ったことで、仕事に誇りや自信を持てるようになった。

エ、以前の「私」は仕事に身が入らなかったが、沼内さんの仕事ぶりを見たことで、仕事に対する自分の未熟さや甘さに気づいた。

私はどこかで……どこかで、沼内さんを見下していたんじゃないか。自分が正社員であること、若いことに、変な優越感を持っていたんじゃないか。あのお客さんや、食堂のおばちゃんに対しても、つまらない自尊心が働いていたんじゃないか。

恥ずかしい。ほんとうに、顔を覆いたいぐらい恥ずかしかった。

私はうつむいたまま言った。

「いろいろと、勉強不足でした」

ううん、と沼内さんは首を振る。

「私だって最初はぜんぜん。続けているうちにわかることってあると思う。それだけよ」

勤続十二年、板についたコーラルピンク*。私は沼内さんを、心の底から⑧「すごい」と思った。

（青山美智子『お探し物は図書室まで』）

*沙耶……「私」の高校時代からの地元の友達。
*沼内さん……「私」と同じ婦人服売り場で働くベテランのパートさん。
*桐山くん……ZAZというメーカーの眼鏡売り場で働いている男性。「私」が唯一気軽に話せる人。
*コーラルピンク……エデンの制服の色。桃色珊瑚《さんご》のような色。

問一　――線①の説明として最も適切なものを選びなさい。

ア、上司に自分の失敗の責任を押しつけたうえに、お客さんから無能扱いを受けて怒りに震え泣いている様子。
イ、無茶な要求を突きつけてきたお客さんに対して、言い返すこともできない理不尽さに打ちひしがれている様子。
ウ、身に覚えのない要件でお客さんから叱責を受け、職場の人に頼ることもできず途方に暮れている無様な様子。
エ、故郷の仲間の期待を背負って東京に出てきたのに、お客さんからのクレームに対応できないみじめな様子。

問二　――線②の心情の説明として最も適切なものを選びなさい。

ア、一人では苦情処理もできない社員だと思われてしまったと感じ、逃げ出したくなっている。
イ、上司に反論すらできない社員だと思われてしまったと感じ、恥ずかしさを覚えている。
ウ、苦情の報告をすることもできない社員だと思われてしまったと感じ、自尊心が傷ついている。
エ、簡単なクレーム対応も満足にできない社員だと思われてしまったと感じ、焦りを覚えている。

問三　――線③の季節として最も適切なものを選びなさい。

ア、早春　イ、晩夏　ウ、初秋　エ、初冬

問四　――線④と言った理由として最も適切なものを選びなさい。

ア、好きでもない仕事を選んで気が滅入った経験により、生活のリズムを崩すことは絶対にすべきではないと思ったから。
イ、食事をとらずに仕事をして体調を崩した経験により、働く上で基本的な生活を送ることは大切であると気づいたから。
ウ、生活のリズムを崩しても働くことが格好良いことだと思っていたが、社会人としてあり得ない行為だと後悔したから。
エ、不規則な生活を長く続けたため体調を崩したことがあり、食事はとりたいときにとるべきだと大いに実感したから。

問五　――線⑤と同じ漢字が使われているものを一つ選びなさい。

ア、スンカを惜しんで学習する
イ、ゴウカ絢爛《けんらん》な舞台衣装を用意する
ウ、カト期には混乱が生じやすい
エ、カフクはあざなえる縄のごとし

「あ……それは」
お客さんが口ごもる。沼内さんは快活に続けた。
「でも、元に戻せる方法があります。洗面器にリンスをちょっと入れていただいてね、お湯で溶いて、セーターを浸していただいて。すぐに取り出して絞って伸ばして、平干しで完了です」
リズムの良い説明だった。
「このニットはたいへんな人気で、最後の一点だったんですよ。ちょっと独特なマゼンタで、なかなかこんな風合い出ませんもんね」
「マゼンタ？」
お客さんの顔が、ふとやわらかくなる。
「ええ、この色のことです」
赤紫のニットが急にファッショナブルに感じられた。マゼンタカラー。たしかにそういう言い方もある。
「デザインもシンプルでいろいろ合わせやすいですし。一枚持っていて絶対に損はないですもの。首元もスッキリしているし、この色なら春先までおしゃれに着られますよ」
「……リンスで、戻るのね？」
「ええ。それで戻ると思います。大切に長く着てくださいね」
完全に、沼内さんが流れをリードしていた。
クレーマー客をみるみるうちに納得させ、返品させない方向に持っていっている。
そして沼内さんはわずかに声のトーンを落とし、笑顔を保ちながらもシャープに言った。
「何かご要望がございましたら責任者からご連絡させますので、お客さまのお電話番号をお聞かせいただけますか」
ちょっとした圧をかけるのを忘れない。お客さんは少しひるんだ様子で、「いえ、別にいいわ」と言った。
見事だった。
やっぱり、絶対勝てない、かなわない。
そのあと沼内さんは気さくに会話を続け、お客さんは沼内さんにすっかり気を許した様子でなごやかに自分の話を始めた。
十年ぶりに会う友人との会食に着ていきたくて買ったこと、デパートは気後れするうえ、電車に乗って遠くまでは行きづらいこと、服選びに自信がなく、なにかひと工夫が欲しいということ。
沼内さんは私にレジへ行くようにと促したあと、お客さんにスカーフを勧め、結び方までレクチャーして購入に至らせた。それは遠目に見ても、お客さんや赤紫のセーターにとても似合っていた。
きっとあのお客さんは、約束の日、あのスカーフを結びながら鏡の中の自分にほほえむのだろう。久しぶりに会うお友達と、晴れやかな気持ちで食事をするのだろう。
⑦沼内さんは、すばらしい仕事をした。本当にそう思った。
エデンの婦人服販売員が「たいした仕事じゃない」なんて、とんでもない間違いだった。単に私が「たいした仕事をしていない」だけなのだ。
私はあのとき、早く休憩に行きたくて、心のこもらない接客をしていた。きっとそれはお客さんにも伝わっていたに違いない。
お客さんはレジでスカーフの入った袋を受け取り、「ありがとうねぇ」と笑って帰っていった。良い買い物をしたときの、喜びの笑顔だった。
沼内さんが礼をする隣で、私も頭を下げる。
お客さんが見えなくなったのを確認すると私は、今度は沼内さんに深く頭を下げた。助けられた、本当に。
「………ありがとうございます！」
沼内さんは、私にほほえみかける。
「ああいうときのお客さまってね、自分の話を聞いてもらえなかった、気持ちをわかってもらえなかったってことが悲しいのよ」
私は今まで、沼内さんの何を見てきたのだろう。えらそうにしているパートのボスとしか思っていなかったかもしれない。

俺、なんで働いてるんだっけって疑問がわいてさ」
　桐山くんは最後のかたまりを口に放り込んだ。
「食うために仕事してるのに、仕事してるせいで食えないなんて、そんなのおかしいと思ったんだ」
　アルミホイルをくしゃっと握り、桐山くんは「うまかった」とつぶやく。そしてこちらに顔を向けて明るく言った。
「今は人間らしい生活してるよ。ちゃんと食ってるし、寝てるし、戦略的な目でしか見られなかった雑誌や本を読むのも心から楽しんでる。毎日のことを立て直して、体調を整えてるところ」
「……雑誌作るのって、そんなに大変なんだね」
「いや、そんな会社ばっかりじゃないから！　たまたま俺がいたところはそうだったってだけで」
　桐山くんは手をぶんぶん振る。何かをかばうように。私が偏見を持たないようにしているのかもしれない。やっぱり彼は、雑誌の仕事が好きだったんだろう。⑤カコクな状況が、その気持ちをへこませてしまっただけで。
「それに、あの会社や、あそこでがんばってる人を否定する気はないんだ。ちゃんと自分をコントロールできればああいうやり方が合ってる人もいるのかもしれないし、仕事漬けになることに充実感を得る人もいるんだと思う。ただ俺は、違ったってこと」
　桐山くんはお茶をゆっくりと飲んだ。
　私は遠慮がちに訊ねる。
「眼鏡屋さんって、ぜんぜん違う職種じゃない。そこに不安はなかったの？」
「前、雑誌で眼鏡特集の記事を書いたことがあったんだけど。そのときにかなり綿密な取材したの。それで、眼鏡面白いなって思ったのが受けるきっかけだった。採用試験のとき、面接官がたまたまその雑誌を読んでくれてたらしくてさ、大盛り上がりだよ。インタビューした眼鏡デザイナーが知り合いだったみたいで」
　桐山くんは嬉しそうに続けた。
「そういうのって、狙ってどうこうできることじゃないじゃん。だから、まず俺に必要なのは、目の前のことにひたむきに取り組んでいくことなんだと思った。そうやってるうち、過去のがんばりが思いがけず、役に立ったり、いい縁ができたりね。正直、ZAZに転職して、これから先のことをはっきり決めてるわけじゃないよ。決めてもそのとおりにいく保証はないし。ただ」
　そこで一度区切ると、桐山くんは静かに言った。
「⑥何が起きるかわからない世の中で、今の自分にできることを今やってるんだ」
　私じゃなく、自分に話しかけるように。
　私が休憩から戻ると、上島さんの姿がなかった。
　スタッフ何人かに訊《き》いたら、急に品出しチェックしてくると言ってどこかへ行ってしまったらしい。逃げたな、と思ったけどどうすることもできない。
　午後二時を過ぎたころ、さっきのお客さんがやってきた。
「上の人、いらしてる？」
　私は身を固くする。返品を受けるわけにはいかないし、どう説得すればいいのだろう。でも対応するしかない。私が取り組むべき「目の前のこと」は、もっかこの件なのだ。
　すると、レジにいたはずの沼内さんがすっと横にきた。
「お客様。どうされましたか」
　お客さんは沼内さんを「上の人」だと認識したのだろう、矢継ぎ早に文句を並べたてた。断定的に一方的に、私が悪者だった。沼内さんは、お客さんの気が済むまで真剣な表情で「ええ」「はい」「そうでしたか」と相槌《あいづち》を打っている。お客さんがしゃべりたいだけしゃべると、沼内さんは穏やかに言った。
「まあ、洗濯機でお洗濯を。それは縮んでしまいますね、びっくりなさったでしょう」
　お客さんの顔色が変わった。沼内さんがニットの裏をめくり、タグの洗濯表示を見せたのだ。桶《おけ》に手を入れている図は、手洗いの意味を表すマーク。
「私もよくやってしまうんですよ、表示をちゃんと見ないで、洗濯機にガラガラかけちゃって」

風が入ってくる。私は逃げるみたいに外へ出た。
「あ」
「あ」
同時に声が出た。そこに*桐山《きりやま》くんがいたのだ。踊り場に座って、階段に足を下ろして。
「見つかった」
桐山くんはそう言って笑い、耳からワイヤレスイヤホンを外した。スマホで音楽でも聴いていたのだろう。片手に文庫本、座っている腰の近くには、ペットボトルのお茶と、アルミホイルに包まれた丸い玉がふたつあった。桐山くんは私を見上げながら言う。
「どうしたの。こんなとこ飛び出してきて」
「……桐山くんこそ」
「俺はわりとここ常連なの。ひとりでいたいときとか。今日は③小春日和のいい天気だし」
そう言いながら桐山くんはアルミホイルの玉を指さした。
「おにぎり、食う？　俺が作ったのでよければ」
「桐山くんが作ったの？」
「うん。さっき一個食っちゃったから、イチオシの鮭はないけど。焼きたらこと昆布、どっちがいい？」
不意に、空腹をおぼえた。さっきまでぜんぜん、食欲なかったのに。
「……焼きたらこ」
座れば、と桐山くんが言うので、私は隣に腰を下ろした。
おにぎりを受け取り、アルミホイルを剝く。ラップに包まれたおにぎりが顔を出して、私はさらにその透明の包みを開いた。
「お料理、するんだね」
私が言うと、桐山くんは「するようになった」と短く答えた。
おにぎりを一口、食べる。ごはんについている塩加減がいい感じだ。おいしい。ぷっちりした焼きたらこと、しっかりにぎられたごはんが絶妙な好相性だった。白に抱かれているようなコーラルピンク。私は黙ったまま、ばくばくと夢中で食べた。
「そんなにうまそうに食べてくれて、嬉しいなあ」
桐山くんが笑った。なんだか急に、元気が出てきた。こんなに即効性があるんだ。
「……おにぎり、すごい」
「だろ？　すごいよな！」
予想以上に反応のいいリアクションだったので、ちょっと驚いて桐山くんを見ると、彼は言った。
「④メシ、大事だよ。しっかり働いてしっかり食う」
なんだかすごく、想いのこもった声だった。私は訊《たず》ねる。
「桐山くん、なんで出版社辞めちゃったの」
桐山くんはおにぎりのアルミホイルを剝き始めた。
「出版社じゃなくて、編集プロダクションにいたんだ。スタッフ十人くらいの」
そうか、雑誌を作るって出版社だけじゃないんだ。
いろんな会社があるし、いろんな仕事がある。私は知らないことばっかりだ。桐山くんは続けた。
「雑誌だけじゃなくて、何でも屋っていうか。チラシとかパンフレットとかも。映像にまで手を出しかけててさ。社長が見切り発車でぽんぽん仕事受けてくるから、実際に作業するこっちはもうへとへと。徹夜あたりまえだし、会社の床に上着敷いて寝たりとか、風呂に三日入ってないとか」
桐山くんは笑いながら、ふと遠くに目をやる。
「でも、この業界ってそういうもんかなと思ってたし。それも含めて、雑誌の仕事してる俺ってすごいじゃん……って、勘違いしてた」
そこから桐山くんは、黙っておにぎりを三口食べた。私も黙る。
「…………メシ食う時間もぜんぜんなくて、体調ガタガタで、栄養ドリンクの空き瓶がそこらじゅうに転がってて。あるとき、それ見てたら急に、あれ、

三　**次の文章を読んで、後の問いに答えなさい。**

「私」は、短大を卒業し「エデン」という総合スーパーの婦人服売り場で正社員として働き始めた。特に夢も目標もなく、転職という言葉も頭をかすめる。

開店後、あくびを嚙《か》み殺しながら下の段の商品を整えていたら、頭の上に怒鳴り声が落ちてきた。

「いたいた！　ねえちょっと、あなた！」

きんきんと耳をつんざく高い声。しゃがんだまま顔をそちらに向けると、髪を振り乱した女性が仁王立ちで私を見下ろしている。

数日前、赤紫と茶色のどっちがいいか聞いてきたお客さんだ。

私はあわてて立ち上がった。お客さんは赤紫のニットを私につきつける。

「どういうことよ、こんな不良品、売りつけて」

体中の血が下がる。不良品？　何かあっただろうか。

「洗濯機にかけたら縮んじゃったじゃないのっ！　返品するから、お金返してちょうだい」

いったん下がった血が、上がってくる気がした。答える声がつい強くなる。

「お洗濯された商品は返品できかねます」

「あなたがこっちがいいって言ったから買ったのよ！　責任取りなさいよ」

そんなの言いがかりだ。今まで、多少のクレームを受けたことはあったけど、こんなムチャクチャな人は初めてだった。

なんとか平静を取り戻そうと、私は考えをめぐらす。研修でも習ったはずだ。こういうとき、どうすればいいのか。しかし戸惑いを超えた怒りで頭がまっしろになって、対応策が思い浮かばなかった。

「そうやって粗悪品《そあくひん》を売りつけて、私のことバカにしてるんでしょっ」

「そんなことありません！」

「あなたじゃ話にならないわ。上の人を呼んで」

頭の奥でカチンと音がする。バカにしてるのはそっちじゃないの。

私だって「上の人」になんとかしてもらえるならそうしたい。でも間の悪いことに、部門チーフの上島《うえしま》さんは今日は遅番だ。

「本日は午後出社となっております」

「あっそう。じゃあ、午後にまた来るわ」

お客さんは私のネームホルダーに目を走らせ、「藤木《ふじき》さんねっ！」と言い捨てて去った。

地元仲間の期待の星、バリバリのキャリアウーマンである私は、不条理なクレーマーに無能扱いされ罵倒《ばとう》され、怒りに震えて泣いている。

こんな姿、*沙耶《さや》には絶対に見せたくない。

がんばって勉強して、田舎を脱出して東京に出たって、①このざまだ。

十二時に上島さんが来たので報告をすると、眉間にしわを寄せて彼は言った。

「そういうのさあ、うまく処理してよぉ」

期待はしていなかったけど、あんまりな言い草だった。お客さんに対するのとは別の怒りが湧いてくる。

そこに通りかかった*沼内《ぬまうち》さんがちらりと私たちを見た。イヤだ、こういうことを沼内さんに知られたくなかった。②できない社員だと思われるのはいたたまれない。

くすぶった気分のまま、休憩時間になった。

今朝は遅刻しそうだったからコンビニに寄れなかった。バッグの中にスナック菓子の袋があるからそれでいいやと思っていたけど、そういえばおととい、家で食べてしまったんだった。お昼ご飯、どうしようか。制服を着たまま食品売り場に行くことは禁止されているし、外をうろうろもできない。窮屈だ。パンプスの中の指ぐらいに。

でも、気が重いせいかおなかはぜんぜんすいていないし、わざわざ着替えるのも社員食堂に行くのも気が進まない。ふと、非常階段に続く扉が目についた。そういえばここって、開けられるのかな。

扉に手をかけたら、ぎいっと開いた。非常階段なんだから当然といえば当然だった。

(2)

12

時に「自由」であると確信するから。

問五　この文章は次の一文が抜けている。文章中のどこに入るか。【ア】～【エ】から選びなさい。

人間にとって最上の価値は、まさに「自由」なのである。

問六　――線⑥の理由として最も適切なものを選びなさい。

ア、わたしたちは他者の「自由」の実現の影響により、つねに制限がかかるので、個人の「自由」の実現を最上のものにするのは不可能だから。

イ、社会は人間的欲望を達成したい人であふれているので、個人の「自由」を実現したいときは、他者との戦いに勝たなければならないから。

ウ、わたしたちは他者の制限を受けなければならない中で生きているので、個人の「自由」を実現するには、権力者の協力が不可欠であるから。

エ、社会を構成するのは自分一人ではないので、個人の「自由」を実現したくても、他者が存在する限り思うとおりにはいかないから。

問七　――線⑦・⑨の漢字と同じ漢字が使われているものをそれぞれ選びなさい。

⑦

ア、カンボウと風邪は同じである　　イ、ハンボウ期を避けて旅行する

ウ、ボウシ専門店に行く　　エ、シボウが成長して果実となる

⑨

ア、タンレンを積んだ人　　イ、レンカ販売の商品

ウ、息の合ったレンケイプレー　　エ、ジュクレンした技能

問八　――線⑧の説明として最も適切なものを選びなさい。

ア、「自由」と言いながら人生の成功も失敗も自分の責任とされること

イ、「自由」な社会なのに経済的不平等への不満が高まってしまうこと

ウ、民主主義が危機的状況に陥り「自由」な生き方が実現できないこと

エ、自分がすべての責任を負うのが嫌で「自由」を放棄していること

問九　――線⑩のためにどのようなことが必要であるか。最も適切なものを選びなさい。

ア、人びとが学問によって高い知性を身につけ、学者とともに「一般意志」を見つけていくことで、「自由な社会」を作るための共通アイデアを提供し合うこと。

イ、人びとがそれぞれの意志を持ち寄って学者に提供し、学者は提供された意志を強靭なアイデアに練り上げ、新しい「自由の相互社会」の理念を作り上げること。

ウ、学者がみんなの利益のための「一般意志」を練り上げるのに必要なアイデアを提供し、人びとは対話や議論を重ね、アイデアを変化に耐え抜くものにしていくこと。

エ、学者がみんなの利益となるような「一般意志」を鍛え上げるための学問を推奨することで、わたしたちが今の「自由」に疑念を抱き、全く新しい理念を見つけていくこと。

ものである。

その際、学問はきわめて重要な役割を果たすことができる。市民としての学者たちは、「自由な社会」を、このような仕方でもっと先へ進めようではないかと、〝みんなの利益〟になるアイデアをつねにテーブルの上に置き続けることができるし、またその必要がある。そしてそれを、人びとの吟味へとさらし、対話や議論を重ねながら、いっそう強靭《きょうじん》なアイデアへと鍛え上げていく必要があるのだ。

（苫野一徳「自由な社会」を先に進める『「自由」の危機―息苦しさの正体』集英社新書）

＊テーゼ……命題。哲学で、あるものを「AはBである」というように定めたもの。

問一 ――線①・④の本文中での意味をそれぞれ選びなさい。

①喝破
ア、議論をして相手を言い負かすこと
イ、真実を見抜ききっぱりと言い切ること
ウ、困難な壁をつきやぶること
エ、自らの目的を最後までやり抜くこと

④秀逸な
ア、他を圧倒するほど奇抜な
イ、他に劣ることなく匹敵した
ウ、他と比べてきわめて斬新な
エ、他より抜きん出てすぐれた

問二 ――線②について、ヘーゲルは戦争が起こる一番の原因を何であると主張したか。最も適切なものを選びなさい。

ア、「飢えや渇き」の苦しみから解放されたいという欲望
イ、自分たちの奪われた「自尊心」を取り返そうとする欲望
ウ、「生きたいように生きたい」という「自由」への欲望
エ、「自由をめぐる戦争」に勝って支配者になるという欲望

問三 ――線③の説明として最も適切なものを選びなさい。

ア、わたしたちは、複数の欲望を思うように満たせないことですでに不自由なのに、欲望どうしがせめぎ合うため、行動や考え方に制限がかかるということ。
イ、わたしたちは、複数の欲望をすべて保持し思いどおりにしたいため、似たような欲望どうしがぶつからないよう、物事の捉え方に制限をかけているということ。
ウ、わたしたちは、日常的に複数の欲望の取捨選択に迫られるだけでなく、本能に従った行動まで制限をかけなければ、欲望がかなえられないということ。
エ、わたしたちは、複数の欲望による板挟み状態の苦しみを味わうことに加え、人生の大事な行動選択まで、制限をかけなければならないということ。

問四 ――線⑤の理由として次の空欄にあてはまる内容を、指定の字数に従って答えなさい。

わたしたちの (1)五字程度 は人それぞれで異なるので、その人が (2)二十字程度 時に「自由」であると確信するから。

（次は問四の下書き欄です。解答は必ず解答用紙に書くこと。）

(1) わたしたちの □□□□□□ は人それぞれで異なるので、その人が

ほかに道はないことを見出したのだ。

以上から、わたしは改めて、「自由」は人間にとっての最上の価値であり、この価値を守るためには、「自由の相互承認」の原理に基づく「自由な社会」をめざし続けるほかに道はないことを主張したい。逆に言えば、もしも人間における「自由」の価値を軽んじることができるとするなら、それを試みる者は、以上の理路を根本からひっくり返すことができるのでなければならない。つまり、人間は「生きたいように生きたい」などとは欲していないということと、したがって、「自由の相互承認」の社会など必要ないことを。

念のため言っておくと、もし「だれかに支配されて生きたい」と思う人がいたとしても、それは人間的欲望の本質が「自由」であることの反証にはならない。なぜならその人は、そのような仕方で「生きたいように生きたい」と欲しているからだ。一見不自由な〝状態〟においてこそ、「自由」の〝感度〟を得られるものと考えているからだ。

しかしそのような支配――被支配社会が、本当にわたしたちが「自由」の感度を獲得しうる社会であるのかどうか、わたしたちは歴史をよく振り返って考える必要があるだろう。

それは支配者にとっても同様である。ルソーは『社会契約論』で、一見絶対的な支配者に見える王も、(裏切りの不安や権力簒奪《さんだつ》の恐れなど)じつは全くもって「自由」ではないことを強調した。ヘーゲルも、主人と奴隷の関係を描く中で、主人もまた、じつは奴隷の「承認」がなければ主人たり得ないことを克明に描き出している。

わたしたちが「自由」に生きられるためには、その相互承認の社会を築くほかに、やはり道はないはずなのだ。

さて、しかし⑦ボウトウで論じたように、今日、わたしたちの多くは「自由であることの苦しみ」に苛《さいな》まれている。

「自由競争」の社会においては、人生における成功も失敗も、その人の「自由」な生き方の結果、つまり自己責任とされてしまいがちである。それゆえに、いま、人びとの間には「自由」の価値への疑念がいくらか渦巻いているようにも見える。

しかし、本来批判されるべきは、「自由」の価値それ自体ではなく、⑧人びとの「自由」を奪うこの苛烈《かれつ》な自由競争社会のあり方であるはずなのだ。

民主主義の危機が叫ばれて久しいが、特に経済的不平等に対する不満がピークに達した時、人びとは、不満の矛先を見つけようと排外主義に陥ったり、それらの問題を一挙に解決してくれる、アーレントの言葉を借りれば〝強い男〟を求めてしまったりする傾向がある。「自由であることの苦しみ」の中で生きるくらいであれば、何もかもだれかに決めてもらいたい。支配してもらいたい。むしろ支配社会の方が楽なのではないか。わたしたちは時に、そう思ってしまうことがある。二一世紀の「自由からの逃走」(エーリッヒ・フロム)が、今日、そこかしこから噴き出そうとしているように見える。

しかし、政治的自由も生き方の自由も、言論の自由も学問の自由も、職業選択の自由も幸福を追求する自由もない、そんな絶対支配の社会に戻ることを、本当に欲する人などはたしているだろうか。

問題は、「自由な社会」の理念の中にあるのではない。この「自由な社会」の中で、多くの人が、いまなお、失敗したら二度と復活できないとか、貧困の⑨レンサなどのためにそもそも「自由」に生きるためのスタートラインに立てないとかいった理由で、いまだ十分「自由」に生きられていないことにあるのだ。つまりわたしたちがめざすべきは、「自由」への疑念を抱いたり、あるいはこれに代わる理念を見出そうとあがいたりすることではなく、⑩ルソーやヘーゲルらが構想した「自由の相互承認」の社会を先に進めることのほかにないのだ。

そうした「自由な社会」を作り出すには、各人がその意志を言論によって表明し続けるほかにない。またそのための学知を、互いに練り上げていくほかにない。

先述したように、「一般意志」とは「みんなの意志を持ち寄って見出された、みんなの利益になる合意」である。この「一般意志」は、どこかにあらかじめ転がっているようなものではなく、多種多様な関心を持った人びとが、互いに対話を重ねることで見出し合っていく、あるいは作り出し合っていくべきと「我なしうる」との一致の感度が訪れる時、あるいはその可能性の感度が訪れる時に確信するものであると言ってもいいだろう。

さて、ここで注意が必要なのは、いまいみじくも「感度」という言葉を使ったように、⑤「自由」の本質は「感度」（感じることとその度合い）であって「状態」ではないということだ。わたしたちは、どのような「状態」が自由な「状態」であるかを一意的に決定することはできない。何をもって自由な状態とするかは、結局のところ人それぞれであるからだ。

裕福になったことで自由になったと思う人もいれば、裕福になったからこそ不自由になったと思う人もいるだろう。「職業選択の自由」があるから自由になれたと思う人もいれば、そのために、先述したように、どう生きればよいか分からないといった不自由を感じる人もいる。【ア】

つまりわたしたちは、何らかのあらかじめ決められた「自由な状態」に置かれた時ではなく、「ああ、いま自分は自由だ」という感度を得られている時にそれを「自由」であると確信するのだ。そしてその態度の本質こそ、「諸規定性における選択・決定可能性の感度」、換言すれば、「我欲する」と「我なしうる」の一致、あるいは一致の可能性の感度なのである。

以上を要するに、わたしたちはこう言ってしまってよいだろう。

人間的欲望はさまざまにある。愛されたい欲、自己実現欲、権力欲、幸福欲……。欲望の〝形態〟は、このように無数にある。しかしわたしたちは、これら諸形態すべてを貫く欲望の本質を、「自由」への欲望と言ってよいのだと。

これらさまざまな形態を取る諸欲望の規定性を乗り越えることで、わたしたちは絶えず「自由」の感度を欲しているのだと。

以上が、人間的欲望の本質は「自由」であるということの意味である。

だれもが「自由」を欲する。【イ】

さて、ではこの最上の価値である「自由」を、わたしたちはどうすれば現実のものとすることができるだろうか。【ウ】

ヘーゲルは言う。「生きたいように生きたい」という「自由」への欲望を抱えたわたしたちの前には、絶えず「他者」が立ちはだかっている。この「他者」は、わたしたちの「自由」を妨げる一つの決定的な「規定性」である。それゆえわたしたちは、⑥自らの「自由」を実現するために、この他者からの「承認」を何らかの形で求めるほかないのだと。

歴史的に見れば、それはまず「承認のための生死を賭《と》した戦い」の形を取るとヘーゲルは言う。

この戦いを通して、人類は主人と奴隷に分かれることになる。しかし先述した通り、たとえ命を失うことがあったとしても、これまで人類は、「自由」を奪われたならその「自由」を奪い返すために必ず戦ってきた。そしてそのために、人類は長らく戦争をなくすことができずにきたのだ。

ではわたしたちは、どうすれば「承認のための戦い」を終わらせ、自らの「自由」を十全に確保することができるだろうか？

その考え方は一つしかない。そうヘーゲルは言う。互いが互いに対等に「自由」な存在であることを認め合い、そのことを根本ルールとした社会を作ること。すなわち、「自由の相互承認」に基づく社会を築くことによって。【エ】

もしもわたしたちが、「自由」に、そして平和に生きたいと願うならば、その限りにおいて、わたしたちは「自由の相互承認」を根本ルールとした社会を作るほかに道はないのだ。

以上が、ヘーゲルや、その前世代の哲学者ジャン・ジャック・ルソーなどが、文字通り命がけで見出した「自由な社会」の根本原理である。

ちなみに、ルソーの唱えた「社会契約」とは、「自由」を求める人類が、社会の中にあってなお、「みんながみんなの中で自由になるための契約」のことである。その契約の内容は、ルソーによれば、この社会を「一般意志」、すなわち「みんなの意志を持ち寄って見出された、みんなの利益になる合意」にのみ基づいて作っていくこととなる。

これはヘーゲルの「自由の相互承認」の原理といささかも異なるものではない。近代ヨーロッパの哲学者たちは、長い戦争の歴史の果てに、わたしたちが「自由」で平和に生きられるためには、まずは互いを対等に「自由」な存在として承認し合い、その上で、互いの「自由」を調整しながら社会を作っていく

二　次の文章を読んで、後の問いに答えなさい。

人類の数万年におよぶ戦争の歴史は、つまるところ「自由」をめぐる戦いである。

そう言ったのは、一九世紀ドイツの哲学者G・W・F・ヘーゲルである。

飢えや渇き、恐怖、自尊心、信仰など、戦争が起こる理由はむろんさまざまにある。しかしその最も根本には、わたしたち人類の①「生きたいように生きたい」という「自由」への欲望がある。そうヘーゲルは喝破《かっぱ》した。

だからこそ、人類はこれまで、戦争に敗れて支配されたり奴隷にされたりしても、長い目で見れば必ず「自由」のために戦ってきたのだ。そのことで、たとえ命を失うことがあったとしても。そしてそれゆえにこそ、②人類はこれまで、何万年にもわたって戦争をなくすことができずにきたのだ。

この「自由をめぐる戦争」を、わたしたちはどうすれば終わらせることができるだろうか？

これは哲学における最も重要な問いの一つであったが、長い思想のリレーの末に見出されたその〝答え〟については、後で論じることにしたいと思う。

その前に、ここではまず、「自由」こそが人間にとっての最上の価値であるという、先に述べたテーゼ*について明らかにしておこう。

なぜ、わたしたちはそのように言い切ることができるのだろうか？

これについても、ヘーゲルのすぐれた洞察がある。

ヘーゲルは、人間精神の本質、言い換えれば人間的欲望の本質は「自由」であることを、きわめて鮮やかに描いてみせた。その論旨を、わたしなりに簡明に言い直すと次のようになる。

まず、わたしたちはさまざまな欲望を持ち、それを自覚している存在である。

動物も、むろん欲望（本能）を持ってはいるだろうが、それを十分自覚しているようには見えない。彼らはおそらく、かなりの程度、その欲望（本能）のままに生きているだけだ。

しかし人間は、複数の複雑な欲望を持ち、しかもそれを自覚している存在である。少なくとも、自らの欲望を自覚しうる存在である。

それはつまり、わたしたちはこの欲望それ自体によって、つねに規定され——制限され——それゆえたえず何らかの不自由を自覚しているということである。

愛されたい、裕福になりたい、名声を得たい、認められたい、幸せになりたい……こうした人間的欲望は、わたしたちに否応なく〝不自由〟感を味わわせる。愛されたい、でも愛されない。認められたい、でも認められない……。わたしたちは、自らが欲望（を自覚した）存在であるがゆえにこそ、つねにすでに不自由を感じずにはいられないのだ。

さらに言えば、これら複数の欲望は、しばしば互いに衝突する。人に好かれたい、でも自分を曲げたくはない。裕福になりたい、でも努力はしたくない……。③複数性を持つ人間的欲望は、まさにそれ自体が、わたしたちを規定する——制限する——決定的な規定性なのである。

したがってヘーゲルは言う。このように、わたしたちが欲望存在であるというそのことのゆえに、わたしたちは必ず「自由」を欲するのだと。これら諸欲望を、達成するにせよ、あるいはなだめるにせよ、わたしたちは何らかの形で「自由」になりたいと必ず欲しているのだと。わたしたちが欲望存在であるというそのこと自体が、人間的欲望の本質が「自由」であることを意味しているのだ。

では「自由」とはいったい何か？

これまでの考察から、「自由」の本質を次のように言うことができるであろう。すなわち、わたしたちを規定する——制限する——欲望を自覚しつつも、なおこの規定性（制限・限界）を何らかの仕方で克服し、そこから解放され、できるだけ納得して、さらにできるなら満足して、生きたいように生きられること、と。ヘーゲルの言葉を借りつつ概念化するなら、「諸規定性における選択・決定可能性の感度」。これが「自由」の本質なのだ。あるいは、二〇世紀の哲学者ハンナ・アーレントの④秀逸な言い方を借りて、「自由」は「我欲する」

二〇二二年度　日本大学豊山女子高等学校（一般）

【国語】（五〇分）〈満点：一〇〇点〉

一　次の各問いに答えなさい。

問一　次の漢字の読みで間違っているものを一つ選びなさい。

ア、事象（じしょう）　イ、体裁（たいさい）
ウ、円滑（えんかつ）　エ、妥当（だとう）

問二　次の――線のカタカナと同じ漢字が使われているものを一つ選びなさい。

快刀乱麻をタつ

ア、台風が日本列島をジュウダンする
イ、平安時代にソウケンされた寺院
ウ、リッシンシュッセを目指して努力する
エ、目の前のソウゼツな光景に言葉を失う

問三　次の四字熟語で漢字が正しく使われているものを一つ選びなさい。

ア、五里夢中　イ、郡雄割拠　ウ、傍目八目　エ、馬耳凍風

問四　次の対義語の組み合わせとして適切でないものを一つ選びなさい。

ア、自発―強制　イ、遺憾―残念
ウ、道理―無理　エ、整然―雑然

問五　次の□に入らないものを一つ選びなさい。

□の一声　□に豆鉄砲　□呑《の》みにする

ア、烏《からす》　イ、鳩《はと》　ウ、鵜《う》　エ、鶴《つる》

問六　次の□に入らないものを一つ選びなさい。

誤解を□　精彩を□　万全を□

ア、欠く　イ、解く　ウ、踏む　エ、期す

問七　次の――線と同じはたらきのものを一つ選びなさい。

姉は夏からカナダの大学へ留学する。

ア、この肉は大豆からつくられている。
イ、母から頼まれた用事を済ませる。
ウ、祖母は疲れから風邪をひいてしまった。
エ、兄は玄関ではなく勝手口から入ってきた。

問八　次の□に入る言葉として最も適切なものを選びなさい。

私は□を持って、患者に寄り添うことのできる看護師になりたい。

ア、デフォルメ　イ、ウィット
ウ、ポテンシャル　エ、ホスピタリティ

問九　次の和歌の中で二句切れのものを一つ選びなさい。

ア、春過ぎて夏来にけらし白妙の衣ほすてふ天の香具山　（持統天皇）
イ、ひさかたの光のどけき春の日にしづ心なく花の散るらむ　（紀友則）
ウ、わが庵は都のたつみしかぞ住む世をうぢ山と人はいふなり　（喜撰法師）
エ、奥山に紅葉踏みわけ鳴く鹿の声聞く時ぞ秋は悲しき　（猿丸太夫）

問十　次の月の異名で間違っているものを一つ選びなさい。

ア、一月（むつき）　イ、二月（きさらぎ）
ウ、十月（かんなづき）　エ、十一月（うづき）

英語解答

1 (1) 4 (2) 4 (3) 3 (4) 4
(5) 3 (6) 1

2 (7) 4 (8) 3 (9) 3 (10) 1
(11) 3 (12) 1 (13) 2 (14) 2
(15) 4

3 (16) 3 (17) 4 (18) 2 (19) 1
(20) 3 (21) 4 (22) 1 (23) 4
(24) 3 (25) 4

4 (26) 3 (27) 2 (28) 3 (29) 4
(30) 4 (31) 1 (32) 4

5 (33) The TV program was so interesting that〔interesting so〕 I watched it again.
(34) I have a friend who is good at drawing.
(35) Please keep the windows open.
(36) （例） What is the story about ?〔What is it like ?/Could〔Can/Would/Will〕 you tell me about it ?〕
(37) （例） Who cooked〔made/prepared/fixed〕 lunch for you ?〔Who made it ?〕

6 (38) 3 (39) 1 (40) 2 (41) 1
(42) 4

1〔**放送問題**〕放送文未公表

2〔**長文読解総合―説明文**〕

≪**全訳**≫コロナウイルスは世界を変え，東京オリンピック・パラリンピック大会を延期させる。❶2019年末に中国で最初の感染が確認されて以来，新型コロナウイルスは世界中に拡大し，今月は7千万人以上の人々が感染，もしくは発症している。ジョンズ・ホプキンス大学は世界中で非常に多くの人々が困難に直面していると報告している。❷パンデミックは人々の生活を変えた。ソーシャル・ディスタンスと人前でのマスクの着用は日常になった。多くの国が旅行を禁止しており，4月から9月までの海外から日本への訪問者は昨年の訪問者よりも大きく減少している。❸我々は多くの行事を中止するかもしくは延期するかを決定しなければならず，その中で多くの日本人にとって最も悲しかったのが東京オリンピック・パラリンピック大会だった。❹国際通貨基金(IMF)は，世界経済は減速し，世界のGDPは2020年には4.4％減少するという。❺日本では，政府は国民に「三密」――密閉，密集，密接を避けて生活するように呼びかけており，4月16日から5月14日にかけて全国に緊急事態を宣言し，マスク2枚と10万円を全ての家庭に支給した。また7月には，観光業の回復を援助するために「Go Toトラベル」キャンペーンを開始した。／「写真1」11月11日東京都新宿区，通行する人々はマスクを着用している／スペースXのクルードラゴンが打ち上げられた❻NASAとスペースXは5月30日にファルコン9ロケットの打ち上げに成功した。それにはクルードラゴン宇宙船が搭載され，2人の宇宙飛行士を国際宇宙ステーション(ISS)に運んだ。宇宙船は8月2日に無事フロリダに帰還した。それは民間企業によって製造された初の有人宇宙船であった。❼日本人宇宙飛行士の野口聡一(55歳)も11月16日にクルードラゴン宇宙船に乗ってISSに運ばれ，2021年4月まで滞在する予定だ。／「写真2」11月17日にISSにドッキング後のスペースXクルードラゴンの姿が見える。(NASA TVより)

(7)＜**語句解釈**＞文の前半に in the late 2019「2019年末」とある。

(8)＜**語句解釈**＞第2段落第2文にソーシャル・ディスタンスとマスク着用についての記述があり，第3文で旅行が制限されていることについての記述がある。

(9)＜**指示語**＞この the ones は繰り返しを避けるために前に出ている名詞(複数形)の代わりとして使う代名詞。than the ones we had last year で「昨年のそれらよりも」という意味。比較の対象として考えられる前出の内容は visitors to Japan from abroad between April and September。つまり，the ones は「(４月から９月の間に海外から日本を訪れた)訪問者」を指している。

(10)＜**語句解釈**＞「密閉」は「密閉された空間」ということなので，confined places と表す。crowded places は「混雑した場所」つまり「密集」，close contact は「近い接触」つまり「密接」を指す。

(11)＜**指示語**＞they は前出の複数形の名詞を指す。「２人の宇宙飛行士をISSに運んだ」の主語として適切なのは NASA and SpaceX。２．SpaceX と４．the Crew Dragon はいずれも単数。

(12)＜**指示語**＞下線部を含む文は「彼はそこに2021年４月まで滞在する予定だ」という意味。文の前半に，野口聡一が11月16日にクルードラゴンでISSに到着したとあるので，there「そこ」はISSを指しているとわかる。

(13)＜**写真を見て答える問題**＞説明より，Photo-1 は11月11日に東京都新宿区で撮影された，新型コロナウイルス感染症対策のためにマスクを着用して歩く人々の写真とわかる。新聞の日付は12月16日。したがって，２．「写真はこの新聞の約50日前に撮影された」が適切。１．「多くの人が病気になりたくないのでコートを着用している」，３．「マスクは風邪の予防に役に立つ」，４．「12月のある日，人々が楽しく歩いている」はいずれもこの写真の説明としては適切ではない。

(14)＜**内容真偽**＞１．「クルードラゴンは民間企業が建設した宇宙船である」…○　第６段落最終文参照。　２．「野口聡一はクルードラゴン宇宙船プロジェクトのキャプテンである」…×　このような記述はない。　３．「クルードラゴン宇宙船とISSは2020年11月17日にドッキングした」…○　Photo-2 の説明参照。　４．「宇宙空間でISSとクルードラゴン宇宙船を見ることができる」…○　Photo-2 参照。

(15)＜**要旨把握**＞日本または日本人のことについて直接ふれている段落は，日本への観光客についての記述がある第２段落，東京オリンピック・パラリンピック大会についての記述がある第３段落，日本政府のコロナウイルス対策についての記述がある第５段落，野口聡一についての記述がある第７段落。それ以外の第１，４，６段落には日本または日本人についての記述はない。

３〔**長文読解総合―対話文**〕

≪全訳≫❶ジョーンズ先生(Ｊ)：こんにちは，皆さん。今日は，スポーツと部活動について話し合います。日本では生徒は普通，１つのクラブに入っていて，学校では１つのスポーツをする生徒がいますね。でも，カナダでは普通，生徒は学校や，ときには校外の民営のクラブで季節ごとに違うスポーツをするのです。例えば私は，秋や冬にはバスケットボールをしたし，春と夏にはテニスをしました。スポーツを１つだけするのと，いろいろなスポーツをするのとではどちらがいいでしょうね？**❷アヤノ(Ａ)**：私は１つよりたくさんのスポーツをする方がよいと思います。私はバスケットボール部に入っていますが，他のスポーツにも興味があります。いろいろなスポーツを楽しむことができるのはすばらしいことだと思います。**❸エマ(Ｅ)**：私はあなたの意見には賛成しません。私は学校のバレーボール部に入っています。上手な選手になりたいなら，バレーボールだけを練習しなければならないのです。**❹ミカ(Ｍ)**：私もそう思います。私は６歳のときからずっとソフトボールをしてきました。それだけに集中してきたから，すごく上達したのだと思います。**❺Ａ**：でも，たくさんのいろいろなスポーツをすれば，本当に好きなスポーツを見つけることができます。**❻Ｍ**：私はソフトボールが一番好きなので，そうする必要はないと思います。**❼Ｊ**：あなたは本当にソフトボールが好きなんですね，ミカ。他に何か考えはありますか，アヤノ？**❽Ａ**：他のスポーツから学べることがあります。例えば，いろいろなスポーツをすれば，いろいろな体の動かし方を学べます。それらはソフトボールをするのに役立つと思いますよ，ミカ。**❾Ｍ**：なるほど。プロのスポーツ選手でも他のスポーツをする選手がいると聞いたことがあります。**❿Ｊ**：そのとおりです。そういうプロの選手もいますよ。さまざまなスポーツ活動から多くのことを学ぶのはすばらしい機会になるでしょうね。11E：いろいろなスポーツに挑戦するのはよい考えだと思い始めました。12M：ええと，聞いてください。1つのスポーツを長い間続ければ，チームの結束が強くなると思います。たくさんのよい友達もできると思います。私はソフトボール部で親友に出会いました。私たちはお互いのことをとてもよく理解しています，なぜなら，クラブで大変なときも一緒に活動してきたからです。13A：それはいいですね。でも，いろいろなクラブで他のスポーツをしたとしても，たくさんの友達をつくることはできます。それに，新しい人々と出会ってコミュニケーションスキルを上達させることもできます。14E：それはわかります。でも，私もバレーボールを続けたので親友に出会いました。私にはどちらがいいのかわかりません。スポーツについて両方の考え方によい点があります。

(16)＜内容真偽＞「どれが正しいか。以下から最も適切な答えを選べ」　1.「カナダの学生は普通，1シーズンだけスポーツをしたがる」…×　第1段落第4文参照。季節ごとに違うスポーツをするとある。　2.「カナダの学生は，民営のクラブでスポーツをする方がよいと考えている」…×　このような記述はない。　3.「カナダの学生は，学校だけでなく校外のクラブにも参加することができる」…○　第1段落第4文に一致する。　4.「カナダの学生はたくさんのスポーツに挑戦しようとは思わない」…×　第1段落第4文参照。

(17)＜適語句選択＞「(A)に最も当てはまる答えを選べ」―4.「例えば」　空所の前で，カナダの生徒はそれぞれの季節に異なるスポーツをするのが普通だと述べ，空所の後にその例としてジョーンズ先生は秋と冬はバスケットボール，春と夏にはテニスをしたと述べている。したがって，‘例示’のFor example が適する。

(18)＜英文解釈＞「(B)は何を意味しているか。以下から最も適切な答えを選べ」―2.「他のスポーツをするのはよい考えではない」　agree with ～ は「～に賛成する」。アヤノは直前で「いろいろなスポーツを楽しむことができるのはすばらしい」と言っている。エマは，その意見に賛成できないと言っている。

(19)＜適語句選択＞「(C)に入れるのに最も適切な文を以下から選べ」―1.「私が6歳のときから」　現在完了の文で「～から」を表すのは since ～ である。

(20)＜適語選択＞「(D)に入れるのに最も適切な語を以下から選べ」―3.　空所の後の you really like に目的語がないことから，空所に目的格の関係代名詞を入れて直前の the sport を説明する形にすればよいとわかる。the sport that you really like で「あなたが本当に好きなスポーツ」。

(21)＜英文解釈＞「(E)は何を意味しているか。以下から最も適切な答えを選べ」―4.「人々が他のスポーツをするのはよい考えだ」　I see. は「わかりました」と相手に同意する言い方。アヤノは直前に「他のスポーツから学べることがある」と言っている。ミカは，その意見に同意すると言っている。

(22)＜指示語＞下線部を含む文は，直前のミカの「プロの選手の中にはいろいろなスポーツをする人もいる」という発言を受けて「彼らの中にはそうする人もいる」という内容。したがって，them「彼ら」は1.「プロの選手」を指しているとわかる。

(23)＜英文解釈＞「(G)は何を意味しているか。以下から最も適切な答えを選べ」―4.「いろいろなクラブに参加することで，新しい友達ができるし，コミュニケーションスキルを上達させることができる」　(G)は「私はそれを理解しました」という意味。アヤノは直前で，いろいろなクラブで他のスポーツをすることの利点を2つ挙げており，エマはその意見を理解したと言っている。

(24)＜内容真偽＞1.「よりよい選手になるためには何年にもわたって1つのスポーツに集中すべきである」…○　第4段落参照。　2.「もっとたくさんのスポーツをすることは，コミュニケーションスキルを上達させるのに役に立つ」…○　第13段落参照。　3．「プロのスポーツ選手になるには，簡単な方法はない」…×　このような記述はない。　4．「友達と過ごす時間が長ければ，友情はより強固なものになる」…○　第12段落参照。

(25)＜文整序＞≪全訳≫１つのスポーツをするのといろいろなスポーツをするのとではどちらがよりよいだろうか。／今日，私たちはそのことについて話し合った。／→ウ．私は，よりよい選手になるには１つのスポーツをするべきだと信じていた。／→イ．しかし，他のスポーツから新しいことを学ぶことができると聞いてから，私の考えは変わり始めた。ただ１つのスポーツをすることで親友に出会えるとも聞いた。／→ア．私は，今日聞いた意見はどちらも本当だと思うので，どちらがよりよいかを選ぶことは難しい。〃まず①には，討論をする前のエマの考えであるウが入る。それに続いて，「しかし」の後に自分の考えが変わり始めたことを説明するイが入る。最後の③には，結論としてどちらかを選ぶことの難しさを述べるアが当てはまる。

4〔対話文完成―適文選択〕

(26)A：はじめまして，ヒロミ。ところで，あなたはふだんは何をしていますか？／B：私は高校生です。あなたはどうですか？／A：私は現在，中学生です。〃職業など，ふだん何をしているかを尋ねる疑問文のwhat do you do？が適切。なお，４．what are you doing now？は「今まさに何をしているか」を尋ねる現在進行形の疑問文。

(27)A：このコーヒーは私には濃すぎるよ。／B：コーヒーにミルクを入れたらどう？／A：いいね。ミルクを取ってくれる？／B：はい，どうぞ。〃Here you go. は「はい，どうぞ」と相手に物を手渡すときの言い方。コーヒーにミルクを入れるよう勧められたAが，Bにミルクを取ってほしいと依頼する２が適切。'pass＋A＋B'「AにBを渡す」

(28)A：おはようございます。お手伝いしましょうか？／B：見ているだけです。ありがとう。／A：わかりました。どうぞごゆっくり。〃店員の「何か手伝いましょうか」に対する返答。店員が「わかりました。ごゆっくり」と応答しているので，３．「見ているだけです」が適切。

(29)A：もしもし，マユミです。ナカムラさんはいらっしゃいますか？／B：すみません，彼はもう帰宅しました。伝言を伺いましょうか？／A：いいえ，けっこうです。また明日電話します。〃空所の後のやり取りから，Mr. Nakamura は不在であることがわかる。

(30)A：今晩，一緒に食事をしませんか？／B：ありがとう。でも，明日の方が都合がよいです。／A：わかりました。何時に会いましょうか。〃Bは明日の方が都合がよいと言っている。１と２は当日について，３は明後日についての内容である。

(31)A：顔色が悪いですよ。どうしたんですか？／B：ひどい風邪をひいてしまいました。／A：それはいけませんね。〃具合の悪そうな相手に対して「どうかしましたか」と尋ねるときの表現はWhat's wrong？。

(32)A：すみません。国立博物館〔美術館〕はどこかご存じですか。／B：あっ，はい。ここからそれほど遠くありませんよ。／A：ここからどのくらいかかりますか？／B：歩いて５分くらいです。〃How long does it take ～？は「どのくらい(時間が)かかるか」を尋ねる疑問文。on foot は「徒歩で」。「どのくらいの距離か」を尋ねるときにはHow far ～？を用いる。

5〔整序結合・条件作文〕

(33)「とても～なので…」は'so ～ that …'の構文で表すことができる。不要語はto，too。また，soを「それで」という接続詞として用いて，「そのテレビ番組は面白かった」と「私はそれをもう一度見ました」という２文をつなぐ形の文で表すこともできる。その場合の不要語はto，that，too。

(34)I have a friend「私には友達がいます」が文の骨組み。「絵を描くことが得意な友達」は who を主格の関係代名詞として用いて，a friend who is good at drawing とまとめる。「～することが得意な」は be good at ～ing。「絵を描く」には動詞 draw を用いる。不要語は which，writing。

(35)「～してください」は Please に命令文を続ける形の文で表せる。「～を(…の状態)に保つ」は ‘keep＋目的語＋形容詞’ で表す。不要語は to，opening。

(36)A：私は「カレッジ・イン・ザ・スカイ」という映画を見に行くつもりです。／B：どんな話なの？／A：たくさんの命を救ったパイロットについての実話です。あなたはそのニュースを聞いたことがあると思います。／／Aの返答から，映画の内容を尋ねる文にする。What is the story about？「何についての話ですか」，What is it like？「それはどんな感じですか」などが考えられる。‘依頼’ を表す表現の Could〔Can/Would/Will〕you ～？を用いて「それについて話してもらえますか」などとしてもよい。

(37)A：お昼ごはんは食べましたか？／B：ええ。／A：誰がつくったんですか？／B：私の兄〔弟〕です。彼は料理が好きなんです。彼は私たちにときどき料理をしてくれます。／／Bの返答から，昼食をつくった人を尋ねる文にする。「誰が」を尋ねる疑問文は who が主語で，後に動詞が続く。「つくった」のは過去のことなので，動詞は過去形にする。「(昼食を)つくる」は動詞 cook，make，prepare などで表せる。

6〔長文読解総合―適語(句)選択―説明文〕

≪全訳≫エネルギー削減／車／❶ロサンゼルスのサンタモニカ高速道路では，数千の人々が職場へ向かっているが，身動きがとれないでいる。ロサンゼルスのドライバーは１人当たり年間に約70時間を動かない渋滞の中で過ごしている。車の長蛇の列が待機している間，エンジンは危険なガスを排出している。ドライバーは怒りながら時計を見つめている。ロサンゼルスでは，空気中の汚染のせいで太陽を見ることができないこともある。他の多くの都市でも毎朝これと同じことが起きている。❷他の移動の方法ではどうだろうか。徒歩や自転車で通勤や通学をすることは，エネルギー削減のためにも健康のためにもすばらしい方法である。車ではなく電車やバスを使うことでもエネルギーを削減できる。多くの都市では，カーシェアリングのグループに参加する人々がいる。それはグループのそれぞれが１週間に１日ずつ運転して，メンバーを職場に連れていくものである。皆が燃料とお金を節約すれば，道路上の車も減少する。／食品／❸常に何百万トンもの食品が世界中を移動しており，それは多くのエネルギーを消費している。もちろん，アイスランドで茶葉の栽培はできないし，カタールで米の栽培はできないので，他の国々から食料を購入する必要がある。イタリアのスパゲティを食べたり，ケニアのコーヒーを楽しんだりすることはすばらしいが，「テーブルの上の食べ物はどこからきているのだろう」と考えるのもよいことだ。エネルギー削減を望むのならば，自分の国で生産されるものをもっと購入しようとすることができる。例えば，日本のスーパーマーケットでは，宮崎産のマンゴーを買うことができる。

＜解説＞(38)「～する間」を表す接続詞は While。　(39)all the pollution in the air が太陽が見えない理由なので，because of ～「～が理由で」が適する。　(40)everyone は３人称単数扱いとなる。

(41)‘It is ～ to …’「…することは～だ」の形の文で，「…すること」の部分が「イタリアのスパゲッティを食べること」と「ケニアのホットコーヒーを楽しむこと」の２つ。この to に続く動詞は原形。

(42)more things は ‘物’ で，動詞が続くので，‘物’ を先行詞とする主格の関係代名詞として that が適切。

数学解答

1 (1) ①…− ②…1 ③…0
(2) ④…− ⑤…9 ⑥…4
(3) ⑦…1 ⑧…9 ⑨…1 ⑩…1
(4) ⑪…− ⑫…1 ⑬…3 ⑭…−
⑮…2
(5) ⑯…5 ⑰…2 ⑱…1 ⑲…4
(6) ⑳…④ ㉑…③
(7) ㉒…1 ㉓…3
(8) ㉔…1 ㉕…4 ㉖…0
(9) ㉗…3 ㉘…4
(10) ㉙…2 ㉚…7 ㉛…7

2 (1) ㉜…3 ㉝…4
(2) ㉞…− ㉟…4 ㊱…1 ㊲…2
(3) ㊳…3 ㊴…1
(4) ㊵…1 ㊶…9 ㊷…2 ㊸…1
㊹…3 ㊺…1 ㊻…3

3 (1) ㊼…9 ㊽…6
(2) ㊾…1 ㊿…8 (51)…2 (52)…4
(53)…0

4 (例)△ABD と△ACE において，△ABC∽△ADE より，AB：AC＝AD：AE……① また，∠BAC＝∠DAE だから，∠BAC－∠DAC＝∠DAE－∠DAC より，∠BAD＝∠CAE……② ①，②より，2組の辺の比とその間の角がそれぞれ等しいので，△ABD∽△ACE

1〔独立小問集合題〕

(1)＜数の計算＞与式$=\left\{1-\frac{3}{10}\times\left(-\frac{5}{6}\right)\right\}\times(-8)=\left(1+\frac{1}{4}\right)\times(-8)=\frac{5}{4}\times(-8)=-10$

(2)＜数の計算＞与式$=a^{12}b^3\div 9a^{10}b^6\times(-6ab^2)=-\frac{a^{12}b^3\times 6ab^2}{9a^{10}b^6}=-\frac{2a^3}{3b}$となるので，$a=-3$，$b=-8$のとき，$2a^3=2\times(-3)^3=2\times(-27)=-54$，$3b=3\times(-8)=-24$より，与式$=-\frac{-54}{-24}=-\frac{9}{4}$となる$\left(解答は\frac{-9}{4}の形\right)$。

(3)＜数の計算＞与式$=3+2\sqrt{18}+6-\frac{6-3\sqrt{2}}{6\sqrt{2}}=9+2\times3\sqrt{2}-\frac{6}{6\sqrt{2}}+\frac{3\sqrt{2}}{6\sqrt{2}}=9+6\sqrt{2}-\frac{1}{\sqrt{2}}+\frac{1}{2}=9+6\sqrt{2}-\frac{1\times\sqrt{2}}{\sqrt{2}\times\sqrt{2}}+\frac{1}{2}=\frac{18+12\sqrt{2}-\sqrt{2}+1}{2}=\frac{19+11\sqrt{2}}{2}$

(4)＜連立方程式＞$0.6x+y=-2.2$……①，$\frac{x-1}{2}-\frac{2y-1}{3}=1$……②とする。②×6より，$3(x-1)-2(2y-1)=6$，$3x-3-4y+2=6$，$3x-4y=7$……②′ ①×5－②′より，$5y-(-4y)=-11-7$，$9y=-18$ $\therefore y=-2$ これを②′に代入して，$3x-4\times(-2)=7$，$3x+8=7$，$3x=-1$ $\therefore x=-\frac{1}{3}$$\left(解答は\frac{-1}{3}の形\right)$

(5)＜二次方程式＞解の公式より，$x=\frac{-(-10)\pm\sqrt{(-10)^2-4\times4\times1}}{2\times4}=\frac{10\pm\sqrt{84}}{8}=\frac{10\pm2\sqrt{21}}{8}=\frac{5\pm\sqrt{21}}{4}$となる。

(6)＜数の性質＞$(-\sqrt{2})^3=(-\sqrt{2})\times(-\sqrt{2})\times(-\sqrt{2})=-\sqrt{8}$で，$2^2<8<3^2$より，$2<\sqrt{8}<3$だから，$-3<-\sqrt{8}<-2$である。$\frac{5}{3}$，$\sqrt{3}$，2は正の数で，2乗しても大小関係は変わらないので，$\left(\frac{5}{3}\right)^2=\frac{25}{9}=2\frac{7}{9}$，$(\sqrt{3})^2=3$，$2^2=4$より，$\frac{25}{9}<3<4$だから，$\frac{5}{3}<\sqrt{3}<2$である。$2-\frac{5}{\sqrt{2}}=2-\sqrt{\frac{25}{2}}=2-\sqrt{12.5}$で，$3^2<12.5<4^2$より，$3<\sqrt{12.5}<4$だから，$-4<-\sqrt{12.5}<-3$となり，各辺に2を加

えると，$2-4<2-\sqrt{12.5}<2-3$，$-2<2-\sqrt{12.5}<-1$ である。よって，$(-\sqrt{2})^3$ は -2 より小さく，$2-\dfrac{5}{\sqrt{2}}$ は -2 より大きい負の数だから，$(-\sqrt{2})^3<2-\dfrac{5}{\sqrt{2}}$ となる。以上より，①～⑤の数を小さい方から順に並べると，$(-\sqrt{2})^3<2-\dfrac{5}{\sqrt{2}}<\dfrac{5}{3}<\sqrt{3}<2$ である。

(7)**<確率―玉の色>**赤玉4個，白玉2個，黒玉1個の計，$4+2+1=7$(個)の玉から2個の玉を順番に取り出すとき，1個目が7通り，2個目が6通りより，$7\times6=42$(通り)となる。一方，同時に取り出すときは，1個目と2個目の玉が逆となっても同じ取り出し方になるので，42通りの中には同じ取り出し方が2通りずつあることになり，2個の玉を同時に取り出すときの取り出し方は，$42\div2=21$(通り)となる。このうち，玉の色が同じになるのは，赤玉4個から2個取り出すときの，$4\times3\div2=6$(通り)と，白玉2個から2個取り出すときの1通りの，$6+1=7$(通り)だから，求める確率は $\dfrac{7}{21}=\dfrac{1}{3}$ である。

(8)**<標本調査>**8回の品質検査での不良品の合計は，$5+2+4+5+3+4+3+6=32$(個)であるから，無作為に抽出した200個の中に不良品は平均で $32\div8=4$(個)ある。よって，1日の製造数7000個に，不良品はおよそ $7000\times\dfrac{4}{200}=140$(個)あると推測される。

(9)**<平面図形―角度>**右図1のように，円Oの円周上の点をC，D，Eと定め，中心Oと点B，Cをそれぞれ結ぶと，PA，PBは円Oの接線であるから，$\angle OAP=\angle OBP=90°$ である。また，$\overset{\frown}{AC}$ に対する円周角と中心角の関係より，$\angle AOC=2\angle ADC=2\times40°=80°$，同様に，$\overset{\frown}{BC}$ に対しても，$\angle BOC=2\angle BEC=2\times33°=66°$ であるから，$\angle AOB=\angle AOC+\angle BOC=80°+66°=146°$ となる。よって，四角形OAPBの内角の和より，$\angle x=360°-(90°+90°+146°)=34°$ である。

図1

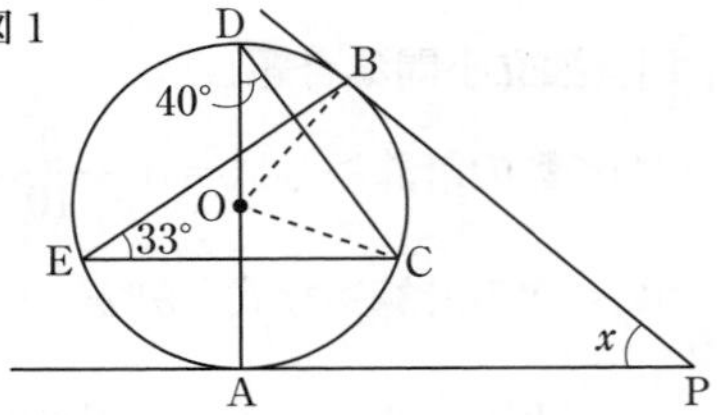

(10)**<平面図形―長さ>**右図2で，AF∥BCより，錯角は等しいので，$\angle CBF=\angle AFB$ である。これと $\angle ABF=\angle CBF$ より，△ABFは $\angle ABF=\angle AFB$ の二等辺三角形となり，$AF=AB=6$ である。また，AB∥GCより，$\angle ABF=\angle CGB$ なので，△CBGは $\angle CBG=\angle CGB$ の二等辺三角形となり，$BC=CG=CD+DG=6+2=8$ である。さらに，AB∥DGより，△ABF∽△DGFとなり，$BF:GF=AB:DG=6:2=3:1$ だから，$BF=3GF=3\times3=9$ となる。よって，AF∥BCより，△AEF∽△CEBとなり，$EF:EB=AF:CB=6:8=3:4$ だから，$EF=\dfrac{3}{3+4}BF=\dfrac{3}{7}\times9=\dfrac{27}{7}$(cm)である。

図2

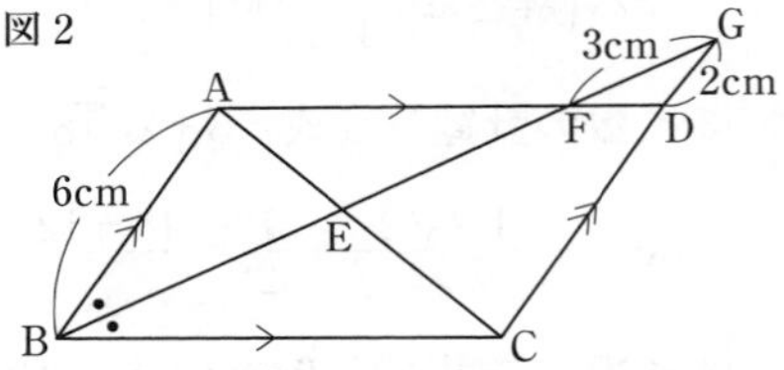

2 〔関数―関数 $y=ax^2$ と一次関数のグラフ〕

(1)**<放物線の式>**関数 $y=ax^2$ において，$x=1$ のとき，$y=a\times1^2=a$，$x=5$ のとき，$y=a\times5^2=25a$ と表せるから，x の値が1から5まで増加するときの変化の割合は，$\dfrac{25a-a}{5-1}=6a$ と表せる。これが $\dfrac{9}{2}$ であるから，$6a=\dfrac{9}{2}$ が成り立ち，$a=\dfrac{3}{4}$ となる。よって，放物線①の式は $y=\dfrac{3}{4}x^2$ である。

(2)**<座標>**直線②の傾きは $-\dfrac{3}{2}$ だから，直線②の式は $y=-\dfrac{3}{2}x+b$ とおける。直線②は点(6，-3)を通るので，この式に $x=6$，$y=-3$ を代入して，$-3=-\dfrac{3}{2}\times6+b$ より，$-3=-9+b$，$b=6$ とな

り，直線②の式は$y=-\frac{3}{2}x+6$である。右図で，点Aは，放物線$y=\frac{3}{4}x^2$と直線$y=-\frac{3}{2}x+6$の交点のうち，x座標が負の点であるから，２式からyを消去して，$\frac{3}{4}x^2=-\frac{3}{2}x+6$，$3x^2=-6x+24$，$x^2+2x-8=0$，$(x+4)(x-2)=0$より，$x=-4$，２となる。よって，点Aの$x$座標は$x=-4$だから，$y=\frac{3}{4}\times(-4)^2=12$より，A$(-4,\ 12)$である。

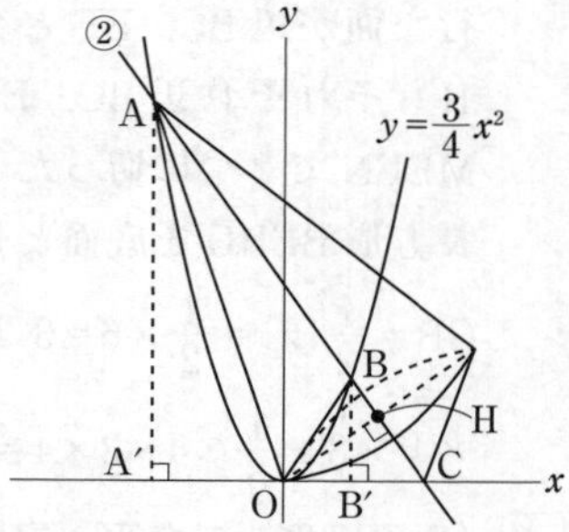

⑶＜**面積比**＞⑵より，点Bのx座標は$x=2$だから，関数$y=\frac{3}{4}x^2$で，$x=2$のとき，$y=\frac{3}{4}\times2^2=3$より，B(2，3)である。また，点Cは直線$y=-\frac{3}{2}x+6$とx軸との交点だから，$y=0$を代入して，$0=-\frac{3}{2}x+6$，$3x=12$，$x=4$より，C(4，0)である。右上図のように，点A，Bからx軸にそれぞれ垂線AA′，BB′を引くと，AA′∥BB′より，AB：BC＝A′B′：B′C＝$\{2-(-4)\}:(4-2)=6:2=3:1$となる。ここで，△OBAと△OCBの底辺をそれぞれAB，BCと見ると，高さが等しいので，面積の比は底辺の比に等しい。よって，△OBA：△OCB＝AB：BC＝3：1である。

⑷＜**体積**＞右上図のように，原点Oから辺ACに垂線OHを引くと，△OCAを直線ACを軸として１回転させてできる立体は，点Hを中心とする半径OHの円を底面とし，点A，Cをそれぞれ頂点とする２つの円錐を合わせた立体となり，その体積は，$\frac{1}{3}\times\pi\times\mathrm{OH}^2\times\mathrm{AH}+\frac{1}{3}\times\pi\times\mathrm{OH}^2\times\mathrm{CH}=\frac{1}{3}\times\pi\times\mathrm{OH}^2\times(\mathrm{AH}+\mathrm{CH})=\frac{1}{3}\times\pi\times\mathrm{OH}^2\times\mathrm{AC}$で求められる。ACの長さは△AA′Cで，AA′＝12，A′C＝$4-(-4)=8$より，三平方の定理を利用して，$\mathrm{AC}=\sqrt{\mathrm{AA'}^2+\mathrm{A'C}^2}=\sqrt{12^2+8^2}=\sqrt{208}=4\sqrt{13}$となり，OHの長さは，△OCAの面積より，$\frac{1}{2}\times\mathrm{AC}\times\mathrm{OH}=\frac{1}{2}\times\mathrm{OC}\times\mathrm{AA'}$が成り立つので，$\frac{1}{2}\times4\sqrt{13}\times\mathrm{OH}=\frac{1}{2}\times4\times12$となり，$\mathrm{OH}=\frac{12}{\sqrt{13}}$である。よって，求める体積は，$\frac{1}{3}\times\pi\times\left(\frac{12}{\sqrt{13}}\right)^2\times4\sqrt{13}=\frac{1}{3}\pi\times\frac{144}{13}\times4\sqrt{13}=\frac{192\sqrt{13}}{13}\pi$である。

３〔空間図形―三角柱〕

⑴＜**体積**＞右図の△ABCで三平方の定理より，$\mathrm{AC}=\sqrt{\mathrm{AB}^2-\mathrm{BC}^2}=\sqrt{10^2-6^2}=\sqrt{64}=8$となる。よって，この三角柱の体積は，△ABC×BE＝$\frac{1}{2}\times\mathrm{BC}\times\mathrm{AC}\times\mathrm{BE}=\frac{1}{2}\times6\times8\times4=96(\mathrm{cm}^3)$である。

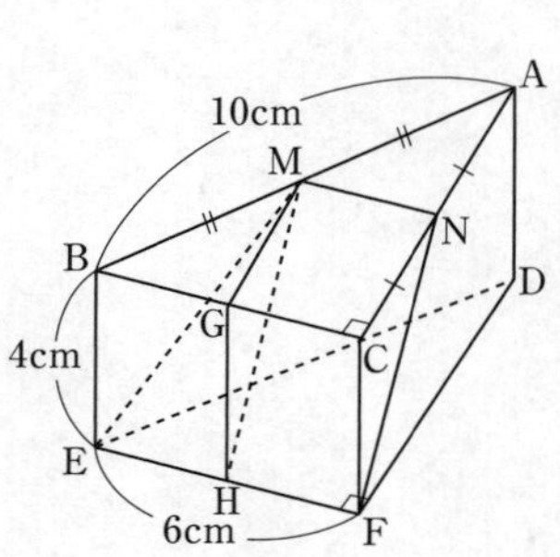

⑵＜**面積，体積**＞右図の三角柱ABC-DEFを，３点M，N，Fを通る平面で２つに切ったとき，切り口は台形MEFNとなる。△ABCで中点連結定理より，$\mathrm{MN}=\frac{1}{2}\mathrm{BC}=\frac{1}{2}\times6=3$，△CNFは∠NCF＝90°，$\mathrm{NC}=\frac{1}{2}\mathrm{AC}=\frac{1}{2}\times8=4$より，NC＝FCの直角二等辺三角形だから，$\mathrm{NF}=\sqrt{2}\mathrm{CF}=4\sqrt{2}$となり，辺EFは面ACFDに垂直だからNF⊥EFである。よって，切り口の台形MEFNの面積は，$\frac{1}{2}(\mathrm{MN}+\mathrm{EF})\times\mathrm{NF}=\frac{1}{2}\times(3+6)\times4\sqrt{2}=18\sqrt{2}(\mathrm{cm}^2)$である。また，図のように，点Mを通り△NCFと平

行な面が辺BC，EFと交わる点をそれぞれG，Hとすると，点Mが辺BAの中点だから，点G，Hもそれぞれ辺BC，EFの中点となり，∠MGB＝∠ACB＝90°である。これより，三角柱を面MEFNで２つに切ったときの点Bを含む方の立体は，△CNFを底面とし，高さGCの三角柱と，長方形BEHGを底面とし，高さMGの四角錐とに分けられる。よって，CN＝CF＝MG＝4，GC＝GB＝$\frac{1}{2}$BC＝$\frac{1}{2}$×6＝3より，求める立体の体積は，△CNF×GC＋$\frac{1}{3}$×〔長方形BEHG〕×MG＝$\frac{1}{2}$×4^2×3＋$\frac{1}{3}$×4×3×4＝24＋16＝40(cm^3)である。

4 〔平面図形—三角形—証明〕

右図の，△ABDと△ACEが相似であることを証明するには，(ア)２組の角がそれぞれ等しい，(イ)２組の辺の比とその間の角がそれぞれ等しい，(ウ)３組の辺の比が全て等しい，のどれかを，与えられた条件△ABC∽△ADEから示せばよい。解答参照。

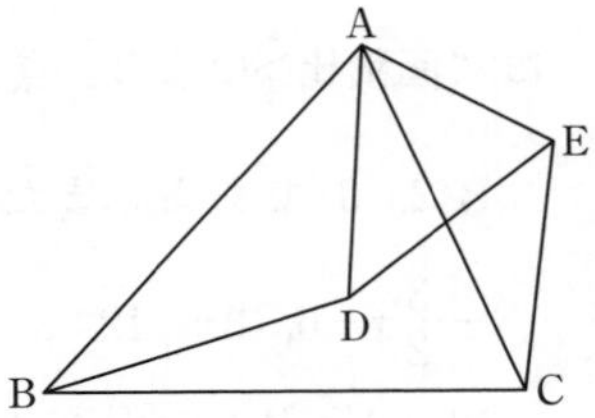

国語解答

一 問一 イ　問二 ア　問三 ウ
問四 イ　問五 ア　問六 ウ
問七 エ　問八 エ　問九 ア
問十 エ

二 問一 ①…イ　④…エ　問二 ウ
問三 ア
問四 ⑴ 自由な「状態」
⑵ 「いま自分は自由だ」という感度を得られている（22字）
問五 イ　問六 エ
問七 ⑦…ア　⑨…ウ　問八 ア
問九 ウ

三 問一 エ　問二 ア　問三 エ
問四 イ　問五 ウ　問六 イ
問七 ウ　問八 ア　問九 エ

四 問一 エ　問二 ア　問三 ウ
問四 イ　問五 イ　問六 ア
問七 エ　問八 ウ，オ

一〔国語の知識〕

問一＜漢字＞「体裁」は，「ていさい」と読む。

問二＜漢字＞「快刀乱麻を断つ」は，もつれた物事をものの見事に処理する，という意味。アは「縦断」，イは「創建」，ウは「立身出世」，エは「壮絶」と書く。

問三＜四字熟語＞アは「五里霧中」，イは「群雄割拠」，エは「馬耳東風」と書く。

問四＜語句＞「遺憾」と「残念」は，どちらも，希望どおりにならず心残りである，という意味で，類義語の関係。

問五＜慣用句＞「鶴の一声」は，大勢の意見や議論を押さえつける，有力者の一言のこと。「鳩に豆鉄砲」は，突然のことにびっくりしてきょとんとする様子。「鵜呑みにする」は，他人の言葉を少しも疑わずに信じ込む，という意味。

問六＜慣用句＞「誤解を解く」は，間違った理解や解釈を正す，という意味。「精彩を欠く」は，活気がない，という意味。「万全を期す」は，少しも手落ちのないように準備する，という意味。

問七＜品詞＞「夏から」と「勝手口から」の「から」は，動作の時間的，空間的な起点や経由点を表す格助詞。「大豆から」の「から」は，原料を表す格助詞。「母から」の「から」は，行為の起点を表す格助詞。「疲れから」の「から」は，原因を表す格助詞。

問八＜語句＞「ホスピタリティ」は，手厚いもてなし，歓待の精神のこと。「デフォルメ」は，対象を変形して表現すること。「ウィット」は，機知のこと。「ポテンシャル」は，潜在能力，可能性のこと。

問九＜和歌の技法＞イは句切れなし，ウは三句切れ，エは句切れなし。

問十＜古典の知識＞旧暦の月の異名は，一月から順に，睦月，如月，弥生，卯月，皐月，水無月，文月，葉月，長月，神無月，霜月，師走となる。

二〔論説文の読解―社会学的分野―社会科学〕出典；苫野一徳「『自由な社会』を先に進める」（『「自由」の危機―息苦しさの正体』所収）。

≪本文の概要≫複数の複雑な欲望を自覚し得る存在である人間は，その欲望自体によって常に制限され，絶えず不自由を自覚する。人間の欲望の本質は自由であり，自由の本質は，諸規定性における選択，決定可能性の感度である。自由を実現するために，人間は，自らの自由を規定する他者からの承認を求め，人類は，承認のための戦いを通して自由を奪い合うために戦ってきた。人類が承認のための戦いを終わらせ，自らの自由を十全に確保するには，互いが対等に自由な存在であることを認め合うという，自由の相互承認の原理に基づく自由社会を，目指し続けなければならない。今日，私たちは，自由競争の社会で，万事を自己責任とされ，自由であることの苦しみに苛まれているが，問題は，自由社会の理念自体ではなく，人々の自由を奪う苛烈な自由競争社会の在り方である。真に自由な社会をつくり出すには，各人が言論によって意志を表明し続け，そのための学知を練り上げていくしかない。多種多様な関心を持った人々が互いに対話を重ねて一般意志を見出し合っていくために，学者たちは，自由な社会を進めるための，みんなの利益になるアイデアを常に提示し，市民たちは，対話や議論を重ねながら，それをより強靱なアイデアへと鍛え上げていかねばならない。

問一＜語句＞①「喝破」は，誤った説を排し，真実を解き明かすこと。　④「秀逸」は，他のものより抜きんでて優れていること。

問二＜文章内容＞ヘーゲルは，「人類の数万年におよぶ戦争の歴史は，つまるところ『自由』をめぐる戦い」であり，「戦争が起こる理由」の「最も根本には，わたしたち人類の『生きたいように生きたい』という『自由』への欲望がある」と言った。

問三＜文章内容＞「わたしたちは，自らが欲望（を自覚した）存在であるがゆえにこそ，つねにすでに不自由を感じずにはいられない」うえに，「複数の欲望は，しばしば互いに衝突する」ため，ジレンマを含む欲望の両方を満たすことができず，欲望に規定され続けるのである。

問四＜文章内容＞⑴私たちが「何をもって自由な状態とするかは，結局のところ人それぞれ」なのである。　⑵私たちは，「『ああ，いま自分は自由だ』という感度を得られている時にそれを『自由』であると確信する」のである。

問五＜文脈＞「人間的欲望の本質は『自由』」であり，「だれもが『自由』を欲する」ことからも，「人間にとって最上の価値は，まさに『自由』なのである」ということがわかるが，「この最上の価値である『自由』を，わたしたちはどうすれば現実のものとすることができる」のだろうか。

問六＜文章内容＞「『生きたいように生きたい』という『自由』への欲望を抱えたわたしたちの前には，絶えず『他者』が立ちはだかって」おり，「この『他者』は，わたしたちの『自由』を妨げる」制限であるがゆえに，私たちは，自分の自由の実現のためには，社会に生きる他者からの承認を求めざるをえないのである。

問七＜漢字＞⑦「冒頭」と書く。アは「感冒」，イは「繁忙」，ウは「帽子」，エは「子房」。　⑨「連鎖」と書く。アは「鍛錬」，イは「廉価」，ウは「連携」，エは「熟練」。

問八＜文章内容＞「『自由の価値』それ自体」が批判されるべきなのではなく，「人生における成功も失敗も，その人の『自由』な生き方の結果，つまり自己責任」と見なし，「失敗したら二度と復活できない」ような，多くの人が「十分『自由』に生きられていない」自由競争社会の在り方の方が，批判されるべきである。

問九＜文章内容＞「自由の相互承認」に基づく「自由な社会」をつくるためには，「市民としての学者たち」は「“みんなの利益”になるアイデア」を出し続け，人々はそれを吟味して「対話や議論を重ねながら，いっそう強靱なアイデアへと鍛え上げていく必要」がある。

三〔**小説の読解**〕出典；青山美智子『お探し物は図書室まで』。

問一＜文章内容＞「私」は，「地元仲間の期待の星，バリバリのキャリアウーマン」として東京に出てきたのに，「不条理なクレーマーに無能扱いされ罵倒され，怒りに震えて泣いている」という情けない状態であった。

問二＜心情＞「私」は，お客さんからのクレームを一人で処理することもできず，「上の人を呼」べと言われ，「上の人」からは，「そういうのさあ，うまく処理してよぉ」と文句を言われるという身の置きどころのない状況を，ベテランのパートタイマーである沼内さんに見られて，駄目な社員だと思われるのが嫌だったのである。

問三＜語句＞「小春日和」は，冬の初めの暖かい日のこと。

問四＜文章内容＞桐山くんは，「メシ食う時間もぜんぜんなくて，体調ガタガタ」で，栄養ドリンクで生き長らえていたような生活に，ふと，「食うために仕事してるのに，仕事してるせいで食えないなんて，そんなのおかしい」と思い，「ちゃんと食って」，寝るという「人間らしい生活」の大切さに気づいた経験があるので，私に「メシ，大事だよ」と「想い」を込めて言ったのである。

問五＜漢字＞「過酷」と書く。アは「寸暇」，イは「豪華」，ウは「過渡」，エは「禍福」。

問六＜文章内容＞桐山くんは，誇りを持てていた雑誌の仕事を辞めたり，偶然の出会いから興味を持った眼鏡の業界で思わぬ人脈を得たりといった経験から，不確実な世の中だからこそ，「目の前のことにひたむきに取り組んでいくこと」が必要で，「そうやってるうち，過去のがんばりが思いがけず，役に立ったり，いい縁ができたり」するものだと思っていた。

問七＜文章内容＞沼内さんは，ニット製品が縮んだとクレームをつけた客に，適切な対処の仕方を説明しただけでなく，「自分の話を聞いてもらえなかった，気持ちをわかってもらえなかったってこと」を「悲しい」と感じている客の心に寄り添い，客の興奮をなだめ，慰めるというすばらしい仕事をした。

問八＜心情＞「目の前のことにひたむきに取り組んでいくこと」が大事なのだという，桐山くんに教えられた生き方を体現したかのように，沼内さんが十二年にわたる勤めを「続けているうちにわか」ってきたことを生かして，客に適切な助言をし，客の心情を推し量って寄り添う対応をしたことを，「私」は心の底から尊敬したのである。

問九＜主題＞以前の「私」は，「エデンの婦人服販売員」を「たいした仕事じゃない」と思い，仕事に特に夢も目標も持ってはいなかったが，パート勤続十二年の沼内さんのクレーム対応を見て，「単に私が『たいした仕事をしていない』だけ」だったことに気づき，「いろいろと，勉強不足」だったことを反省することができた。

四〔**古文の読解―随筆**〕出典；清少納言『枕草子』。

≪現代語訳≫村上天皇の御物忌みであった日，(天皇は)『古今集和歌集』を持って(宣耀殿の女御のお局に)いらっしゃって，(御自身と女御との間に)御几帳を引き隔てなさったので，女御は，いつもと違って変だ，と思いになったところ，(帝は)『古今和歌集』の御本を広げなさって，「何月，何のときに，その人がよんだ歌はどんな歌か」とご質問申し上げなさったので，こういうことであったか，と(女御が)ご理解なさるのもおもしろいが，間違って覚えていたり，忘れたところもしあったりしたならば大変に違いないことだと(女御は)ひどく悩みなさっただろう。和歌の方面に精通している女房を，二三人ほど呼び出しなさって，碁石で(正解の)数を数えなさるということで，(試験を)強制し申し上げなさったときなどは，どんなにかすばらしく風流だったであろうか。(そのとき帝と女御の)御前にお仕え申し上げていたような女房たちまでもがうらやましいよ。(帝が)強いて(女御に和歌を)申し上げさせなさるので，(女御は)利口ぶって，そのまま下の句までというわけではないけれども，全て全く間違えることがなかった。何とかしてやはり少しでも間違いを見つけてから(試験を)やめよう，と悔しいほどまでに(帝は)お思いになったが，(女御は一度も間違えないまま)十巻にもなってしまった。(帝は)「全く無駄であったなあ」とおっしゃって，御本にしおりを挟んで(お二人して)お休みになられたのもまたすばらしいよなあ。とても時間がたって(帝が)お起きになったが，「やはりこのことの勝負がつかないで(試験を)おやめになるというようなことは，大変良くないだろう」とおっしゃって，残りの下十巻を，「明日になったら，(女御が)別の『古今和歌集』の本を見合わせなさるといけない」とお思いになって，「今日決めてしまおう」と，明かりをおともしになって，夜が更けるまでよませなさった。けれども，(女房は)とうとうお負け申し上げないままになってしまった。「帝が(宣耀殿の女御のお局に)いらっしゃって，こんなこと(が行われています)」などと，人々が女御の父藤原師尹殿に申し上げたところ，(師尹殿は)大変ご心配になって，(試される娘を案じて，)方々の寺に読経などをたくさんさせなさって，宮中の方角に向かってひたすら一日中お祈りなさっていたというのも，風流でしみじみと感動的なことだ。

問一＜文学史＞『古今和歌集』は，平安時代初中期に成立した，日本最古の勅撰和歌集。紀貫之は，『古今和歌集』の撰者の一人。

問二＜古文の内容理解＞宣耀殿の女御は，村上天皇が「古今をもて渡らせ給ひて，御几帳を引き隔てさせ給」うたので，いつもと違って変だと思った。

問三＜古文の内容理解＞村上天皇が宣耀殿の女御との間を几帳で隔てて，『古今和歌集』の本を広げて，何月の何のときにその人がよんだ歌はどんな歌かと質問したので，女御は，『古今和歌集』の暗誦試験をされるのだと理解した。

問四＜古典文法＞「うらやましけれ」は，形容詞「うらやまし」の已然形なので，係助詞「こそ」が係る。係助詞「こそ」の結びの活用語は已然形をとる，という古典文法上の規則を，係り結びの法則という。

問五＜古文の内容理解＞「さかし」は，こざかしい，生意気だ，という意味。「つゆ」は，全然，という意味。宣耀殿の女御は，村上天皇に和歌を問われて，上の句から下の句まで全部を暗誦してみせるような生意気なことはせず，上の句を口ずさむだけという控えめな答え方ではあったが，一首も間違えることはなかった。

問六＜歴史的仮名遣い＞歴史的仮名遣いの「ゐ」は，現代仮名遣いでは「え」となる。歴史的仮名遣いの「eu」は，現代仮名遣いでは「you」となる。歴史的仮名遣いの「む」は，現代仮名遣いでは「ん」となる。歴史的仮名遣いの語頭以外のハ行は，現代仮名遣いでは原則として「わいうえお」となる。

問七＜古文の内容理解＞村上天皇は，「いかでなほ少しひがこと見つけてを止まむ，とねたきまでに」思ったけれども，宣耀殿の女御が正確に答えるということが「十巻にも」なったので，天皇は，この試験は全く無駄であったなあと思って，本にしおりを挟んで，女御と一緒に寝てしまったのである。

問八＜古文の内容理解＞宣耀殿の女御は，父師尹の教えを守り，『古今和歌集』二十巻の内容全てを暗誦することができたということ(イ…○)，そのことを知った村上天皇が女御の実力を試すために暗誦試験を行い，二十巻を最後までやり遂げたこと(ア…○)，宮中で女御が帝に試験されていると聞いて，娘が成功するようにと，父師尹が方々の寺に読経を命じ，宮中の方角に向かって祈ったということ(エ…○)，これら全てが，風流を重んじた時代の人々の感動的な振る舞いである。

Memo

Memo

2021年度 日本大学豊山女子高等学校（一般①）

【英　語】（50分）〈満点：100点〉

（注意）最初の約10分はリスニングテストです。

〈編集部注：放送文は未公表のため掲載してありません。〉

1　You are going to have a listening test. The test has two sections: Section A and Section B. Listen to each question and then mark the answer on your answer sheet.

Section A

You are going to hear three short conversations. For each statement, choose the best answer and mark it on your answer sheet. You will hear each conversation twice.

（1）1.

2.

3.

4.

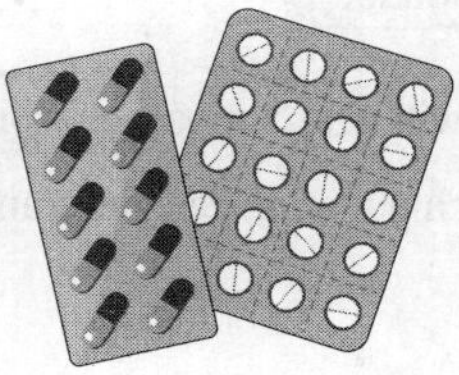

（2）1.

2.

3.

4.

(3)

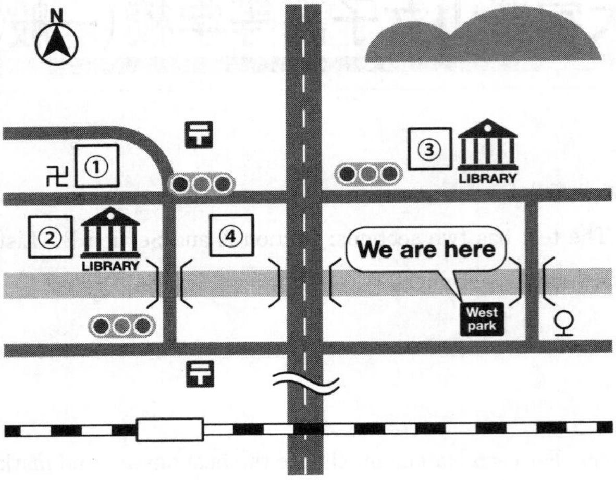

Section B

You will hear a message from a woman in Australia. She is telling her new life-style there. Listen to her story and each question carefully, and choose the best answer. You will hear the passage and the questions twice.

(4)

1. Morning tea.
2. Morning leisure.
3. Morning hiking.
4. Morning walks.

(5)

1. Online hiking.
2. One or two hour-walks.
3. Riding bikes and doing yoga on YouTube.
4. Going to a cooking school.

(6)

1. She has met all the people in her apartment building.
2. She enjoys talking to the local people in the morning.
3. She has known a lot about the history of the area.
4. They are practicing communication on the Internet.

2　次の英文を読み，あとの設問に答えなさい。

When you study in a foreign country, one of the most common challenges is "culture shock." Culture shock is a feeling of surprise when we see and experience differences from our own culture. This surprise can be good, or it can be bad. For example, we may feel excited about trying new food. We may enjoy buying things from new shops. We may have fun meeting new people. But we may begin to experience problems when things start to go wrong. These feelings may influence how we see the host country and how we communicate with people in that country. It may even influence the results of your experience. Because of this, knowing and understanding "culture shock" and how to deal with it is important. People experience culture shock in four steps shown in the next paragraphs.

Step one-The "everything is new" step: People first arrive in a foreign country, everything is new, fun and exciting. They are happy and even enjoy the differences.

Step two-The [A] step: People begin to see problems with the differences. It may begin to make them uncomfortable. The food and drinks are not the same as the food and drinks in their own country. The weather is too hot or too cold. You feel like you cannot understand why people think and communicate in that way. You begin to make many mistakes. You miss your family and friends, and you just want to go home.

Step three-The [B] step: You begin to understand the differences in the new culture. You begin to make fewer mistakes or worry less about making mistakes. You begin to find answers to your problems. You stop missing home as much. You stop feeling alone. You make friends with people. You begin to feel you are a part of the new culture, and this is your home.

Step four-The "going back home" step: You experience culture shock again. But this time you experience it when you go back to your own country. You like the way of living in a foreign country. When you go back to your home country, everything looks different and it takes time to go back to your old life.

Picture 1

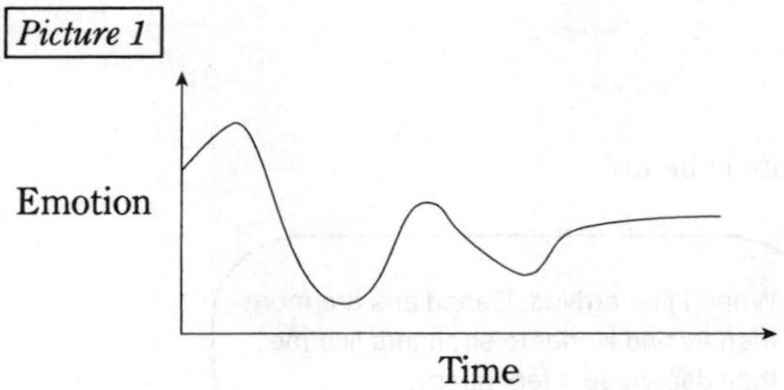

Picture 1 shows your feelings while studying in a foreign country. As you see, your feelings go up and down. Sometime you may feel like you are riding a roller-coaster. First, these four steps of culture shock experience will draw a U-shaped curve. After arriving in the host country, your feelings go up, and go down in the middle, then go up again. Culture shock will continue as you go back to your normal life in your home country. It will draw another U-shaped curve, so the whole experience will look like a

W-shaped curve.

What can you do about culture shock? Here is some advice for you. First of all, know that you're not alone to feel culture shock. Second, keep in touch with your friends and family back home. Talking to them through phone calls and e-mail is a great idea. Also, getting in touch with other foreign students is helpful. Third, try to understand your host culture. Collect information about your host country and ask questions to the local people. They will be glad to help out.

Sometimes culture shock is challenging, but these challenges will help you grow as a person. Understand culture shock well and enjoy your stay in a foreign country. The world is out there waiting for you.

注：

experience	経験する	influence	～に影響を及ぼす
host country	受け入れ国	deal with	～を扱う
uncomfortable	心地の良くない	emotion	感情
roller-coaster	ジェットコースター	U(W)-shaped curve	U(W) 型曲線

(7) Which one is the correct one for Step two-The A step?

1. "I miss home"
2. "nothing is different"
3. "feeling at home"
4. "I am not alone"

(8) Which one is the correct one for Step three-The B step?

1. "finding differences and mistakes"
2. "I am home"
3. "everything is OK"
4. "nothing is OK"

(9) He is a Japanese student in Canada. Which step is he in?

1. Step one.
2. Step two.
3. Step three.
4. Step four.

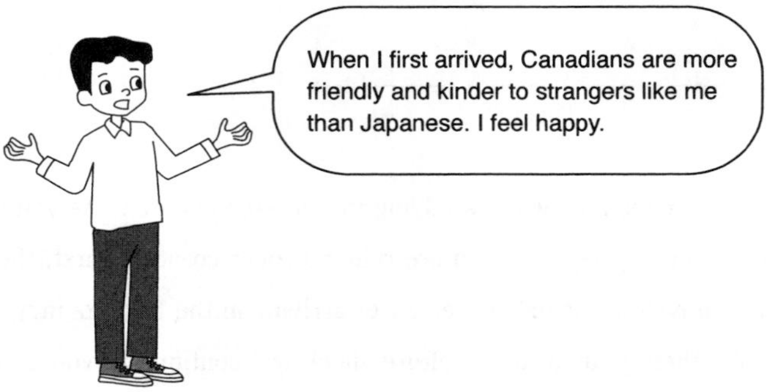
When I first arrived, Canadians are more friendly and kinder to strangers like me than Japanese. I feel happy.

(10) She is a Japanese student in Canada. Which step is she in?

1. Step one.
2. Step two.
3. Step three.
4. Step four.

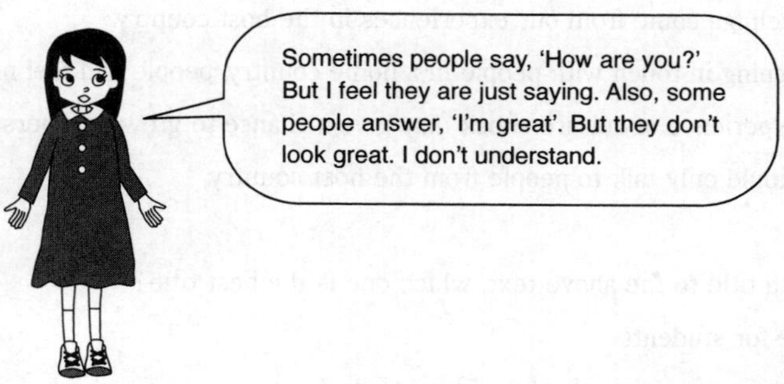
Sometimes people say, 'How are you?' But I feel they are just saying. Also, some people answer, 'I'm great'. But they don't look great. I don't understand.

(11) Which one does NOT go into the blank?

Culture shock is ＿＿＿＿.

1. only a negative feeling when you study in a foreign country
2. both good and bad. You experience it when studying in a foreign country
3. a common challenge when studying in a foreign country
4. a feeling of surprise when you experience differences from your own culture

(12) Imagine you're in Canada. If you are feeling culture shock, which two will help you? Choose the best pair.

ア. Talking to your foreign student friends about your experience in Canada.
イ. Cooking Japanese food with Japanese friends in Canada.
ウ. Staying home and do not talk to anyone.
エ. Introducing Japanese culture to Canadian students.
オ. Making friends with Canadians and ask questions about their culture.
カ. Thinking "Canadians are not nice" and do not to talk to Canadians anymore.

1. アーオ
2. イーウ
3. ウーエ
4. オーカ

(13) In *Picture 1*, which is Step two?

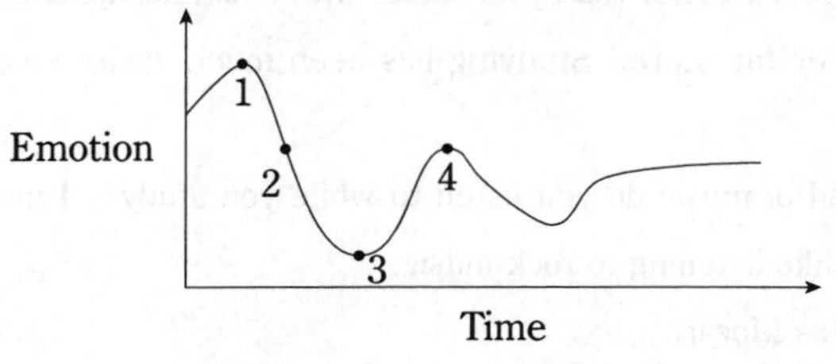
Emotion
1
2
3
4
Time

(14) Which one is true?

1. Our feelings come from our experiences in the host country.

2. By keeping in touch with people in a home country, people will feel more culture shock.

3. The experience of culture shock may give a chance to grow as a person.

4. You should only talk to people from the host country.

(15) If you give a title to the above text, which one is the best title?

1. Advice for students

2. Four steps of culture shock and how to deal with it

3. Studying in a foreign country

4. Foreign students' feelings about challenges

3 次の会話文を読み，あとの設問に答えなさい。

Kana : Hi. Tomoko. Where are you going so early with those books?

Tomoko : I'm going to the library to study for the next week's math test.

Kana : Oh! Why don't you just study in your dormitory?

Tomoko : Actually, I would like to study in my room. I can relax there. Also I am able to eat snacks in my room! But my dormitory is so noisy that I can't study.

Kana : Yeah, I had the same problem.

Tomoko : Really?

Kana : There was always loud music playing in my dormitory. Some people don't think that other students may be studying or sleeping.

Tomoko : Yeah. I understand you.

Kana : I found a good idea. I started listening to music using my tablet with my headphones.

Tomoko : Oh! I tried that with my tablet to listen to music on my ear-bud headphones, too, but I could still hear noise.

Kana : I see. I think that those kinds of small, ear-bud headphones don't work very much with outside noise. You need some big ones. Those big ones can cover your ears.

Tomoko : You mean those big ones used in a recording studio?

Kana : Yes. They really cut off outside noise much better than your tablet with small headphones. I bought some cheap big ones from an online store. Studying has been much easier since I started using them.

Tomoko : It's a good idea! Well, Kana, what kind of music do you listen to while you study? I mean, can you concentrate on your study? I like listening to rock music…

Kana : Right. I listen to classical music, such as Mozart.

Tomoko : I see. I never listen to classical music. Why do you listen to classical music?

Kana : Scientific studies have shown that people can study (21) when they listen to classical music.

Tomoko : Really? Why?

Kana : I think that there are no words —just a melody.

Tomoko : I got it! I will try to listen to classical music.

Kana : Yeah, please try it! It really works for me.

Tomoko : Thanks, Kana.

Kana : You're welcome. Good luck on next week's test.

（注） dormitory 寮　ear-bud（両耳にはめる）小型のイヤホン　cut off 遮断する
concentrate on〜 〜に集中する　Mozart モーツァルト　scientific studies 科学研究

After conversation, Tomoko went to school library. When she arrived at there, she looked notice board at library reception. Following is information of notice board.

Open! Study Room(SR)

Our school will open the Study Room(SR) after summer vacation. You can study at the Study Room. Please visit and prepare for your test there!

Opening Hours: 3:00 p.m. — 5:30 p.m. Monday, Wednesday and Thursday
2:30 p.m. — 6:00 p.m. Tuesday, Friday and Saturday
Closed Sunday

Location: the 5th floor, North Building **NOT LIBRARY BUILDING!**

Notice: Study Room has some types of room. You can use these rooms.

	Meeting, Talking	Drinking water	Listening to music(use your tablet with headphones)
Room 501	○	○	×
Room 502	○	×	×
Room 503	×	×	○
Room 504	×	×	×

Tutor: Our school's graduates will help you to study as tutors. If you have any questions (homework, school project, how to study etc…), please ask them.

Also, the tutors come to the SR on Wednesday and Friday.

If you want to check your essay in English with the tutors, please send an email to the SR before you come there.

Email address: study_room2020@schoolmail.ac.jp

When you visit the SR for the first time, please bring these items: Student ID card, Tablet, and Guidebook.

(注) notice board 掲示板　reception 受付　Following 以下
tutor 個人指導員　graduate 卒業生

(16) Why is Tomoko going so early with those books?
1. Because she wants to go to the library.
2. Because she wants to go to a staff room.
3. Because she has to take a photo at a photo shop.
4. Because she wants to talk with Kana.

(17) Where does Tomoko usually study if the dormitory is not noisy?
1. her room
2. school library
3. restaurant
4. café

(18) In this conversation, what the problem did Kana's dormitory have?
1. Some students played music loudly at the dormitory.
2. Some students talked with other students at the dormitory.
3. Some students did the parties at the dormitory every weekend.
4. Some students had a meeting after school on every Friday.

(19) Why does Kana use the big headphones?
1. Because the big ones can cut off outside noise.
2. Because her father gave the big ones to her for her birthday last year.
3. Because the big ones are not cheaper than small headphones.
4. Because the big ones can't cut off outside noise.

(20) What kind of music does Kana listen to study?
1. rock music
2. jazz music
3. pop music
4. classical music

(21) (21) に入る最も適切なものを1つ選びなさい。

1. bad　2. worse　3. one　4. better

(22) Tomoko wants to listen to music with headphones for studying. Then which room can she use?

1. Room 501
2. Room 502
3. Room 503
4. Room 504

(23) If Tomoko wants the tutors to check her homework, when does she need to visit the SR?

1. Monday, Tuesday or Thursday
2. Thursday or Friday
3. Wednesday or Friday
4. Wednesday or Thursday

(24) When students visit the SR at first, what do they have to bring?

1. Student ID card, Notebook, and Tablet
2. Student ID card, Tablet, and Library card
3. Student ID card, Guidebook, and Tablet
4. Student ID card, Notebook, and Library card

(25) Which one is true? Choose the best one among the four.

1. Kana is going to take an English test next week.
2. The SR is in the library building.
3. If you want to do a meeting at the SR, you have to use Room 503.
4. If you want to check your essay in English with the tutor, you have to send an email before you visit the SR.

4 次の対話文の（　　）内に入るものとして最も適切なものを選び，番号で答えなさい。

(26) A : Excuse me, where is the station?
B : (　　　　) This is my first time to come here.
A : OK. I'll go to a police box.

1. Sorry, I don't have time.
2. Sorry, I'm a stranger here.
3. Sure, let me see.
4. Sure, go straight and turn left at first corner.

(27) A : This T-shirt is so cute. Can I try it on?

B : Sure. Please come this way.

(A few minutes later)

A : This one is a little small for me. (　　　　　)

B : OK. I'll check it.

1. Do you have a bigger one?
2. Do you have a smaller one?
3. Can I try any other colors of this?
4. Can I return this?

(28) A : Today, we have to find some books for our report.

B : Yes, so I'll find books about Japanese history. Where's the history section?

A : (　　　　　) I'll check the floor map.

B : Thank you.

1. I know where it is.
2. I can tell you.
3. I have never got lost.
4. I'm not sure.

(29) A : Your passport, please.

B : Here you go.

A : (　　　　　)

B : For homestay.

1. How long will you stay?
2. What is the purpose of your trip?
3. Which hotel will you stay?
4. Which school will you go?

(30) A : Mike, tell me your opinion.

B : (　　　　　) But I don't know it is a good one.

A : Don't be afraid! Sharing ideas is very important!

1. Pardon me?
2. I got it.
3. I have an idea.
4. I have no idea.

(31) A： Look！ I took some beautiful pictures.

B： How wonderful! Let's send these pictures to our grandparents.

A： (　　　　　　) I'll write a letter, too.

B： Sounds great！

1. I'm afraid not.
2. I don't think so.
3. Why not？
4. I disagree with you.

(32) A： Hello, this is Lisa from ABC company. Can I speak to Mr. Yamada？

B： (　　　　　　) I think you have the wrong number.

A： Oh, I'm sorry. I'll check the number again.

1. He is out for lunch.
2. He will be back soon.
3. Can I take a message？
4. What number are you calling？

5 (33)～(35)指定された日本語の文章に合うように，各語群から語(句)を並べ替えて英文を完成させ，全文を解答用紙に記入しなさい。ただし，文頭に来るべき語も小文字から始まっている。また，使用しない語(句)も含まれている。

(33) ピアノを弾いてどのくらいになりますか。

(you / long / have / how / about / the / piano / played / playing / much)？

(34) 病院への行き方を私に教えてくれませんか。

(the hospital / in / way / me / how / to / get / to / could / on / you / tell)？

(35) この城はドイツで最も人気がある。

(most / Germany / is / of / this / famous / in / castle / the / more).

(36)，(37) 次の対話を読み，それぞれの対話が意味の通ったものになるように英文を作成し，解答用紙に記入しなさい。ただし，各問題の語数の指示に従うこと。短縮語は1語とみなす（例. don't = 1 語）。

(36) Ken : Hi, Judy. I'm Ken. Where are you from?
Judy : Hi, Ken. I'm from Canada.
Ken : I heard some Canadians can speak two languages but
I don't know（ 5語以内で考えること ）in Canada.
Judy : English and French, so I can speak both.

(37) Kumi : Are you free this Friday?
Taro : Yes. I don't have anything to do. How about you?
Kumi : I'm going to go on a picnic with Lisa and Roy in the park.（ 4語以内で考えること ）?
Taro : Yes, I will. What time will you get together?
Kumi : We'll start at 10 a.m.

6 次の英文の空所に入る最も適切な語(句)を下記の選択肢の中から選びなさい。

Green Curtains

We must save electricity during the summer. What can we (38) at home?

We can make "green curtains" of *vines near the windows and walls. These "green curtains" *shade the house and make room temperatures lower. So we do not (39) to use air conditioners so much.

What plants are good (40) "green curtains?" Goya, or bitter melon, is very popular (41) it has *dense leaves and produces vegetables, too. Cucumbers or *loofahs are also good. If you want to enjoy flowers, *morning glories are beautiful. (42) "green curtains" is a good way to protect the environment.

（浜島書店 "Green Curtains"『Watching Joyful 2019-2022』より）

*vines ツル植物　*shade ～をさえぎる、陰にする
*dense ぎっしりした、隙間のない
*loofahs ヘチマ　*morning glories 朝顔

(38)	1. use	2. practice	3. spend	4. do
(39)	1. make	2. take	3. have	4. get
(40)	1. for	2. to	3. with	4. of
(41)	1. so	2. because	3. when	4. though
(42)	1. Grow	2. Growing	3. We grow	4. You will grow

【数　学】　(50分)〈満点：100点〉

（注意）(1)　定規，コンパスは使用してもよいが，計算機，分度器は使用してはいけません。

(2)　$\boxed{\text{①}}$，$\boxed{\text{②}}$，$\boxed{\text{③}}$，……には，数字または符号を入れなさい。ただし，答えが分数になる場合は，既約分数で答えなさい。

$\boxed{1}$　次の $\boxed{}$ に数または符号を入れなさい。

(1)　$\left(-\frac{5}{2}\right)^3 \times \left(-\frac{1}{5}\right)^2 \div \left\{1-\left(\frac{3}{2}\right)^2\right\} - \frac{5}{3} = \frac{\boxed{\text{①}}\boxed{\text{②}}}{\boxed{\text{③}}}$

(2)　$(-4ab^2)^3 \times \frac{a^{\boxed{\text{④}}}b^{\boxed{\text{⑤}}}}{4} \div (2a^2b^4)^2 = -4a^4b^2$

(3)　$(\sqrt{2}-3)^2 + \frac{2\sqrt{2}-4}{\sqrt{8}} = \boxed{\text{⑥}}\boxed{\text{⑦}} - \boxed{\text{⑧}}\sqrt{\boxed{\text{⑨}}}$

(4)　連立方程式 $\begin{cases} \frac{2x-3y}{3} = \frac{y}{4} - 1 \\ 3(2x-y) - 4x = 10 \end{cases}$ の解は　$x = \boxed{\text{⑩}}\boxed{\text{⑪}}$，$y = \frac{\boxed{\text{⑫}}\boxed{\text{⑬}}}{\boxed{\text{⑭}}}$ である。

(5)　2次方程式 $x^2 - 6x - 20 = 0$ の正の解を a とすると，$\boxed{\text{⑮}} < a < \boxed{\text{⑮}} + 1$ である。

(6)　図のように番号のついた座席にA, B, C, D, Eの5人が座るとき，AとBがともに1列目に座る確率は $\frac{\boxed{\text{⑯}}}{\boxed{\text{⑰}}\boxed{\text{⑱}}}$ である。

1　　2	→	1列目
3	→	2列目
4　　5	→	3列目

(7)　図で $\angle x$ の大きさは ⑲⑳ °である。

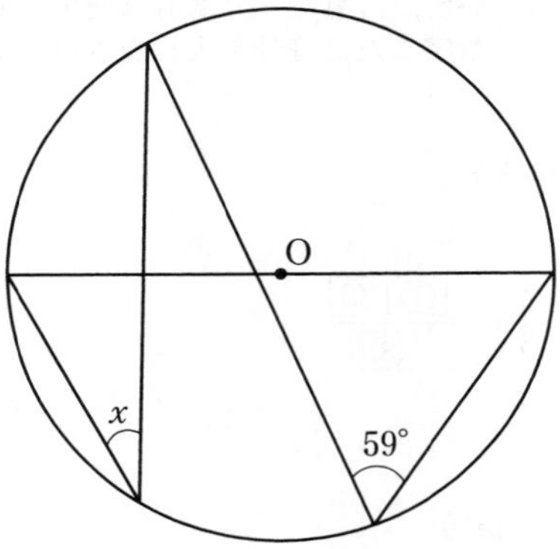

(8)　1辺の長さが5 cmの正方形において，AB：BC＝ ㉑㉒ ： ㉓㉔ である。

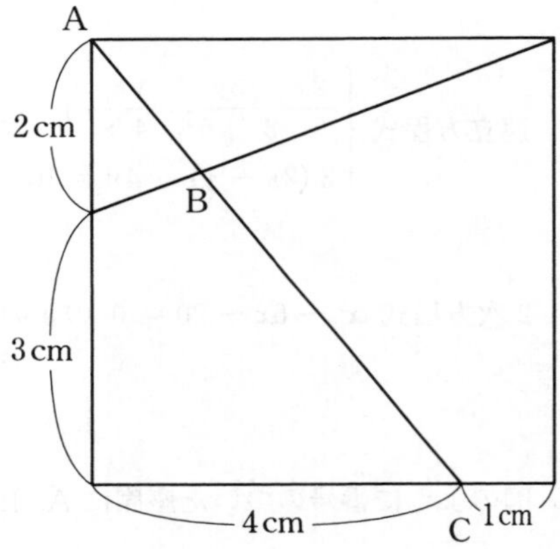

2 図は$x>0$のときの，関数 $y=\dfrac{8}{x}$ ･･･①，$y=x^2$ ･･･②，$y=ax\ (a>0)$ ･･･③のグラフである。

①，②の交点をA，①，③の交点をBとする。このとき，次の □ に数または符号を入れなさい。

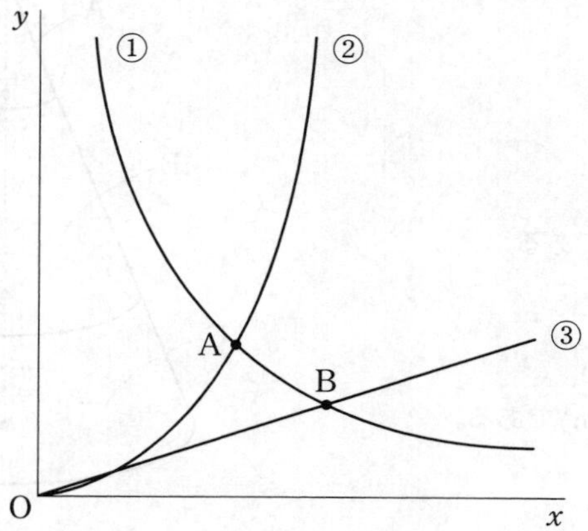

(1) ③のグラフは$a=2$のとき点Aを通る。点Aのy座標は ㉕ である。

(2) 関数 $y=\dfrac{8}{x}$ で，xの値を5倍にするとyの値は $\dfrac{㉖}{㉗}$ 倍である。

(3) $0<a\leqq 2$のとき，点Bのx座標とy座標がともに整数となる場合は全部で ㉘ 通りである。

(4) 点Bのx座標が8のとき，△OABの面積は ㉙㉚ である。

3　図の円錐を底面に平行な平面で切り，A，B，Cの3つの立体に分けるとき，次の □ に数または符号を入れなさい。

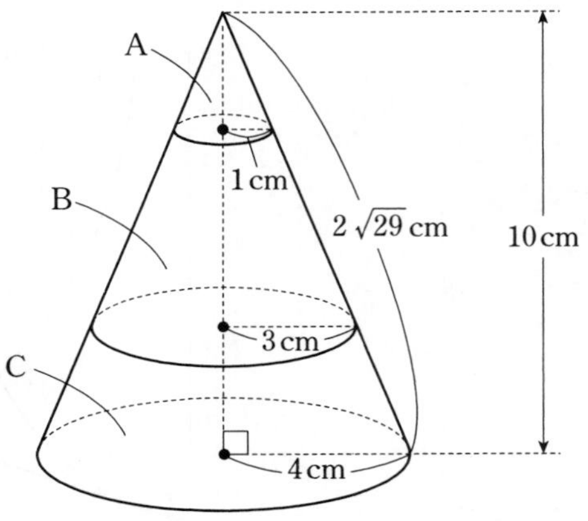

(1)　立体Aの体積は $\dfrac{\boxed{\text{㉛}}}{\boxed{\text{㉜}}}\pi\ \mathrm{cm}^3$ である。

(2)　立体Bの体積は $\dfrac{\boxed{\text{㉝}}\boxed{\text{㉞}}}{\boxed{\text{㉟}}}\pi\ \mathrm{cm}^3$ である。

(3)　立体Cの表面積は $\left(25+\dfrac{\boxed{\text{㊱}}}{\boxed{\text{㊲}}}\sqrt{\boxed{\text{㊳}}\boxed{\text{㊴}}}\right)\pi\ \mathrm{cm}^2$ である。

4　図のように，AC = BC である二等辺三角形 ABC の辺 AC 上に点 P がある。∠BCA = ∠ACQ，CP = CQ となる点 Q をとり，BP の延長と AQ との交点を R とする。

このとき，△APR ∽ △BPC となることを証明しなさい。

なお，証明は記述式解答用紙に記入すること。

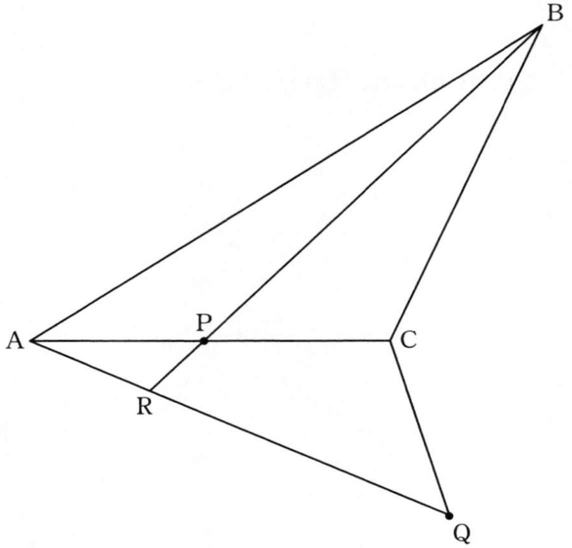

問七　和歌の説明としてあてはまらないものを一つ選びなさい。

ア、春の題材である「青柳」から歌い出し、夏を経て「機織」が鳴き出す秋へと季節が推移する様を表現している。

イ、「青柳の」は「糸」にかかる枕詞であり、「青柳の緑の糸」とは青柳の細い枝葉を糸にたとえた表現である。

ウ、糸をたぐる意味の「くりかへし」に反復の意味を掛けることで、「機織」が鳴き止まない様を表現している。

エ、虫の名前である「機織」に着目し、機を織ることに関連する「糸」「くり」「へて」の言葉を用いている。

問八　――線⑧の説明として最も適切なものを選びなさい。

ア、花園大臣は侍が要請に応じて即座に「機織」の歌を披露したことをほめ、萩の図柄が織り込まれた豪華な直垂を授けることで蔵人に任命する意思を伝えた。

イ、花園大臣は萩の図柄が織り込まれた豪華な直垂を侍に授けることで、才能ある者には身分に関係なく必ず活躍の場を与えるという考えを示した。

ウ、花園大臣は出仕して間もない侍の特技が和歌であることを知り、秋にふさわしい萩の図柄を織り込んだ直垂を授けることで貴族のみやびな世界を教えた。

エ、花園大臣は秋にふさわしい萩の図柄を織り込んだ直垂を授けることで、侍の歌が「機織」の鳴く秋の到来を見事に表現していることをほめた。

問九　出典の『十訓抄』は鎌倉時代の説話集です。同じ時代の作品を一つ選びなさい。

ア、今昔物語集　イ、竹取物語　ウ、徒然草　エ、枕草子

問一　――線ア～エの「の」の中で他と用法が異なるものを一つ選びなさい。

問二　――線①・②・④の主語の組み合わせとして正しいものを一つ選びなさい。

ア、①花園大臣―②蔵人の五位―④侍
イ、①花園大臣―②侍―④侍
ウ、①花園大臣―②女房―④侍
エ、①花園大臣―②侍―④女房

問三　――線③とあるが、花園大臣がこのように言った理由として最も適切なものを選びなさい。

ア、侍が初めて参上した折に、ちょうど機織虫の音が聞こえたことで、お気に入りの秋の一首を侍に教える良い機会だと考えたから。
イ、和歌をよむという侍が近くにつかえていた折に、ちょうど機織虫の音が聞こえたことで、秋の歌のよみ方を侍に教えたくなったから。
ウ、お気に入りの機織虫の音を聞いていた折に、和歌をよむという侍が偶然参上したことで、機織虫の歌を一首よませてみたくなったから。
エ、侍が花園大臣家に出仕する折に、特技は和歌と名簿に書いてあったと聞いたことで、その力量を疑い困らせてみたいと考えたから。

問四　――線⑤の理由として最も適切なものを選びなさい。

ア、無骨な侍が風流ぶって「青柳の」の歌をよみ出したから。
イ、「青柳の」の歌が季節外れな題材をよんでいると思ったから。
ウ、武勇を誇るはずの侍が「特技は和歌」と主張したから。
エ、「青柳の」の歌が粗野で歌合にふさわしくないと思ったから。

問五　――線⑥について

(1)「笑ふやうやはある」の解釈として最も適切なものを選びなさい。

ア、笑ったりしてはいけない
イ、だれが笑っているのか
ウ、笑うようなことはしないだろう
エ、きっと笑う理由があるのだろう

(2)――線⑥の説明として最も適切なものを選びなさい。

ア、和歌をよめという主人の命令も聞かず、おしゃべりに夢中な様子を叱っている。
イ、和歌を懸命によむ者に対し、からかうような素振りを恥ずかしく思っている。
ウ、和歌の優劣を競う場で、相手を軽んじ勝負しないことを腹立たしく思っている。
エ、和歌を最後まで聞かないうちに、批判するような軽率な態度を注意している。

問六　――線⑦の心情を説明したものとして最も適切なものを選びなさい。

ア、侍の和歌が女房達の笑い声にかき消され聞き取りづらかったことに対して腹を立てている。
イ、侍の和歌が秋にも関わらず春の題材「青柳」からよみ出したことに強い好奇心を示している。
ウ、侍の和歌が歌い出しの「青柳の」から一向に進めず作歌の技量に対して疑念を抱いている。
エ、侍の和歌が花園大臣の教えを生かし趣ある秋の歌に仕上がったかと大きな関心を寄せている。

四　次の古文を読んで、後の問いに答えなさい。（＊印の付いている言葉には、本文の後に〔注〕があります。）

＊花園大臣の（ア）御許《もと》に、はじめて参りたる侍《さぶらひ》の（イ）、＊名簿《みやうぶ》の端書《はしがき》に、「能は《特技は》歌よみ」と書きたりけり。殿の（ウ）秋の初めに南殿に出でて、＊機織《はたおり》の（エ）鳴くを愛しておはしけるに、暮れければ、「下格子に《格子を下ろしに》人参れ」と①仰《おほ》せられける。「＊蔵人《くらうど》の五位、たがひて《居合わせず》、人も候《さぶら》はぬ」と申して、この侍の参りたるを、「ただ、おのれ、下ろせ」とありければ、②参りたるに、「汝《なんぢ》は歌よみとな」とありければ、かしこまりて、格子下ろしさして《下ろすのを途中でやめて》候ふに、③「この機織をば聞くや。一首つかまつれ」と仰せられければ、＊「青柳の」と五文字《和歌の初めの五文字》を④出だしたるを、候ひける女房たち、「折に合はず」と思ひたりげにて、⑤笑ひ出でたりけるを、⑥「ものを聞きはてず、笑ふやうやはある」と仰せられて、⑦「とくつかまつれ」と仰せられければ、

青柳の緑の糸をくりかへし夏＊へて秋ぞ機織は鳴く

とよみたりければ、⑧萩《はぎ》織りたる＊直垂《ひたたれ》を押し出して、たまはせてけり。

（『十訓抄』）

〔注〕花園大臣――源有仁。平安時代後期の貴族。詩歌・管絃・書に優れていた。
名簿――官位、姓名、生年月日などを記入した名札。弟子として入門したり、家人として出仕したりする時に提出する。
機織――機織虫。今のキリギリスをいうか。
蔵人の五位――五位になって蔵人の職を退いた者。ここでは花園大臣につかえる者をさす。
青柳――春の代表的な題材。
へて――機織にたて糸を引き延ばしてかける意味の「綜て」と、時間が経つ意味の「経て」が掛けられている。
直垂――貴族男子の平常服。

問八　——線⑧の説明として最も適切なものを選びなさい。

ア、既製品を買って与えても、たぶん許されるだろうという考え方は間違っている。

イ、苦手なことを克服する努力をせず、さらにそれを正当化する考え方は間違っている。

ウ、手作りのものには、祈りや愛情が込められているという考え方は間違っている。

エ、自分でつくるかつくらないかで、相手への思いの深さをはかる考え方は間違っている。

問九　——線⑨の説明として最も適切なものを選びなさい。

ア、僕がやろうとすることを全面的に認めて、背中を強く押してほしいと思っている。

イ、僕がやろうとすることを好きになってほしいが、無理強いはできないと思っている。

ウ、僕がやろうとすることから目を背けず、最後まで応援してほしいと思っている。

エ、僕がやろうとすることへの理解を求めないが、見守っていてほしいと思っている。

問十　——線⑩の理由として最も適切なものを選びなさい。

ア、祖母に嫉妬していた自分が恥ずかしくなったから

イ、キヨの答えが自分の予想と全く異なっていたから

ウ、自分の思い違いをわかりやすく指摘されたから

エ、キヨが祖母の巾着袋に愛着を持っていなかったから

問十一　——線⑪の説明として最も適切なものを選びなさい。

ア、母親は直談判を受け入れてもらえず傷ついた。そこで、自分が他人と違う生きかたをすることで母親が選んだ人生は正しいと証明したい。

イ、人は誰しも個性を持っている。そして、自分と異なる人の存在や価値観は、それぞれの成長のためには必要であることを覚えていたい。

ウ、母が苦手なことを無理にしなかったのは正しい。一方で、違う価値観を母に押しつけた人も決して間違っていないと受け入れたい。

エ、本来価値観は人それぞれで異なり、生きかたも自由に決められるものだ。だから、自分と異なる人を認めない生きかたはしたくない。

〔注〕寝とかんでええの？――清澄の母は肺炎になり入院したが、退院してからは自宅療養中であった。
紺野さん――姉の水青の結婚相手。以前、刺繍には祈りや願いが込められているということを清澄から聞いている。
件の直談判――清澄の保育園では指定の袋ものは全て手作りしなければならない決まりがあり、それができないと言いに行ったが認めてもらえなかった。

問一　――線①が直接係るものを一つ選びなさい。

ア、まわりこんでいた
イ、くるみが
ウ、親指で
エ、押しているのだ

問二　――線②の理由として最も適切なものを選びなさい。

ア、目のツボを押してもらって心地良かったから
イ、ノートを届けてくれたことに感謝していたから
ウ、僕に好意を寄せていることを知っていたから
エ、僕の体調を心底気遣ってくれていたから

問三　――線③の説明として最も適切なものを選びなさい。

ア、興奮を自覚しつつも、集中して作業を進めることができる状態。
イ、焦りや苛立《いらだ》ちがどんどん募っていくのを、必死で抑える状態。
ウ、血行が良くなったことで、より一層作業の効率が上がった状態。
エ、作業が楽しくて仕方ないが、心のどこかで失敗を恐れる状態。

問四　――線④の説明として最も適切なものを選びなさい。

ア、くるみの反応を知りたくなったから
イ、刺繍が好きなことを誇りに思ったから
ウ、未来に漠然とした不安を感じたから
エ、決心が本物であるか確認ができたから

問五　――線⑤で「くるみ」が伝えようとしたことは何ですか。最も適切なものを選びなさい。

ア、あきらめずに立ち向かう精神は何より価値があるということ
イ、簡単なことならば努力しなくても結果を得られるということ
ウ、一つのことを続けるとすばらしいものを生み出せるということ
エ、流れに身を任せると肩の力が抜けて無駄がなくなるということ

問六　――線⑥の説明として最も適切なものを選びなさい。

ア、姉のドレスの出来をどのように思っているのかわからないので、不安になった。
イ、僕のしていることをどのように思っているのかわからないので、知りたくなった。
ウ、暗い中で姉のドレスがよく見えているのかわからないので、見えるようにした。
エ、姉の結婚を心から賛成しているのかわからないので、質問してみたくなった。

問七　――線⑦の意味として最も適切なものを選びなさい。

ア、非常に　　イ、明らかに　　ウ、唐突に　　エ、さらに

「は？　祈り？」
何度か訊《き》き返してようやく、このあいだ僕が＊紺野さんに話していたことを言っているのだと理解した。
「この刺繍は、あんたの水青にたいする祈りなん？　それとも愛情のあかし？」
母につられて、僕もドレスを見上げた。
うらやましいわ。うっかり転がり落ちたような、母の言葉に耳を疑う。
「うらやましい？　どういう意味？」
「そういうことができることが、うらやましい。そういう発想が、って言えばええんかな。私はあんたたちのために、雑巾一枚縫うたことない。どうしても、そういう気になられへん」
座った姿勢で見上げているのにもかかわらず、母の身体はちいさく、頼りなく見える。
「⑧違う、それは」
「え？」
「僕が刺繍をするのは、ただ、楽しいからや」
針を動かしている時が、いちばん楽しい。ひと針で線になり、重ねることで面になる。ただの糸の連なりが、布の上に花を咲かせ、鳥をはばたかせ、水の流れを、うねりを生み出す。そのことが、叫び出したいほどにうれしい。自分の手がそれを生み出していると思うたび、目の眩《くら》むような熱を感じる。その熱のかたまりが僕の中で、音を立てて爆《は》ぜる。そのたびに息がつまるほどの幸福に満たされる。生きている、という実感がある。
「だから、そういうのがわからへんのよ。私には」
「それでいい」
わかってくれなくてかまわない。わかってほしいなんて思っていない。⑨ただ見ていてほしい。僕が動き続けるのを。
川は海へと続いている。流れる水は海へ向かうあいだ、なにを考えているんだろう。ほんとうに海にたどりつけるんだろうかと心細く思ったりしないのだろうか。
僕にだってわからない。わからないけど、また針を動かす。
「僕が刺繍をするのは、刺繍が好きやからや。お母さんが縫いものや料理をせえへんのは、どっちも苦手やからやろ。苦手なことを家族のためにがんばるのが愛情なん？　それは違うと思うけど」
「だってあんた」
母の声が甲高く尖《とが》る。巾着袋、と言いかけた語尾がしゅるしゅると細くなる。
「巾着袋がなんなん、ちゃんと言うて」
「おばあちゃんにつくってもらったから、大事にしてるんやろ？」
「は？　いや……サイズがちょうどよかったから使おうと思っただけなんやけど」
⑩母が「へ」というまぬけな声を発した。口もへんなかたちに開いている。
「そうなん？」
目薬とかリップクリームみたいな、そういうちいさくてばらばらになりがちなものをまとめておくのにちょうどよかった。ただそれだけのことだと話しながら唐突に遠い記憶がよみがえった。
母の背中と、どんどん背後に流れていく街。ペダルをがしがし踏みながら「なんなんあの先生、なんなん」と怒っている母の声がへんに濁って、泣いてるみたいに聞こえた。もしかしたら＊件《くだん》の直談判の帰りだったのかもしれない。
「巾着袋を縫ってくれないお母さんは僕を愛していない、とかそんなこと考えたこともなかったしな」
手作りをすることでなにかを示したい、伝えたい、と思うことは自由だ。母がそのやりかたを選ばないことも。⑪自分と違うやりかたを選ぶ人を否定するような生きかたを、僕はしない。したくない。
そうか、と母がうつむく。伏せたまつ毛が細かく震えているのに気づいて、さりげなく目を逸《そ》らした。
（寺地　はるな『水を縫う』）

することで心が決まることはあるから、くるみは僕に話すことでなにか自分を納得させたかったのかもしれない。

ふうっと満足げに息を吐いたくるみは、ポケットをごそごそとさぐりはじめる。

⑤「これ、キヨくんにあげる」

平たくて楕円《だえん》形の石が、目の前に差し出された。すべすべとつめたくて、手のひらのくぼみにぴったりおさまる。真ん中に走っている細く白い筋を、そうっと指先でなぞった。

「ここまですべすべにするのに、どれぐらい研磨すんの」

「あー、それ私が研磨したんちゃうで」

「え、そうなん？」

「拾った時のまんま」

想像もできないほどの長い時間をかけて、流れる水によってかたちを変えた石だという。

「すごいやろ、水の力って」

じゃあ、そろそろ帰るね。くるみがいきなり立ち上がった。すたすたと玄関まで歩いていく背中をあわてて追う。

「送っていくよ」

「いい。ひとりで来たし、ひとりで帰る」

ほんとうは刺繍が完成するところを見たかったけどな、となぜか僕の額のあたりを意味ありげに一瞥《べつ》してから、くるみは出ていった。

「あれ、帰ったん？　あの子。夕飯食べていってもらおうと思ったのに」

台所から出てきた姉が残念そうに鼻を鳴らす。

宝石でもなんでもないただの石なのだろうけど、ものすごいものをもらってしまった気がする。大切にポケットにしまって、布地ごしにそっと押さえた。

「キヨあんた、おでこに糸くずついてる」

指摘されてようやく、さっきのくるみの視線の意味を知った。ゆっくりと頬が熱を帯びる。

夕飯になにを、どのぐらい食べたのか、よく覚えていない。それぐらい、残りの作業のことで頭がいっぱいだった。ただひたすら針を動かし、水をごくごくと飲み、くるみから教わったツボを押した。窓の外にはただ、藍色の夜がある。どこかで犬が鳴いている。車が行き交う音も聞こえる。太陽が沈んでも、世界は動き続けている。

時計を見たら、もう午前〇時をまわっていた。一気に仕上げてしまいたいけれど、ここで失敗したら元も子もない。

毛布を引き寄せて、畳に横たわった。自分の部屋のベッドで眠ったらたぶん朝まで目が覚めないから、仮眠はここでとることにする。

目を閉じたが、なかなか寝つけない。何度も寝がえりを打っていると、襖《ふすま》がすうっと開いた。母が足音を忍ばせて入ってくるのを、薄目を開けて観察する。

ボディに着せられたドレスの前に、じっと立ちつくしている。こちらに背中を向けているのと暗いのとで、どんな顔をしているのかはまったくわからない。

「……*寝とかんでええの？」

声をかけたら、母は「ヒッ」と叫んで全身を震わせた。

「ちょっとなんなんあんた、起きてるなら言うてよ」

昼間寝すぎたせいで寝つけないらしい。もう一生分寝た、などと嘯《うそぶ》く母は、たしかにもう咳《せき》もしていないし、顔色もずいぶん良い。パジャマの上から装着された、肺の痛みを抑えるためのコルセットが痛々しいけれども。

⑥母がいつまでも部屋を出ていこうとしないので、寝るのをあきらめて部屋の電気をつけた。

僕が針を持つと、母はまたドレスに向き直る。唇がむにむにと動いている。どうせまた「やめといたらよかったのに」とかなんとか言おうとしているのに違いない。

警戒する僕に、母が「祈りなん？」と、⑦すこぶるわけのわからない質問を投げつけてきた。

三　次の文章を読んで、後の問いに答えなさい。（＊印の付いている言葉には、本文の後に〔注〕があります。）

> 清澄《きよすみ》（キヨ）は高校一年生で祖母と母と姉（水青《みお》）の四人暮らし。趣味で特技でもある裁縫と刺繍《ししゅう》の腕を買われ、姉のウェディングドレスをつくることを引き受ける。残り二日で完成させるため、学校を休んで作業を進めていると、友人のくるみが訪ねて来た。

「お見舞いに来た」

背筋をぴんと伸ばして正座しているくるみの視線が、裁縫箱やドレスや畳の上に投げ出した目薬のあいだを行ったり来たりする。

「仮病やってことは、もうお姉さんから聞いてるで」

ごめん、と首をすくめた僕に向かって、くるみは「やるやん」と唇の端を持ち上げる。

「今日の授業のノート、持ってきた」

ありがたさと同時に、こんな時間まで寝てしまったことにたいする焦りが湧きおこる。

ふいに首に強い刺激を感じた。①いつのまにか背後にまわりこんでいたくるみが親指で僕の襟足のあたりをぎゅうぎゅう押しているのだ。

「え、え、なに?」

「ここな、目の疲れに効くツボやねんて」

「あ……そうなんや、ありがとう」

「後でまた目が疲れてきたら押したげる。今からまた刺繍するんやろ?」

後で、ということはまだしばらくここにいるつもりなのだろうか。②もう帰ってくれと言うわけにもいかず、さっきまで枕にしていた座布団を押しやった。困ったな、とは思ったけれども、部屋の中にくるみがいることに、じきに慣れた。というより針を持ったら忘れてしまっていた、のほうが正確だろうか。数時間眠ったのがよかったのか、身体が軽い。

西側の窓から見える空はマーマレードの色に変わっていた。畳やドレスの布地や僕の手をやわらかく染める。③針をすすめるごとに心はふつふつと熱くなっていくのに、頭は冬の朝に深呼吸をした時みたいに、すっきり、きっぱり冴《さ》えていく。休まずに針を動かし続けた。

「キヨくんは将来、洋服をあつかう人になるんかな」

くるみの声は、ひどく遠くから聞こえてきた。同じ部屋にいるのに、とても遠い。遠いけれども、でも、ちゃんと聞こえる。しばらく考えて「わからん」と答えた。

くるみのひんやりとつめたい指がそっと僕の首筋に触れた。目を閉じると、指は僕の目と目のあいだに移動してきた。続いて、こめかみをぎゅうぎゅうと押される。かなり痛いのだが、これは効いているということなのだろうか?

「でもずっと続けられたらええな、と思ってる。やっぱ、刺繍好きやから」

ずっと刺繍だけをしていられるような、それで食べていけるような仕事が存在するのかどうか、それは今の僕にはわからない。でも仕事じゃなくてもずっと続けたい。④そう言ってからようやく目を開けて、くるみを振り返った。

くるみが大きく頷《うなず》く。マーマレードの色をまとった、きれいな顔で。

「私もそう」

だって好きって大切やんな、と続けて、照れたように肩をすくめる。

「大切なことやから、自分の好きになるものをはやってるとかいないとか、お金になるかならないかみたいなことで選びたくないなと、ずっと思ってきた」

石ころなんか磨いてなにが楽しいの？　それってなんかの役に立つの？　もしかしたらくるみは今までに何度もそんな言葉をぶつけられてきたのかもしれない。いやきっとそうだ。だって、僕がそうだったから。

「あのさ、好きなことを仕事にするとかって言うやん。でも『好きなこと』がお金に結びつかへん場合もあるやろ。私みたいにさ。でも好きは好きで、仕事に関係なく持っときたいなと思うねん、これからも。好きなことと仕事が結びついてないことは人生の失敗でもなんでもないよな、きっとな」

な、と力強く言ったが、同意を求めているわけでもなさそうだった。言葉に

問五 空欄 D に入る人物として正しいものを一人選びなさい。

ア、大伴家持　イ、兼好　ウ、紀貫之　エ、額田王

問六 ――線④の内容として最も適切なものを選びなさい。

ア、中国の人々がからかいと侮蔑をこめて呼んだのと同じように、日本人が自分たちの奇妙な文化のことを卑下して呼び表したもの。

イ、江戸時代以前の優れた日本文化を復興させようとする人々が、明治以降に築かれた日本文化やその産物のことを卑下して呼び表したもの。

ウ、西洋文化を取り入れた明治以降の日本文化を評価し、日本人が江戸時代以前の自分たちの文化のことを卑下して呼び表したもの。

エ、進んだ西洋文化に比べて日本文化は劣っているという考え方のもとに、日本人が自分たちの築いた文化のことを卑下して呼び表したもの。

問七 ――線⑤の意味として最も適切なものを選びなさい。

ア、勢力をふるう　イ、邪魔をする

ウ、大切に扱われる　エ、占領する

問八 ――線⑥にあてはまらないものを一つ選びなさい。

ア、現代の生活の片隅に追いやられてしまっている和服や和室

イ、ダイナミックな運動体としての和

ウ、固定され偶像とあがめられた和の化石

エ、近代になってから私たちが和と呼んできたもの

問九 ――線⑦の説明として次の空欄にあてはまる内容を、字数に従って答えなさい。

(1) 十五字以内 が和なのではなく、(2) 十五字以内 こそが、和と呼ばれてきたものだということ。

（次は問九の下書き欄。解答は必ず解答用紙に書くこと。）

(1)

が和なのではなく、

(2)

こそが、和と呼ばれてきたものだということ。

から自分たちの築いてきた文化を和と呼んで卑下しはじめたことになる。この④新しい意味の和は近代化が進むにつれて徐々に⑤幅を利かせ、今や本来の和は忘れられようとしている。

身のまわりを見わたせば、近代になってから私たちが和と呼んできたものはみな生活の隅っこに押しこめられてしまっている。現代の日本人はふだん洋服を着て、洋風の食事をし、洋風の家に住んでいる。ふつうの人にとって和服は特別のときに引っ張り出して着るだけである。和食といえば、すぐ鮨《すし》や天ぷらを思い浮かべるが、鮨にしても天ぷらにしても、多くの人にとって、むしろ、ときどき食べにゆくものにすぎない。和室はどうかといえば、一戸建てにしろマンションにしろ一室でも畳の間があればいいほうである。こうして片隅に押しこめられ、ふつうの日本人の生活からかけ離れてしまったものが和であるなら、私たち日本人はずいぶんあわれな人々であるといわなければならない。

ところが、この国には太古の昔から異質なものや対立するものを調和させるという、いわばダイナミックな運動体としての和があった。この本来の和からすれば、このような現代の生活の片隅に追いやられてしまっている和服や和食や和室などはほんとうの和とはいえない。たしかにそれは本来の和が生み出した産物にはちがいないが、不幸なことに近代以降、固定され、偶像とあがめられた和の化石であり、残骸にすぎないということになる。

では、異質なもの、対立するものを調和させるという本来の和は現代において消滅してしまったか。決してそんなことはない。それは今も私たちの生活や文化の中に脈々と生きつづけているのだが、私たちは⑥和の残骸を懐かしがってばかりいるものだから、本来の和が目の前にあるのに気づかないだけなのだ。

近代化された西洋風のマンションの中に一室だけ残された畳の間。ふつうその畳の間だけを和の空間と呼ぶのだが、本来の和はそれとは別のものである。むしろ⑦西洋化された住宅の中に畳の間が何の違和感もなく存在していること、これこそ本来の和の姿である。同じようにパーティで洋服の中に和服の人が立ち交じっていようと何の不思議もない。逆に結婚披露宴で和服の中に洋服の人がいても違和感はない。あるいは、西洋風の料理の中に日本料理が一皿あっても何の問題もない。白人の中に日本人がいても、あるいは逆に有色人の中に白人がいても少しも目障りではない。

畳の間や和服や和食そのものが和なのではなく、こうした異質のもののなごやかな共存こそが、この国で古くから和と呼ばれてきたものなのである。少し見方を変えるだけで、この国の生活や文化の中で今も活発に働く本来の和が次々にみえてくる。

（長谷川　櫂『和の思想』）

問一　――線①の品詞の種類として適切なものを一つ選びなさい。

ア、副詞　イ、連体詞　ウ、形容詞　エ、形容動詞

問二　――線②の理由として最も適切なものを一つ選びなさい。

ア、「倭」と「和」は同音で聞くだけでは違いがわからないため、無断で国名を替えたことを中国に気づかれないようにすることができたから。

イ、敵対するもの同士が和議を結ぶという意味の「和」に国名を改めることで、中国に敵対する気持ちはないのだと示すことができたから。

ウ、侮蔑的な意味を持つ「倭」を同音の「和」に書き替えることによって、日本文化の特徴を表す誇り高い国名に改めることができたから。

エ、蔑称である「倭」を同音の「和」に書き替えることによって、日本人は漢民族と同等の知識を持つ優れた民族だと示すことができたから。

問三　――線③のカタカナと同じ漢字が使われているものを一つ選びなさい。

ア、批ヒョウ　イ、指ヒョウ　ウ、ヒョウ子　エ、ヒョウ解

問四　空欄 A ～ C にあてはまるものをそれぞれ選びなさい。

ア、なじませること　イ、仲良くなること

ウ、補い合うこと　エ、解消すること

二　次の文章を読んで、後の問いに答えなさい。

この国の人々は①はるかな昔から自分のことを「わ」と呼んできた。ただ、それを書き記す文字がなかった。中国から漢字が伝わる以前のことである。これは今でも「われ」「わたくし」「わたし」という形で残っている。

日本がやがて中国の王朝と交渉するようになったとき、日本の使節団は自分たちのことを「わ」と呼んだのだろう。中国側の官僚たちはこれをおもしろがって「わ」に倭という漢字を当てて、この国を倭国、この国の人を倭人と呼ぶようになった。倭という字は人に委ねると書く。身を低くして相手に従うという意味である。中国文明を築いた漢民族は黄河の流れる世界の中心に住む自分たちこそ、もっとも優れた民族であるという誇りをもっていた。そこで周辺の国々をみな蔑んでその国名に侮蔑的な漢字を当てた。倭国も倭人もそうした蔑称である。

ところが、あるとき、この国の誰かが倭国の倭を和と改めた。②この人物が天才的であったのは和は倭と同じ音でありながら、倭とはまったく違う誇り高い意味の漢字だからである。和の左側の禾は軍門に立てる③ヒョウシキ、右の口は誓いの文書を入れる箱をさしている。つまり、和は敵対するもの同士が和議を結ぶという意味になる。

この人物が天才的であったもうひとつの理由は、和という字はこの国の文化の特徴をたった一字で表わしているからである。というのは、この国の生活と文化の根底には互いに対立するもの、相容《あいい》れないものを和解させ、調和させる力が働いているのだが、この字はその力を暗示しているからである。

和という言葉は本来、この互いに対立するものを調和させるという意味だった。そして、明治時代に国をあげて近代化という名の西洋化にとりかかるまで、長い間、この意味で使われてきた。和という字を「やわらぐ」「なごむ」「あえる」とも読むのはそのためである。「やわらぐ」とは互いの敵対心が［　A　］。「なごむ」とは対立するもの同士が［　B　］。「あえる」とは白和え、胡麻《ごま》和えのように料理でよく使う言葉だが、異なるものを混ぜ合わせて［　C　］。

この国の歌を昔から和歌というのは、もともとは中国の漢詩に対して、和の国の歌、和の歌、自分たちの歌という意味だった。しかし、和歌の和は自分という古い意味を響かせながらも、そこには対立するものを和ませるというもっと大きな別の意味をもっていた。九〇〇年代の初めに編纂《へんさん》された『古今和歌集』の序に、編纂の中心にいた［　D　］は次のように書いている。

やまとうたは、人の心を種として、万《よろず》の言の葉とぞなれりける。世の中にある人、ことわざ繁《しげ》きものなれば、心に思ふことを、見るもの聞くものにつけて、言ひ出せるなり。花に鳴く鶯《うぐいす》、水に住む蛙《かわず》の声を聞けば、生きとし生けるもの、いづれか歌をよまざりける。力をも入れずして天地を動かし、目に見えぬ鬼神をもあはれと思はせ、男女の中をも和らげ、猛《たけ》き武士《もののふ》の心をも慰むるは歌なり。

「男女の中をも和らげ」というところに和の字が見えるが、それだけが和なのではない。「力をも入れずして天地を動かし、目に見えぬ鬼神をもあはれと思はせ、男女の中をも和らげ、猛き武士の心をも慰むる」というくだり全体が和歌の和の働きである。和とは天地、鬼神、男女、武士のように互いに異質なもの、対立するもの、荒々しいものを「力をも入れずして……動かし、……あはれと思はせ、……和らげ、……慰むる」、こうした働きをいうのである。これが本来の和の姿だった。

明治時代になって、西洋化が進むと江戸時代以前の日本の文化とその産物をさして和と呼ぶようになった。着物を和服といい、畳の間を和室というのがそれである。この新しい意味の和は進んだ西洋に対して遅れた日本という卑下の意味を含んでいた。

歴史を振り返ると、はるか昔、中国の人々が貢物《みつぎもの》を捧《ささ》げにきた日本人をからかいと侮蔑をこめて倭と呼んだ。それをある天才が一度は和という誇り高い言葉に書き替えたにもかかわらず、その千年後、皮肉なことに今度は日本人みず

二〇二一年度 日本大学豊山女子高等学校（一般①）

【国語】〈五〇分〉〈満点：一〇〇点〉

一 次の各問いに答えなさい。

問一 次の――線のカタカナと同じ漢字を使うものを一つ選びなさい。

鎌倉時代、将軍にツカえる武士を「御家人」といった。

ア、大自然をサンビする俳句をつくってみたい。
イ、祖父の誕生日に、ビゼン焼の湯のみを贈った。
ウ、自分の才能を生かし、シメイを全うする。
エ、杜甫は、若いころからシカンの道を目指した。

問二 次の――線の読みが他と異なるものを一つ選びなさい。

ア、聴聞　イ、見聞　ウ、伝聞　エ、外聞

問三 次の中から送り仮名が間違っているものを一つ選びなさい。

ア、報いる　イ、唱える　ウ、幼ない　エ、少ない

問四 類義語の関係でないものを一つ選びなさい。

ア、専心―没頭　イ、寄与―貢献
ウ、奔走―尽力　エ、漸次―寸時

問五 次の四字熟語の□に反対の意味を持つ漢字が入らないものを一つ選びなさい。

ア、勧□懲□　イ、行□流□
ウ、□名□実　エ、□同□異

問六 次の故事成語と最も近い意味のものを選びなさい。

破天荒

ア、時代錯誤　イ、生生流転
ウ、前代未聞　エ、驚天動地

問七 次のことわざと同じ意味を表しているものを一つ選びなさい。

弱り目に祟《たた》り目

ア、泣きっ面に蜂
イ、天に唾する
ウ、情けは人のためならず
エ、捨てる神あれば拾う神あり

問八 次の――線の慣用句の使い方で間違っているものを一つ選びなさい。

ア、祖母からの心温まる手紙に、目頭が熱くなった。
イ、大統領選の候補者が、討論会で口角沫《あわ》を飛ばす。
ウ、可愛い子犬の動画に、ほっぺたが落ちそうになる。
エ、友人の独創的なアイディアに舌を巻いた。

問九 次の――線の意味として最も適切なものを選びなさい。

ハイブリッド技術は今や幅広い分野で応用されている。

ア、合理　イ、混成　ウ、再生　エ、精密

問十 次の季語で他と季節の異なるものを一つ選びなさい。

ア、炎昼　イ、鬼灯《ほおずき》　ウ、鮭　エ、猪《いのしし》

英語解答

1 (1) 1　(2) 3　(3) ①　(4) 4
(5) 3　(6) 4

2 (7) 1　(8) 3　(9) 1　(10) 2
(11) 1　(12) 1　(13) 3　(14) 3
(15) 2

3 (16) 1　(17) 1　(18) 1　(19) 1
(20) 4　(21) 4　(22) 3　(23) 3
(24) 3　(25) 4

4 (26) 2　(27) 1　(28) 4　(29) 2
(30) 3　(31) 3　(32) 4

5 (33) How long have you played the piano
(34) Could you tell me how to get to the hospital
(35) This castle is the most famous in Germany／This is the most famous castle in Germany
(36) (例)what languages are used〔spoken〕／what languages people use〔speak〕／what languages people are using〔speaking〕
(37) (例)Will〔Won't〕 you join us

6 (38) 4　(39) 3　(40) 1　(41) 2
(42) 2

1〔放送問題〕放送文未公表

2〔長文読解総合―説明文〕

≪全訳≫❶あなたが外国で勉強するとき，最もよくぶつかる問題の1つが「カルチャーショック」である。カルチャーショックとは，自分たちの文化との違いを見て経験したときの驚きの感覚である。この驚きは良い場合も悪い場合もある。例えば，私たちは初めての食べ物を食べてみることにわくわくするかもしれない。知らない店で物を買うことを楽しむかもしれない。初対面の人々と会って楽しむかもしれない。しかし物事が悪い方向に行き始めると，私たちは問題を感じ始めることもある。これらの感情は，私たちが滞在先の国をどう見るか，その国の人々とどのようにコミュニケーションをとるかに影響するだろう。それはあなたの経験の成果にさえ影響するかもしれない。このため，「カルチャーショック」とその対応の仕方を知って理解することが大切である。人は次の段落に示した4つの段階を踏んでカルチャーショックを経験する。❷第1段階―「何もかもが新しい」段階。人々は初めて外国に到着し，何もかもが目新しく，楽しく刺激的だ。彼らは満足し，違いを楽しむことさえする。❸第2段階―「家が恋しい」段階。人々は違いが気になり始める。それは彼らを不安にさせ始めるかもしれない。食べ物や飲み物は彼ら自身の国のものと同じではない。天気が暑すぎたり寒すぎたりする。人々がなぜそんなふうに考えたりコミュニケーションをとったりするのかがわからないと感じる。あなたはミスすることが多くなり始める。家族や友人たちが恋しくなり，ただただ家に帰りたくなる。❹第3段階―「万事OK」の段階。あなたは新しい文化における違いを理解し始める。ミスをすることが少なくなるか，ミスをしてもあまり気にならなくなり始める。自分の抱える問題の答えが見つかるようになり始める。家を恋しがることをやめる。孤独も感じなくなる。人々と友達になる。自分が新しい文化の一部であり，ここが自分の居場所だと感じるようになり始める。❺第4段階―「家に帰る」段階。あなたは再びカルチャーショックを感じる。しかし今度は，あなたは自分の国に帰ったときにそれを経験するのである。あなたは外国での暮らし方が気に入っている。自国に戻ってくると何もかもが違って見え，昔の生活に戻るのに時間がかかる。❻図1は外国で勉強している間のあなたの感情を示している。見てわかるように，感情は上がったり下がったりする。ジェットコースターに乗っているように感じることもあるだろう。最初，これらの４段階のカルチャーショック体験はU型曲線を描くだろう。滞在先の国に着いた後，あなたの感情は上がり，真ん中で下がり，それからまた上がる。カルチャーショックはあなたが自国で通常の生活に戻るときも続くだろう。それはもう１つのU型曲線を描くので，全ての体験はW型曲線のように見えるだろう。**7**カルチャーショックに対してあなたは何ができるだろうか。以下はあなたへのアドバイスだ。最初に，カルチャーショックを感じるのはあなただけではないということを知ろう。２つ目に，故郷の友達や家族と連絡を取り続けよう。電話やメールで彼らと話すのはとてもいい考えだ。また，他の外国人学生とつき合うのも有益である。３つ目に，滞在先の国の文化を理解しようと努力しよう。滞在先の国の情報を集め，現地の人々に質問しよう。彼らは喜んで助けてくれるだろう。**8**カルチャーショックは大変なこともあるが，これらの困難はあなたが人間として成長するのを助けてくれるだろう。カルチャーショックをよく理解し，外国での滞在を楽しもう。世界はそこであなたを待っている。

(7)**＜適語句選択＞**「第２段階― A の段階に当てはまるのはどれか」―１．「家が恋しい」　同じ段落の最終文より，いわゆるホームシックの段階だとわかる。他の３つの選択肢「何も違わない」「くつろいでいる」「１人ではない」は全て肯定的な感覚。

(8)**＜適語句選択＞**「第３段階― B の段階に当てはまるのはどれか」―３．「万事OK」　同じ段落の内容より，違和感からくる問題がなくなり，滞在先の国になじんでいく段階だとわかる。２の「家にいる」は外国にいるわけだから当てはまらない。

(9)**＜英問英答＞**「彼はカナダにいる日本人学生である。彼はどの段階にいるか」（吹き出し内）「最初に着いたとき，日本人に比べてカナダ人は僕のような外国人に親切で優しかった。僕は楽しい」―１．「第１段階」　外国に着いた直後の，新鮮で楽しく感じる段階である。

(10)**＜英問英答＞**「彼女はカナダにいる日本人学生である。彼女はどの段階にいるか」（吹き出し内）「ときどき人々は『元気？』と言う。でもただ言っているだけだと感じる。また，『すごく元気』と答える人もいる。でも彼らは元気に見えない。私には理解できない」―２．「第２段階」　滞在先の人々のコミュニケーションのとり方が理解できず，困っている。

(11)**＜内容一致＞**「空所に入らないものはどれか」「カルチャーショックは（　　）」―１．「外国で勉強するときの否定的な感情でしかない」　第１段落第２，３文参照。カルチャーショックに肯定的な感情もある。

(12)**＜英問英答＞**「あなたがカナダにいるとします。もしカルチャーショックを感じたら，どの２つがあなたに役立ちますか。最適なペアを選びなさい」―ア．「カナダでの自分の経験について，外国人学生の友達に話すこと」　第７段落第６文参照。　オ．「カナダ人と友達になって，彼らの文化について質問すること」　第７段落第８文参照。

(13)**＜英問英答―図を見て答える問題＞**「図１でどれが第２段階か」―３　第３段落および第６段落第５文参照。第２段階は気分が落ち込んでいる段階である。

(14)**＜内容真偽＞**「次のどれが正しいか」　１．「私たちの感情は，滞在先の国での経験に起因する」…×　２．「母国の人々と連絡を取り合うことによって，人はよりカルチャーショックを感じる」…×　３．「カルチャーショックの経験はあなたが人間として成長するチャンスを与えてくれるかもしれない」…○　第８段落第１文に一致する。　４．「滞在先の国の人としか話すべきではない」…×

(15)**＜表題選択＞**「上の文章にタイトルをつけるとしたら，どれが最も適切なタイトルか」―２．「カルチャーショックの４つの段階とそれにどう対処するか」　本文では第５段落まででカルチャーショックの４つの段階が紹介されており，その後第７段落でその対処方法について述べられている。deal with ～「～に対処する」

３〔長文読解総合―対話文〕

≪全訳≫❶カナ(K)：あら，トモコ。こんなに早くそんな本を持ってどこに行くの？**❷トモコ(T)**：来週の数学のテストの勉強をしに図書館に行くところよ。**❸K**：へえ！　どうして寮で勉強しないの？**❹T**：本当は，自分の部屋で勉強したいの。そこならリラックスできるから。それに部屋ならおやつも食べられるし！　でも寮はうるさくて勉強できないのよ。**❺K**：そうね，私も同じことで困っていたわ。**❻T**：本当？**❼K**：私の寮はいつも大きな音で音楽が鳴っていたの。他の学生が勉強していたり寝ていたりすると考えない人がいるのよ。**❽T**：そうそう。わかるわ。**❾K**：いいことを思いついたの。自分のタブレットを使って自分のヘッドフォンで音楽を聴くようにしたのよ。**❿T**：まあ！　私も自分のタブレットからイヤホンで音楽を聴こうとしたけど，それでも騒がしい音が聞こえたのよ。**⓫K**：わかるわ。あの手の小さいイヤホンでは外部の騒音にあまり対応できないと思う。大きいのが必要よ。耳をすっぽり覆ってしまう大きいのが。**⓬T**：レコーディングスタジオで使われるような大きいもののことを言ってるの？**⓭K**：そうよ。それならあなたのタブレットとイヤホンよりずっとうまく外部の騒音を遮断してくれるわ。私はオンラインストアで安くて大きいのを買ったの。それを使い始めてからぐっと勉強しやすくなったわ。**⓮T**：それはいい考えね！　ところで，カナ，あなたは勉強中にどんな音楽を聴いているの？　つまり，あなたは勉強に集中できるの？　私はロックを聴くのが好きだけど…。**⓯K**：ええ。私はモーツァルトのようなクラシックを聴くわ。**⓰T**：なるほど。私はクラシックは聴かない。あなたはどうしてクラシックを聴くの？**⓱K**：科学的研究によって，人はクラシックを聴いているときによりよく勉強できることがわかったのよ。**⓲T**：本当？　どうして？**⓳K**：歌詞がないからだと思うわ，曲だけだから。**⓴T**：わかった！　私もクラシックを聴いてみることにするわ。**㉑K**：そうよ，やってみて！　私はうまくいったわ。**㉒T**：ありがとう，カナ。**㉓K**：どういたしまして。来週のテスト，がんばってね。**㉔**対話の後，トモコは学校の図書館に行った。そこに着くと，彼女は図書館受付の掲示板を見た。以下は掲示板のお知らせである。

開設！　スタディールーム(SR)／学校では夏休み後にスタディールーム(SR)を開設します。スタディールームで勉強することができます。そこに行ってテストに備えてください！／開室時間：午後３時から５時半　月曜日，水曜日，木曜日／午後２時半から６時　火曜日，金曜日，土曜日／日曜日は閉室／場所：北館５階　図書館の建物ではありません！／注意：スタディールームはいくつかの種類があります。下記の教室を使用できます。

	会議，話し合い	水を飲むこと	音楽を聴くこと(自分のタブレットとヘッドフォンを使用のこと)
501教室	○	○	×
502教室	○	×	×
503教室	×	×	○
504教室	×	×	×

個人指導員：本校の卒業生が個人指導員として勉強を手伝います。何か質問があれば(宿題，研究企画，勉強の仕方，など)彼らにきいてください。／また，個人指導員は水曜日と金曜日にSRに来ます。／もし個人指導員に英作文を見てほしければ，来る前にSRにメールを送ってください。／Eメールアドレス：study_room2020@schoolmail.ac.jp／SRに初めて来るときは，次の物を持参してください：学生証，タブレット，ガイドブック

(16)**＜英問英答＞**「どうしてトモコは本を持ってそんなに早く行くのか」―１．「図書館に行きたかった

から」　第２段落参照。

(17)＜**英問英答**＞「もし寮がうるさくなければ，トモコは普通どこで勉強するか」―１．「自分の部屋」　第４段落参照。自分の部屋で勉強したいと言っている。

(18)＜**英問英答**＞「この対話で，カナの寮にはどんな問題があるか」―１．「寮の中で大きな音で音楽を鳴らす学生がいる」　第７段落参照。

(19)＜**英問英答**＞「カナはどうして大型のヘッドフォンを使うのか」―１．「大型のものは外の雑音を遮断できるから」　第13段落参照。

(20)＜**英問英答**＞「カナは勉強するためにどんな音楽を聴くか」―４．「クラシック音楽」　第15段落参照。

(21)＜**適語選択**＞クラシック音楽を聴くと勉強がよりうまくいくという意味になればよい。better は well「よく」の比較級。

(22)＜**英問英答**＞「トモコは勉強のためにヘッドフォンで音楽を聴きたいと思っている。では，彼女はどの教室を使えるか」―３．「503教室」　表参照。

(23)＜**英問英答**＞「もしトモコが個人指導員に宿題をチェックしてほしければ，彼女はいつSRに行かなければならないか」―３．「水曜日か金曜日」　掲示板の個人指導員の欄参照。

(24)＜**英問英答**＞「学生が初めてSRに行くとき，何を持っていく必要があるか」―３．「学生証，ガイドブック，タブレット」　掲示板の最後の欄参照。

(25)＜**内容真偽**＞「どれが正しいか，４つの中から最も適切なものを選べ」　１．「カナは来週，英語のテストを受ける予定だ」…×　２．「SRは図書館の建物内にある」…×　３．「SRで会議をしたい場合，503教室を使わなければならない」…×　４．「もしあなたが英語の作文をチューターと一緒にチェックしたければ，SRに行く前にメールを送らなければならない」…○　掲示板の個人指導員の項に一致する。

4　**〔対話文完成―適文選択〕**

(26)**A**：すみません，駅はどこでしょうか？／**B**：ごめんなさい，私もこの辺は不案内なんです。この辺には初めて来たんですよ。／**A**：わかりました。交番に行きます。∥stranger には「(その場所に)不慣れな人」という意味がある。I'm a stranger here. は「私はこの辺を知らない」と言うときの決まり文句。

(27)**A**：このＴシャツはすごくかわいいですね。試着してもいいですか？／**B**：もちろん。こちらへどうぞ。／(数分後)／**A**：これは私にはちょっと小さいです。大きいのはありますか？／**B**：わかりました。見てみます。∥直前で「ちょっと小さい」と言っているので，試着中のものより大きいものはないか尋ねている。

(28)**A**：今日は，レポートのために本を何冊か探さないとね。／**B**：うん，だから僕は日本の歴史の本を探すよ。歴史の区画はどこかな？／**A**：わからない。フロアマップを見てみるわ。／**B**：ありがとう。∥直後で「フロアマップを見てみる」と言っているので，ＡはＢの質問に答えられなかったと考えられる。何かをきかれて「わかりません」と答えるとき，I'm not sure. は I don't know. よりやわらかい印象になる。

(29)**A**：パスポートをお願いします。／**B**：はい，どうぞ。／**A**：ご旅行の目的は何ですか？／**B**：ホームステイです。∥空港の入国審査での会話。Ｂの返答から，旅行の目的を尋ねられたと考えられる。

(30)**A**：マイク，君の意見を聞かせて。／**B**：１つ考えがあるよ。でもそれがいい考えかどうかはわからない。／A：こわがらないで！　考えを共有することはとても大切だよ！∥直後の発言の one は idea の反復を避けるために用いられている代名詞。

(31)A：見て！　きれいな写真が撮れたよ。／B：すてき！　この写真をおじいちゃんとおばあちゃんに送ろうよ。／A：そうしよう。手紙も書くよ。／B：それがいいね！∥誘いや提案を受けての Why not？という返答は賛成を表す。

(32)A：もしもし，ABC社のリサです。ヤマダさんはいらっしゃいますか？／B：何番におかけですか？　番号をお間違えのようです。／A：あら，すみません。もう一度番号を確かめます。∥空所の後の内容から，Aは間違った番号に電話をかけていることがわかる。

5〔整序結合・条件作文〕

(33)「どのくらいの間ピアノを弾いてきましたか」と読み換えて現在完了の疑問文で表す。How long で始めて 'have/has＋主語＋過去分詞…？' の語順を続ける。不要語は about, playing, much。

(34)「～への行き方」は how to get to ～，または the way to ～。本問では the がないので前者を使い，Could you tell me の後に続ける。不要語は in, way, on。

(35)famous の最上級は the most famous。日本語どおりの This castle is … のほか，This is で始めて「これはドイツで最も人気のある城だ」と表してもよい。どちらの場合も不要語は of, more。

(36)ケン：こんにちは，ジュディ。僕はケンです。あなたはどこの出身ですか？／ジュディ：こんにちは，ケン。私はカナダ出身です。／ケン：カナダの人は２つの言葉を話せると聞いていますが，カナダでは何の言語が話されているか知りません。／ジュディ：英語とフランス語で，だから私は両方話せます。∥この後のジュディの返答から，カナダで話されている２つの言語を尋ねる文にする。know の目的語になる部分なので '疑問詞＋主語＋動詞…' の間接疑問で表す。what languages「何の言語」でひとまとまりなのでこれで１つの疑問詞となる。２つの言語をきくので languages と複数形にすることに注意する。なお，what languages are spoken のように疑問詞が主語になる場合は '疑問詞(主語)＋動詞…' の語順になる。

(37)クミ：今度の金曜は空いてる？／タロウ：うん。何もやることがない。君は？／クミ：リサとロイと一緒に公園にピクニックに行くの。一緒に行かない？／タロウ：うん，行くよ。何時に集まるの？／クミ：午前10時に始めるわ。∥ピクニックに誘う言葉が入る。Yes, I will. と答えているので Will you ～？あるいは Won't you ～？の形の疑問文にする。「(私たちと一緒に)行く」は join us，come with us などで表せるが，４語以内という条件があるので，後者は使えない。

6〔長文読解─適語(句)選択─説明文〕

≪全訳≫緑のカーテン❶私たちは夏の間電気を節約しなければならない。家庭で何ができるだろうか。❷窓や壁の近くにツル植物で「緑のカーテン」をつくることができる。「緑のカーテン」は家を陰にし，部屋の温度を下げる。だからそれほどエアコンを使う必要がない。❸「緑のカーテン」にはどんな植物が適しているだろうか。ゴーヤ，つまりニガウリはとても人気がある，というのは葉がぎっしりしていて実がなるからだ。キュウリやヘチマも良い。花を楽しみたければ朝顔がきれいだ。「緑のカーテン」を育てることは環境を守る良い方法である。

(38)What can we do？「私たちに何ができるだろうか」　(39)do not have to ～「～する必要がない」　(40)good for ～「～に適した」　(41)空所の後ろが人気の理由なので because「なぜなら」が適切。　(42)文の主語になるので，動名詞 growing「育てること」が適切。

数学解答

1 (1) ①…－　②…7　③…6

(2) ④…5　⑤…4

(3) ⑥…1　⑦…2　⑧…7　⑨…2

(4) ⑩…3　⑪…1　⑫…5　⑬…2

⑭…3

(5) 8　(6) ⑯…1　⑰…1　⑱…0

(7) ⑲…3　⑳…1

(8) ㉑…1　㉒…0　㉓…2　㉔…3

2 (1) 4　(2) ㉖…1　㉗…5

(3) 3　(4) ㉙…1　㉚…5

3 (1) ㉛…5　㉜…6

(2) ㉝…6　㉞…5　㉟…3

(3) ㊱…7　㊲…2　㊳…2　㊴…9

4 （例）△AQCと△BPCにおいて，AC＝BC……㋐，∠ACQ＝∠BCP……㋑，CQ＝CP……㋒　㋐，㋑，㋒より，2組の辺とその間の角がそれぞれ等しいので，△AQC≡△BPCとなり，∠CAQ＝∠CBP……㋓　△APRと△BPCにおいて，㋓より，∠PAR＝∠PBC……㋔　対頂角より，∠APR＝∠BPC……㋕　㋔，㋕より，2組の角がそれぞれ等しいので，△APR∽△BPC

1 〔独立小問集合題〕

(1)＜数の計算＞与式＝$\left(-\frac{125}{8}\right)\times\frac{1}{25}\div\left(1-\frac{9}{4}\right)-\frac{5}{3}=-\frac{125}{8}\times\frac{1}{25}\div\left(-\frac{5}{4}\right)-\frac{5}{3}=-\frac{125}{8}\times\frac{1}{25}\times\left(-\frac{4}{5}\right)-\frac{5}{3}=\frac{1}{2}-\frac{5}{3}=\frac{3}{6}-\frac{10}{6}=-\frac{7}{6}\left(=\frac{-7}{6}\right)$

(2)＜式の計算＞$\frac{a^{④}b^{⑤}}{4}=-4a^4b^2\div(-4ab^2)^3\times(2a^2b^4)^2=-4a^4b^2\div(-64a^3b^6)\times4a^4b^8=\frac{4a^4b^2\times4a^4b^8}{64a^3b^6}=\frac{a^5b^4}{4}$となるので，④＝5，⑤＝4である。

(3)＜平方根の計算＞与式＝$(2-6\sqrt{2}+9)+\frac{2\sqrt{2}}{\sqrt{8}}-\frac{4}{\sqrt{8}}=11-6\sqrt{2}+\frac{2\sqrt{2}}{2\sqrt{2}}-\frac{4}{2\sqrt{2}}=11-6\sqrt{2}+1-\frac{2\times\sqrt{2}}{\sqrt{2}\times\sqrt{2}}=12-6\sqrt{2}-\frac{2\sqrt{2}}{2}=12-6\sqrt{2}-\sqrt{2}=12-7\sqrt{2}$

(4)＜連立方程式＞$\frac{2x-3y}{3}=\frac{y}{4}-1$……㋐，$3(2x-y)-4x=10$……㋑とする。㋐×12より，$4(2x-3y)=3y-12$，$8x-12y=3y-12$，$8x-15y=-12$……㋐′　㋑より，$6x-3y-4x=10$，$2x-3y=10$……㋑′　㋑′×5－㋐′より，$10x-8x=50-(-12)$，$2x=62$　$\therefore x=31$　これを㋑′に代入すると，$2\times31-3y=10$，$62-3y=10$，$3y=52$　$\therefore y=\frac{52}{3}$

(5)＜二次方程式の応用＞解の公式より，$x=\frac{-(-6)\pm\sqrt{(-6)^2-4\times1\times(-20)}}{2\times1}=\frac{6\pm\sqrt{116}}{2}=\frac{6\pm2\sqrt{29}}{2}=3\pm\sqrt{29}$となる。ここで，$5^2<29<6^2$より，$5<\sqrt{29}<6$だから，$x^2-6x-20=0$の正の解$a$は，$a=3+\sqrt{29}$であり，$5+3<\sqrt{29}+3<6+3$より，$8<3+\sqrt{29}<9$となる。よって，$8<a<8+1$であるから，⑮＝8となる。

(6)＜確率―座席＞[1]～[5]の5つの座席に，A～Eの5人が座るときの座り方は，[1]の席にはA～Eの5通り，[2]の席には[1]に座った人以外の4通り，[3]の席には残りの3人の3通り，[4]の席には残りの2人の2通り，[5]の席には最後の1人の1通りあるので，全部で5×4×3×2×1＝120(通り)ある。このうち，A，Bがともに1列目の[1]か[2]の席に座るのは，[1]にA，[2]にBか，[1]にB，[2]にAが座る場合が2通りあり，そのそれぞれに，残りのC，D，Eの3人が，[3]，[4]，[5]の座席に座る場合が$3\times2\times1=6$(通り)あるので，$2\times6=12$(通り)ある。よって，求める確率は$\dfrac{12}{120}=\dfrac{1}{10}$である。

(7)＜図形―角度―円周角＞右図1のように，円Oの周上の点をA～Eと定め，2点A，Cを結ぶ。線分ADは円Oの直径だから，$\angle ACD=90^\circ$であり，$\angle ACE=\angle ACD-\angle ECD=90^\circ-59^\circ=31^\circ$となる。よって，$\overset{\frown}{AE}$に対する円周角より，$\angle x=\angle ABE=\angle ACE=31^\circ$である。

図1

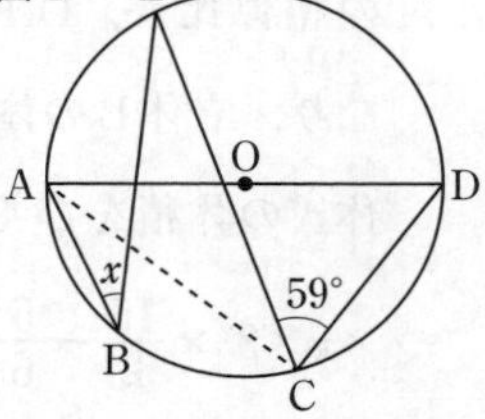

(8)＜図形―辺比―相似＞右下図2のように，1辺5cmの正方形の点A以外の頂点をD，E，Fとし，直線BFと辺ADとの交点をGとする。また，点Cを通り辺ADと平行な直線と，辺AF，GFとの交点をそれぞれH，Iとする。AD∥HCより，△AFG∽△HFIで，相似比は，AF：HF＝5：1だから，$HI=\dfrac{1}{5}AG=\dfrac{1}{5}\times2=\dfrac{2}{5}$となり，$CI=CH-HI=5-\dfrac{2}{5}=\dfrac{23}{5}$である。よって，AG∥CIより，△ABG∽△CBIで，相似比は，$AG:CI=2:\dfrac{23}{5}=\dfrac{10}{5}:\dfrac{23}{5}=10:23$だから，AB：BC＝10：23である。

図2

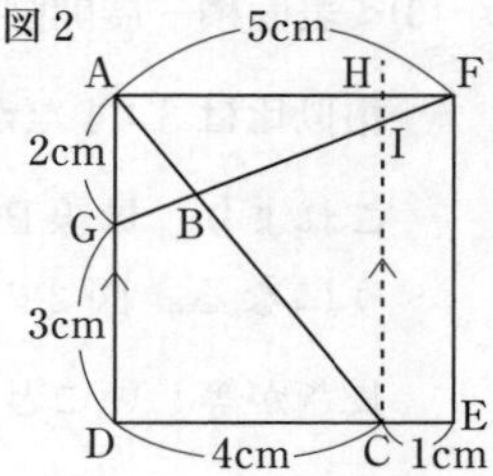

2〔関数―関数$y=ax^2$と直線，双曲線〕

(1)＜交点のy座標＞$a=2$のとき，点Aは，右図1のように，関数$y=x^2$のグラフと関数$y=2x$のグラフとの交点のうち原点でない方である。2式からyを消去して，$x^2=2x$より，$x^2-2x=0$，$x(x-2)=0$，$x=0$，2となるので，点Aのx座標は2であり，$x=2$のとき，$y=2\times2=4$となるから，点Aのy座標は4である。

図1

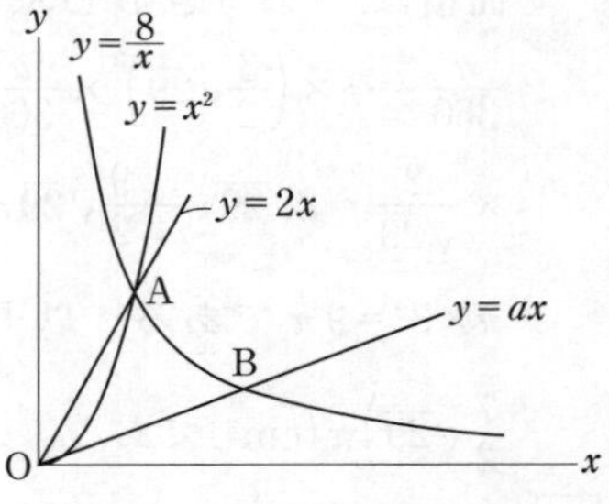

(2)＜反比例＞関数$y=\dfrac{8}{x}$は，yがxに反比例していることを表している。よって，xの値を5倍すると，yの値は$\dfrac{1}{5}$倍になる。

(3)＜点の個数＞$0<a\leqq2$のとき，関数$y=ax$のグラフの傾きは直線$y=2x$のグラフの傾き以下なので，点Bは，右上図1の関数$y=\dfrac{8}{x}$のグラフ上の点で，点Aから右側(点Aを含む)にあり，そのx座標は2以上の8の約数である。2以上の8の約数は2と4と8であり，$x=2$のとき$y=\dfrac{8}{2}=4$，$x=4$のとき$y=\dfrac{8}{4}=2$，$x=8$のとき$y=\dfrac{8}{8}=1$より，点Bの座標は(2，4)，(4，2)，(8，1)の3通りある。

(4)＜面積＞(3)より，A(2，4)，B(8，1)だから，△OABは右図2のようになる。図2で，点(8，0)をP，点(8，4)をQ，点(0，4)をRとすると，△OAB＝〔長方形OPQR〕－△OPB－△AQB－△ORAとなる。よって，AQ＝8－2＝6，BQ＝4－1＝3より，$\triangle OAB=4\times8-\dfrac{1}{2}\times8\times1-\dfrac{1}{2}\times6\times3-\dfrac{1}{2}\times2\times4=32-4-9-4=15$である。

図2

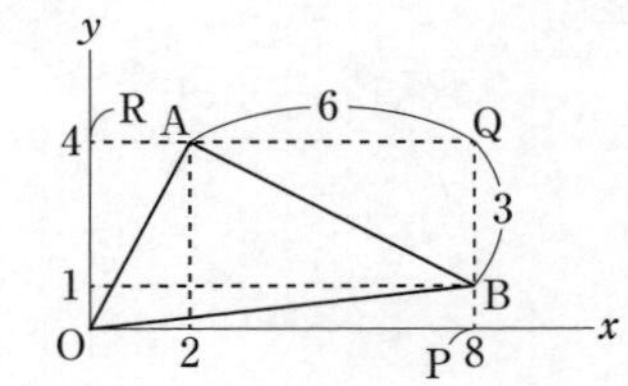

3〔空間図形―円錐〕

(1)＜体積―相似＞次ページの図1のように，与えられた円錐の頂点をP，底面の円の中心をO_1，周上の点をQ，底面に平行な平面で切った切り口の円の中心をそれぞれO_2，O_3とし，円O_2，O_3の円周と母線PQとの接点をそれぞれR，Sとする。O_3S∥O_1Qより，$\triangle PO_3S$∽$\triangle PO_1Q$であり，その相似比が，$O_3S:O_1Q=1:4$より，$PO_3=\dfrac{1}{4}PO_1=\dfrac{1}{4}\times10=\dfrac{5}{2}$となる。よって，立体Aの体積は，

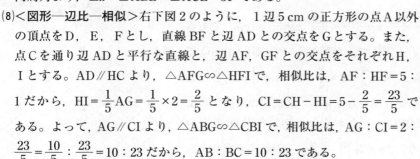

$\dfrac{1}{3}\times\pi\times1^2\times\dfrac{5}{2}=\dfrac{5}{6}\pi(\mathrm{cm}^3)$である。

図1

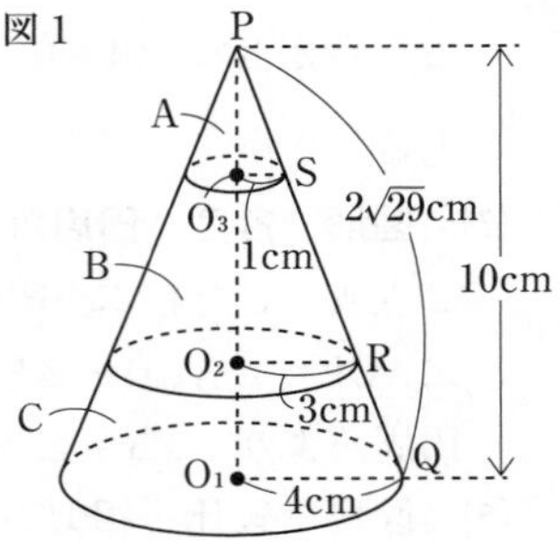

(2)**＜体積―相似＞**右図1で，$O_2R /\!/ O_1Q$より，$\triangle PO_2R \backsim \triangle PO_1Q$で，その相似比が，$O_2R:O_1Q=3:4$より，$PO_2=\dfrac{3}{4}PO_1=\dfrac{3}{4}\times10=\dfrac{15}{2}$となり，立体Bの体積は，立体Aと立体Bを合わせた円錐の体積から立体Aの体積をひくことで求められる。よって，立体Bの体積は，$\dfrac{1}{3}\times\pi\times3^2\times\dfrac{15}{2}-\dfrac{5}{6}\pi=\dfrac{135}{6}\pi-\dfrac{5}{6}\pi=\dfrac{130}{6}\pi=\dfrac{65}{3}\pi(\mathrm{cm}^3)$である。

図2

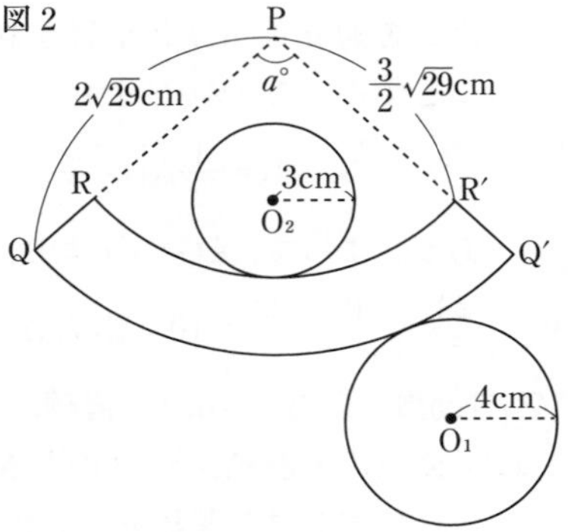

(3)**＜表面積―展開図＞**右上図1で，(2)より，$\triangle PO_2R \backsim \triangle PO_1Q$で，相似比は$3:4$だから，$PR=\dfrac{3}{4}PQ=\dfrac{3}{4}\times2\sqrt{29}=\dfrac{3}{2}\sqrt{29}$となる。これより，母線PQを切り開いた立体Cの展開図は右図2のようになる。図2の$\angle QPQ'=a°$とおくと，$\overset{\frown}{QQ'}$と円O_1の周の長さが等しいことより，$2\pi\times2\sqrt{29}\times\dfrac{a°}{360°}=2\pi\times4$が成り立ち，$\dfrac{a°}{360°}=\dfrac{2}{\sqrt{29}}$となる。よって，立体Cの側面の図形RQQ′R′の面積は，〔おうぎ形PQQ′〕−〔おうぎ形PRR′〕$=\pi\times(2\sqrt{29})^2\times\dfrac{a°}{360°}-\pi\times\left(\dfrac{3}{2}\sqrt{29}\right)^2\times\dfrac{a°}{360°}=\pi\times(2\sqrt{29})^2\times\dfrac{2}{\sqrt{29}}-\pi\times\left(\dfrac{3}{2}\sqrt{29}\right)^2\times\dfrac{2}{\sqrt{29}}=8\sqrt{29}\pi-\dfrac{9}{2}\sqrt{29}\pi=\dfrac{7}{2}\sqrt{29}\pi$である。また，円$O_1$の面積は，$\pi\times4^2=16\pi$，円$O_2$の面積は，$\pi\times3^2=9\pi$である。以上より，立体Cの表面積は，$16\pi+9\pi+\dfrac{7}{2}\sqrt{29}\pi=25\pi+\dfrac{7}{2}\sqrt{29}\pi=\left(25+\dfrac{7}{2}\sqrt{29}\right)\pi(\mathrm{cm}^2)$である。

4〔**平面図形―三角形―論証**〕

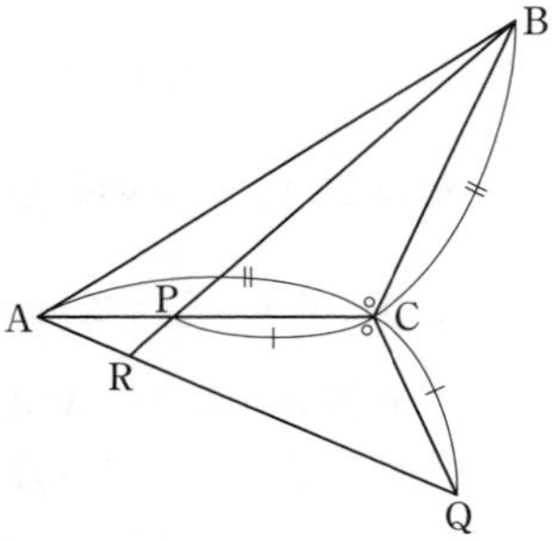

右図の△APRと△BPCの相似を証明するには，対頂角より，∠APR＝∠BPCであることから，他の1組の角が等しいことを示せばよい。与えられた条件AC＝BC，CP＝CQ，∠BCP＝∠ACQより，△AQCと△BPCの合同を示せば，∠PARと∠PBCが等しいことがわかる。解答参照。

国語解答

一　問一　エ　問二　ア　問三　ウ
問四　エ　問五　イ　問六　ウ
問七　ア　問八　ウ　問九　イ
問十　ア

二　問一　エ　問二　ウ　問三　イ
問四　A…エ　B…イ　C…ア
問五　ウ　問六　エ　問七　ア
問八　イ
問九　(1)　畳の間や和服や和食そのもの［が和なのではなく，］
(2)　異質のもののなごやかな共存［こそが，和と呼ばれてきたものだということ。］

三　問一　ア　問二　イ　問三　ア
問四　エ　問五　ウ　問六　イ
問七　ア　問八　ウ　問九　エ
問十　イ　問十一　エ

四　問一　ア　問二　イ　問三　ウ
問四　イ　問五　(1)…ア　(2)…エ
問六　イ　問七　ウ　問八　エ
問九　ウ

一〔**国語の知識**〕

問一＜漢字＞「仕える」と書く。アは「賛美」または「讃美」，イは「備前」，ウは「使命」，エは「仕官」。

問二＜漢字＞「聴聞」は「ちょうもん」，「見聞」は「けんぶん」，「伝聞」は「でんぶん」，「外聞」は「がいぶん」と読む。

問三＜漢字＞「幼い」と送る。

問四＜語句＞「漸次」は，だんだん，しだいに，という意味。類義語は，少しずつ進行するさまを表す「徐々に」など。「寸時」は，わずかな時間のこと。類義語は，少しの間という意味の「暫時」。

問五＜四字熟語＞アは「勧善懲悪」，イは「行雲流水」，ウは「有名無実」，エは「大同小異」。

問六＜故事成語＞「破天荒」は，かつて誰も成し遂げなかったことを初めて行うこと。「前代未聞」は，今まで聞いたこともない初めてのこと。

問七＜ことわざ＞「弱り目に祟り目」と「泣きっ面に蜂」は，悪いことにさらに悪いことが重なって，ダメージが大きいこと。「天に唾する」は，人に害を与えようとして，かえって自分に災を招く，という意味。「情けは人のためならず」は，人に対して情けをかけておけば，自分に良い報いが返ってくる，という意味。「捨てる神あれば拾う神あり」は，自分に愛想をつかして相手にしてくれない人もいる反面，親切に助けてくれる人もいるものだ，という意味。

問八＜慣用句＞「ほっぺたが落ちる」は，食べた物がこのうえなくおいしいことを表す。

問九＜語句＞「ハイブリッド」は，複数の方式を組み合わせること。

問十＜俳句の技法＞「炎昼」は，夏の季語。「鬼灯」と「鮭」と「猪」は，秋の季語。

二〔**論説文の読解―文化人類学的分野―日本文化**〕出典；長谷川櫂『和の思想――異質のものを共存させる力』。

≪本文の概要≫日本語で，自分を表す「わ」という語をもとに，中国人に倭という蔑称で呼ばれた日本人は，倭を同音の和に改めた。和は，誇り高い意味を持ち，対立しあい，相容れないものを和解させ，調和させるという，日本の生活と文化の根底にある力を一文字で表している。ところが，明治時代以降，西洋化が進むと，日本人は，進んだ西洋に対して遅れ劣った日本という卑下の意味で，自国の文化と産物を和と呼ぶようになった。近代以降，私たちが和と呼ぶものは，生活の片隅に追いやられてしまい，和服も和食も和室も，固定され，偶像とあがめられた和の化石でしかなくなった。だが，異質なもの，対立するものを調和させるという本来の和は，今も私たちの生活や文化の中に脈々と生き続けている。西洋風のマンションの中の和室，洋装の中の和装，西洋料理の中の日本料理の一皿は，何の違和感もなく溶け込んでいる。和室や和服や和食そのものが和なのではなく，このような異質のものの和やかな共存こそが，日本で古くから呼ばれてきた，本来の和なのである。

問一＜品詞＞「はるかな」は，形容動詞「はるかだ」の連体形。

問二＜文章内容＞和は，「倭と同じ音でありながら，倭とはまったく違う誇り高い意味の漢字」であり，日本文化の根底にある「互いに対立するもの，相容れないものを和解させ，調和させる力」を暗示しているのである。「身を低くして相手に従う」という「侮蔑的な漢字」である倭国の倭を，そのような意味を持つ和と改めた「誰か」は，天才的であったといえる。

問三＜漢字＞「標識」と書く。アは「批評」，ウは「拍子」，エは「氷解」。

問四＜文章内容＞A．「やわらぐ」は，敵対する互いの「心」のとげとげしさがなくなることである。　B．「なごむ」は，「対立するもの同士」の気持ちがやわらいで親和することである。　C．「あえる」は，「白和え」などのように「異なるものを混ぜ合わせて」調和させることである。

問五＜文学史＞『古今和歌集』は，紀貫之らによって編纂された勅撰和歌集で，その序文の「仮名序」の作者は，紀貫之。

問六＜文章内容＞明治時代の「新しい意味の和」は，「進んだ西洋に対して遅れた日本という卑下の意味」を含み，「日本人みずから自分たちの築いてきた文化を和と呼んで卑下」した言葉である。

問七＜慣用句＞「幅を利かせる」は，威勢を張る，という意味。

問八＜文章内容＞「和の残骸」とは，私たちが昔のものとして懐かしがるもので，「近代以降，固定され，偶像とあがめられた和の化石」である（ウ…○）。それは，西洋の文化に対し，遅れた日本という卑下の意味を含めて「近代になってから私たちが和と呼んできた」ものであり（エ…○），「現代の生活の片隅に追いやられてしまっている和服や和食や和室」など，「ほんとうの和とはいえない」もののことである（ア…○）。それに対し，「太古の昔から異質なものや対立するものを調和させるという，いわばダイナミックな運動体としての和」は，「本来の和」である（イ…×）。

問九＜文章内容＞「畳の間や和服や和食そのものが和なのではなく」て，「異質のもののなごやかな共存こそが，この国で古くから和と呼ばれてきたもの」であり，「本来の和の姿」なのである。

三〔**小説の読解**〕出典；寺地はるな『水を縫う』。

問一＜文の組み立て＞「背後に」「いつのまにか」「まわりこんでいた」ということである。「いつのまにか」は，「まわりこんでいた」に係る連用修飾語。

問二＜心情＞清澄は，授業のノートを持ってきてくれたくるみに「ありがたさ」を感じているので，くるみが「まだしばらくここにいるつもり」らしいのをやや迷惑に思いながらも，邪険に帰れとも言えないのである。

問三＜表現＞清澄は，刺繍という作業に熱中して興奮を覚え，「心はふつふつと熱くなっていく」一方で，「頭は冬の朝に深呼吸をした時みたいに，すっきり，きっぱり冴えて」いる。清澄は，雑念なく作業に集中し，「休まずに針を」動かし続けている。

問四＜心情＞「将来，洋服をあつかう人になるんかな」というくるみの質問に，清澄は，「わからん」と答えた後，目を閉じている中で，「ずっと刺繍だけをしていられるような，それで食べていけるような仕事が存在するのかどうか」は「今の僕にはわからない」けれども，「仕事じゃなくてもずっと続けたい」という自分の気持ちを確認できたので，目を開けてくるみを振り返った。

問五＜文章内容＞くるみがくれた「平たくて楕円形の石」は，「想像もできないほどの長い時間をかけて，流れる水によってかたちを変えた石」であった。くるみは，長い時間の継続によってすばらしいものをつくりあげる「水の力」のすごさを清澄に伝えることで，清澄の夢を応援する気持ちを表したと考えられる。

問六＜心情＞母が深夜にそっと部屋に入ってきて，「ボディに着せられたドレスの前に，じっと立ちつくしている」のは，母が清澄のつくっているドレスに，何かしら考え，思いを抱いているということである。再び針を持った清澄が，自分が姉のドレスをつくっていることについて，母が「どうせまた『やめといたらよかったのに』とかなんとか言おうとしているのに違いない」と「警戒」していることから，清澄は，電気をつけて，何かしら考えを巡らせている母にドレスを見せ，姉のドレスをつくることについて母が何か言うきっかけをつくったのだと考えられる。

問七＜語句＞「すこぶる」は，たいへん，非常に，という意味の副詞。

問八＜文章内容＞清澄は，自分が刺繍をするのは，「ただ，楽しいから」であって，母の言うような「祈り」や「愛情のあかし」などではないと考えている。そこで，「僕が刺繍をするのは，刺繍が好きやから」で，「苦手なことを家族のためにがんばるのが愛情なん？　それは違うと思うけど」と，清澄は，母に自分の考えを言ったのである。

問九＜心情＞清澄は，「ただ，楽しいから」刺繍をするのだという自分の気持ちを，母が「わかってくれなくてかまわない」し，「わかってほしいなんて」思っていない。けれども，自分が刺繍を続けていくことで何か確実な結果に「たどりつけるんだろうかと心細く」思うようなときにも，母がただ見守ってくれていれば心強いと，清澄は思っているのである。

問十＜文章内容＞母は，「おばあちゃんにつくってもらった」巾着袋を，祖母の愛情のこもった手づくりだから清澄が「大事にしてる」のだと思っていた。しかし，「サイズがちょうどよかったから使おうと思っただけ」という清澄の単純な答えを聞いて，母は，祖母の愛情を感じて清澄が巾着袋を大事にしていたのではないと知り，意外のあまり気が抜けたのである。

問十一＜心情＞清澄は，祈りや愛情のあかしとして刺繍をするのではなく，ただ楽しくて好きだから刺繍をするのであり，母は，愛情がないわけではなく，ただ苦手だから雑巾一つ縫わないだけである。一方で，「手作りをすることでなにかを示したい，伝えたい，と思う」人もいるだろう。清澄は，価値観は人それぞれなのだから，刺繍が好きな自分を他人にとやかく言われたくないし，自分もまた，多様な価値観を否定することなく，受け入れていきたいと思っている。

四〔古文の読解―説話〕出典；『十訓抄』四ノ十四。

≪現代語訳≫花園大臣の御もとに，初めて参上し(てお仕えし)た侍が，名札の端書に，「特技は和歌をよむこと」と書いていた。花園大臣が秋の初めに南殿に出て，機織虫が鳴く声を鑑賞していらっしゃったところ，日が暮れたので，「格子を下ろしに誰か参上せよ」とおっしゃった。「蔵人の五位は，居合わせず，他の人も(今はお近くに)控えておりません」と申し上げて，この侍が参上したので，「いいから，お前が，下ろせ」と(お言葉が)あったので，(格子を)お下ろし申し上げたところ，(花園大臣が)

「お前は和歌をよむ者だそうだな」と(お言葉が)あったので，(侍は)恐縮して，格子を下ろすのを途中でやめて控えていると，(花園大臣が)「この機織虫の鳴くのが聞こえるか。(これを題として)一首和歌をおよみ申し上げよ」とおっしゃったので，(侍は)「青柳の」と和歌の初めの五文字をよんだのを，(そばで)お仕えしていた女房たちが，「時節に合わない」と思った様子で，笑い出してしまったのを，(花園大臣が)「言葉を最後まで聞かないで，笑うということがあるか，いや，笑ったりしていはいけない」とおっしゃって，(侍に)「早く(続きを)およみ申し上げよ」とおっしゃったので，(侍は)／春の細くやわらかい糸のような柳の緑色の葉を，糸を繰るようにたぐり寄せ，また季節もたぐり寄せられて，夏が過ぎて，今，この秋に，春の柳の葉でつくった糸で機を織るかのように，機織虫は機を織る音をたてて鳴くよ。／とよんだところ，(花園大臣は，ちょうど季節に合った柄である)萩を織り出した直垂を(侍の前に)押しやって，(ほうびとして)お与えになったのだった。

問一＜古典文法＞「花園大臣の御許に」の「の」は，連体修飾格の格助詞。「侍の」と「殿の」と「機織の」の「の」は，主格の格助詞。

問二＜古文の内容理解＞①花園大臣が，格子を下ろしに誰か参上せよとおっしゃった。　②お前が格子を下ろせとの花園大臣の言葉があったので，侍が，(格子を)お下ろし申し上げた。　④花園大臣が歌をよむようにおっしゃったので，侍が，「青柳の」とよんだ。

問三＜古文の内容理解＞花園大臣が「機織の鳴くを愛しておはしける」ところへ，「名簿の端書」に「能は歌よみ」と書いていた侍が，格子を下ろしに来たので，花園大臣は，侍に「一首つかまつれ」と命じた。

問四＜古文の内容理解＞花園大臣は，機織虫の鳴く秋の情景をよめと命じたのに，侍が「青柳の」と春の風物を初句に置いてよみ始めたので，女房たちは「折に合はず」と思った様子で，笑い出した。

問五⑴＜現代語訳＞「やは」は，反語の係助詞。「笑ふやうやはある」は，笑うということがあるか，いや，ない，という意味。　⑵**＜古文の内容理解＞**花園大臣は，女房たちが「ものを聞きはてず」に侍のよみ始めた初句だけを聞いて，季節外れだと思った様子で笑い出したので，歌は最後まで聞かないとその趣向はわからないのに，初句だけ聞いて笑うということがあるかと，注意したのである。

問六＜古文の内容理解＞花園大臣は，「能は歌よみ」と自称する侍が，「青柳の」という，季題とは異なる意外な歌語からよみ始めたので，どのような歌になるのか，早く最後まで聞きたいと思い，「とくつかまつれ」とせかしたのである。

問七＜和歌の内容理解＞「くりかへす」は，何度も糸をたぐり寄せる，という意味。和歌は，糸のような柳の緑色の葉を，たぐり寄せ，また季節もたぐり寄せられて，夏を経て，今，この秋に糸をへて機を織るかのように機織虫が鳴いている，という意味である。機織虫が繰り返し鳴く，という意味ではない。

問八＜古文の内容理解＞萩は，秋の七草の一つ。侍が，春の風物である「青柳の」から，「機織」「糸」などの縁語や「へて」という掛詞を駆使して季節の推移を歌によみ込み，見事に秋の和歌として仕上げたことに，花園大臣は感心し，ほうびとして，季節に合う柄の直垂を与えたのである。

問九＜文学史＞『徒然草』は，鎌倉時代後期に兼好法師が書いた随筆。『今昔物語集』は，平安時代末期に成立した説話集。『竹取物語』は，平安時代初期に成立した伝奇物語。『枕草子』は，平安時代中期に清少納言が書いた随筆。

2021年度　日本大学豊山女子高等学校(一般②)

【適性検査問題】　(60分)

【英　語】　〈満点：35点〉

1　アメリカ出身のKateさんの文を読み，各設問に答えなさい。

When I first came to Japan, I stayed at the home of my Japanese friend. She had two small children. They could understand my poor Japanese. But, I didn't always understand their answers. When I asked the older brother, a boy of about five, "What's your favorite food?", he said *kare*. *Kare?* He? Who is he? Do Japanese people call their favorite foods he or she? It didn't mean "he." It meant "curry!"

Another day during my stay in Japan, I heard the word "ao shingo" — a blue traffic signal? What's that? I thought traffic lights in Japan were red, yellow, and green, like in the U.S. I walked down the street to the nearest intersection to make sure. Yes, the traffic lights were red, yellow, and green — not blue. (A)Why? After that day, I heard other "blue" words — *aoba*, *aomushi*, and — I was surprised there were "blue" words even for foods! — *aoyasai* and *aonori*. Since then, I have had many questions about "blue" in Japanese.

After I learned the word *seishun* from my friend, it got a little clearer to me. When I asked my friend about the word, she said, "It means your young days." Then she wrote the word. "This is the *kanji* for blue and this is the *kanji* for spring." I thought "The Blue part means depression. And the Spring part means that everything is young. This is really easy to understand!" (B)I understood — I thought. But, my friend said, "Blue means young." At that time, I realized that this "blue" was different from my image of blue. In English "green" is associated with being young, not blue. This is because nature is green, not blue. But it is not in Japanese! "Blue" is associated with being young in Japanese. Then I understood the word.

Sometimes studying Japanese is very difficult for me. But it is really interesting to learn new things about Japanese and different cultures.

(注)

traffic lights：信号機　　intersection：交差点

clear：明瞭な，よくわかる　　depression：憂うつ

is associated with ～：～を連想させる

(1) 下線部（A）を書きかえるとき，もっとも適切なものを選びなさい。

① Why do Japanese people use a lot of "blue" words?
② Why were the traffic lights red, green, and yellow?
③ Why did Japanese people talk about a traffic signal?
④ Why did Japanese people say "ao shingo?"

(2) 下線部（B）のKateさんの状態として，もっとも適切なものを選びなさい。

① 「青春」の漢字を教えてもらい，意味を理解できたと思っている。
② 「青春」という言葉に対するイメージをしみじみと思い浮かべている。
③ よく理解できていなかったが，わかったことにしようとしている。
④ 意味だけではなく，漢字の書き順も理解できたと喜んでいる。

(3)～(6)本文の内容に合うように文を完成させるとき，もっとも適切なものを選びなさい。

(3) At first, Kate didn't understand a boy's word, "*kare*" because ______________.

① he said Japanese people called favorite food he or she
② she didn't notice the difference of the sound between "curry" and "*kare*"
③ she couldn't understand why his favorite was curry
④ he didn't understand Kate's broken Japanese

(4) Kate walked down the street to the nearest intersection ______________.

① to check Japanese traffic lights
② to learn Japanese traffic rules
③ to find something interesting for her
④ to show her friend a blue traffic light

(5) When Kate learned about the word "*seishun*", she realized that ______________.

① The image of "blue" in Japanese was different from the image of "blue" in English
② The image of "blue" was associated with depression in English
③ it was really easy for her to understand the word
④ studying Japanese was not difficult for her

(6) Kate says ______________.

① staying in Japan is good for studying Japanese
② studying Japanese is not easy, but it's very interesting
③ learning new things is necessary for young people
④ studying languages is understanding cultures

2 次の対話文に入る最も適切なものを選びなさい。

(7) A: What a beautiful day, Liz! Shall we go for a walk?

B: (　　　　　　　) I'll just get my jacket.

① I'm afraid so.　② That sounds nice.

③ I don't like walking.　④ Don't say that again.

(8) A: How was your stay in Kyoto?

B: The temples covered with snow were really beautiful. (　　　　　　　)

A: Did you? I'd like to see them.

① I took many pictures of them.　② My favorite is Kinkaku-ji.

③ My sister lives there.　④ I want to visit them again.

3 次の［　　］内の語を正しく並べかえて英文を完成する時，不足している語(句)があります。その語(句)を選びなさい。(文頭に来る語も小文字で書いてあります。)

(9) [you / much / helping / thank / very / me] with my homework.

① to　② of　③ by　④ for

(10) [know / how / you / people / do / many] in this room?

① is there　② there are　③ there is　④ are there

(11) [are / French / in / and / English] Canada.

① speaking　② spoken　③ to speak　④ speak

4 次の各文の（　　　）内に入る最も適切なものをそれぞれ選びなさい。

(12) A: Must I finish this homework now?

B: No, you (　　　　　　　).

① don't have to　② have to　③ haven't　④ couldn't

(13) A: What kind of sports do you like?

B: I like tennis (　　　　　　　).

① the most　② well　③ the best　④ good

【数　学】〈満点：35点〉

（注意）(1)　定規，コンパスは使用してもよいが，計算機，分度器は使用してはいけません。
(2)　[①]，[②]，[③]，……には，数字または符号を入れなさい。ただし，答えが分数になる場合は，既約分数で答えなさい。

次の [　] に数または符号を入れなさい。

1 (1)　$1-\left(\frac{2}{3}-\frac{3}{2}\right)^2\div\left(-\frac{5}{12}\right)=\frac{\boxed{①}}{\boxed{②}}$

(2)　$5\sqrt{6}\times\sqrt{2}-\frac{21}{\sqrt{3}}+\sqrt{48}=\boxed{③}\sqrt{\boxed{④}}$

2 $a=\frac{1}{2}$，$b=-2$ のとき，$\left(\frac{4}{3}a^2b^3\right)^2\times\left(-\frac{3}{4}a^2b\right)^3\div\left(-\frac{27}{64}a^4b^7\right)=\frac{\boxed{⑤}}{\boxed{⑥}}$ である。

3 a を定数とする。x，y についての連立方程式

$$\begin{cases}3x+4y=a+2\\(a^2-8a+18)x+4y=5\end{cases}$$

の解が存在しないとき，a の値は [⑦] である。

4 点 O_1，O_2 は2つの円の中心で，O_2 は他方の円の円周上にある。

このとき，$\angle x=\boxed{⑧}\boxed{⑨}^\circ$ である。

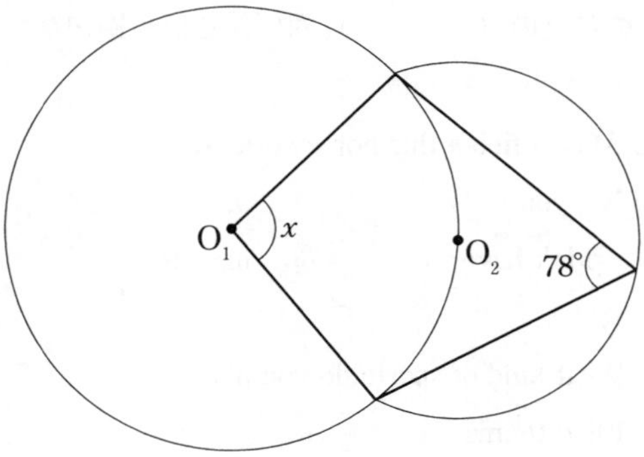

5　袋の中に赤玉が3個，白玉が2個入っている。この袋から同時に2個の玉を取り出すとき，赤玉と白玉が1個ずつ出る確率は $\dfrac{⑩}{⑪}$ である。

6　図のように放物線 $y = \dfrac{1}{2}x^2$ と点 A$(-8, 0)$ がある。△OAP の面積が 128 となるように放物線上に点 P をとる。ただし，点 P の x 座標は正とする。

(1)　点 P の x 座標は ⑫ である。

(2)　直線 AP の式は　$y =$ ⑬ $x +$ ⑭⑮ である。

(3)　放物線と直線 AP は 2 点 P，Q で交わる。
点 Q の y 座標は ⑯ である。

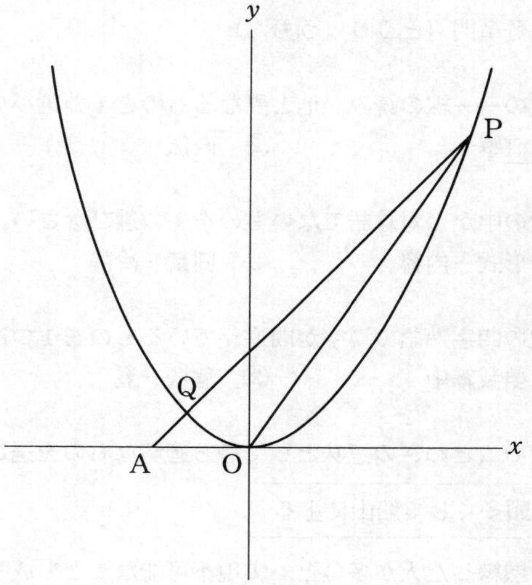

7　図は1辺の長さが 8 cm の正方形を底面とし，高さが 10 cm の 正四角錐 O−ABCD である。正四角錐の各辺の中点をそれぞれ E〜L とし，図のように結んで十面体を作る。この十面体の体積は $\dfrac{⑰⑱⑲}{⑳}$ cm^3 である。

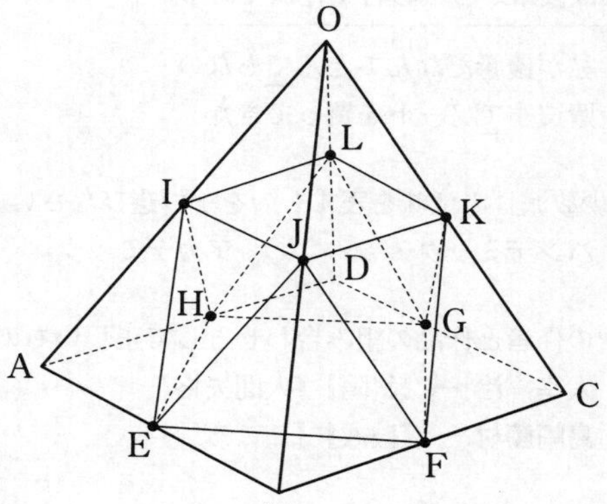

【国　語】〈満点：35点〉

1　次の各問いに答えなさい。

(1)　次の――線のカタカナに該当する漢字と同じ部首が使われているものを１つ選びなさい。

炊飯器のメモりに合わせて水を入れる

①　古代文明のゲンリュウをたどる　　②　キハツ性の高いアルコールで消毒する
③　メイユウと健闘をたたえ合う　　④　清少納言は平安時代のサイエンだ

(2)　次の漢字の読みで間違っているものを１つ選びなさい。
①　解毒（げどく）　　②　居丈高（いたけだか）
③　登竜門（とうりゅうもん）　　④　諸行無常（しょこうむじょう）

(3)　次の――線の読みが他と異なるものを１つ選びなさい。
①　直撃　　②　直伝　　③　実直　　④　愚直

(4)　次の中から対義語でないものを１つ選びなさい。
①　形式－内容　　②　興奮－冷静　　③　混乱－順序　　④　革新－保守

(5)　次の四字熟語で漢字が間違っているものを１つ選びなさい。
①　夢我霧中　　②　危機一髪　　③　明鏡止水　　④　付和雷同

(6)　次のことわざの意味として最も適切なものを選びなさい。

船頭多くして船山に上る

①　熟練した人が多いと，実現不可能なことも成し遂げること。
②　指図する人が多いと，かえって目的から外れてしまうこと。
③　経験者が多いと，優秀な人材がたくさん輩出できること。
④　年長者が多いと，思うように物事がはかどらなくなること。

(7)「激しい勢いで広まること」の意味を持つ故事成語を１つ選びなさい。
①　杞憂　　②　圧巻　　③　杜撰　　④　席巻

(8)　次の――線と文法的に同じものを１つ選びなさい。

彼は後輩から慕われる先輩である。

①　私が優勝だなんてとんでもない　　②　今までのことは決して無駄ではない
③　購買室でノートを買ってきた　　④　ノートに挟んであるメモを見つけた

(9)「少数派」の意味を表すものを１つ選びなさい。
①　パンデミック　　②　アカデミック　　③　マジョリティー　　④　マイノリティー

(10)　次の作者と作品の組み合わせとして正しいものを１つ選びなさい。
①　太宰　治 ―『斜陽』『人間失格』　　②　夏目漱石 ―『三四郎』『赤光』
③　島崎藤村 ―『破戒』『こころ』　　④　森　鷗外 ―『舞姫』『若菜集』

2　次の文章を読んで，後の問いに答えなさい。（＊印の付いている言葉には，本文のあとに〔**注**〕があります。）

高校で古典を教えていたとき，生徒からよく質問された。「先生，こんな昔のものを読んで，何か役に立つんですか？　文法とか古語とか覚えても，英語みたいに使えるわけじゃないし」。

英語なら，㋐学ぶメリットはわかりやすいというわけだ。でも，そもそもそういう㋑カンテンから質問が出るということ自体が，よろしくない。自分が授業をしていて言うのも何だが，それは古典の授業に，問題がある。語彙《ごい》と文法を身に着けて解釈をし，現代語訳ができたところで一丁上がり。では次へ……。これではまさに外国語。でもタイムマシンに乗って過去の世界に行けるわけじゃない。だったら飛行機で行ける海外の言葉を学んだほうがずっと楽しいし，役に立つ……よね？

コミュニケーションツールとしての言葉なら，現代語訳ができたところがゴールでもいいかもしれない。でも古典を読む㋒場合は，㋓そこはゴールではなく，スタートだ。意味がわかるようになってはじめて，存分に味わうことができる。そのための語彙の知識や文法なのだ。

いやいや，面倒くさい。そこまでして読むほどのものですか？　今の世の中にも，読んで面白いもの，役に立つもの，たくさんあるじゃないですか。わざわざ苦労しなくても現代語で書かれたものでじゅうぶん……という意見もあるだろう。

でも，それは非常にもったいない考えかただ。そもそも古典は，なぜ古典として残っているのか。昔の人は，先生に睨《にら》まれるからとか，受験科目だからとか，そういう義理があって読んでいたわけではない。ただ面白いから，というのが一番㋔大きな理由だ。多くの人が楽しみ，時代が変わっても読み継がれてきた。だから今でも残っている。

つまり古典というのは，いいものが揃《そろ》っていて，ほぼハズレがない。㋕素敵な読書体験が約束されている。これは＊稀有《けう》なこと。たとえば今出版されている本のうち，どれくらいのものが百年後，千年後，残っているだろうか。それを思うと，今の時代に生まれたからといって，今の時代のものしか読まないというのは，残念なことではないだろうか。奈良時代に生まれていたら『源氏物語』を読むことはできない。［　A　］たとえば平安時代に生まれた『伊勢物語』は，江戸時代に大人気だった。

と，ここまでは一般論というか，高校の生徒にも同じようなことを答えていた。どんどん国際化してゆく社会で，自国の文化について㋖語れるということの大切さなども，加えていたかもしれない。

そのうえ，私たちは短歌を作っている。千三百年以上前から受け継がれてきた定型を，表現手段としている。数えきれない人たちが，この定型にどんな言葉を盛ってきたか。そのサンプルが山盛りあるのに，読まない手はないだろう。

いや，自分はこの定型で自分なりの表現をすればいいのだから，過去の人間が古い言葉で何を表わそうが関係ない，というふうに思ったそこのあなた。五七五七七という形さえあればいいというのは，㋗骨付き肉の骨だけ受け取るようなものではないだろうか。

　われはもや＊初孫得たり人みなにありがちなれど初孫得たり　　小島ゆかり『六六魚』

この歌を読んで，ふふっと笑える豊かさ。作者は，小躍りするような喜びを感じたとき，＊安見児《やすみこ》を得た＊藤原鎌足と，時を越えて共感し，つながり，一首を得た。

シンプルな例ではあるけれど，短い三十一文字の中に，こういう膨らみ，厚みをもたらしてくれるのが古典なのである。たっぷりの財産を，楽しみながら活用しよう。

（俵《たわら》　万智《まち》「たっぷりの栄養を」）

〔注〕 稀有《けう》————たいへん珍しいこと。

初孫————その人にとって初めての孫。

安見児《やすみこ》————天智天皇に仕えた女官。

藤原鎌足———— 7世紀（飛鳥時代）の政治家。「藤原氏」の始祖。『万葉集』に「われはもや安見児得たり皆人の得難《えかて》にすといふ安見児得たり」の歌がある。

【現代語訳】私（鎌足）は安見児を娶《めと》ることができました。宮中の皆が思いをかけて得られなかった安見児を妻とすることができました。

(11) ——線㋐の説明として最も適切なものを選びなさい。

① 言葉の利便性が非常に高いので，修得の過程を大いに楽しめるということ。

② 実際に使うことができる言葉なので，将来大いに役立つ言葉だということ。

③ 国際的な価値が高い言葉であるから，学ぶことがとても楽しいということ。

④ 実用性がある上に，言葉や文法の仕組みが明瞭で理解しやすいということ。

(12) ——線㋑のカタカナと同じ漢字が含まれている熟語を1つ選びなさい。

① キャッカン的に考える　② 芸術的なカンカクを磨く

③ 早起きのシュウカンが身につく　④ 定期的にカンコウされる雑誌

(13) ——線㋒の外来語の意味として最も適切なものを選びなさい。

① 支援　② 道具　③ 理解　④ 開発

(14) ——線㋓の説明として最も適切なものを選びなさい。

① 多くの古語の意味を覚え，文法を理解することがゴールだと考えがちだが，それは簡潔な現代語訳を作るための出発点に過ぎないのだということ。

② 古典の知識と文法を身につけることがゴールではなく，精密な現代語訳が作れるようになることが，古典学習の出発点になるのだということ。

③ 古語の知識や文法などを身につけ，現代語訳ができるようになることがゴールではなく，文章を存分に鑑賞して楽しむための出発点なのだということ。

④ 外国語と古典の現代語訳では，求められる専門的な教養が異なるため，ゴールと出発点との設定が困難だということ。

(15) ——線㋔と同じ品詞のものを1つ選びなさい。

① なだらかに続く斜面　② 暗くなってきた山道

③ 簡単な問題だ　④ おかしな話だ

(16) ——線㋕の理由として最も適切なものを選びなさい。

① 読書には普遍的な楽しさがあり，はるか昔の作品ではあっても価値観を共有できるから。

② 現在書店等で販売されている本は，長期間読者に購入され続けているものばかりだから。

③ 大部分の作品は本当に面白く，人から支持され続けてきたものが現代に残っているから。

④ 古典作品の中で特に希少性の高い，貴重な本が厳選されて出版されるようになったから。

(17) [A] に入る文章として適切なものを選びなさい。

① 平安時代に生まれていたら『おくのほそ道』を読むことはできない。

② 鎌倉時代に生まれていたら『竹取物語』を読むことはできない。

③ 室町時代に生まれていたら『枕草子』を読むことはできない。

④ 江戸時代に生まれていたら『徒然草』を読むことはできない。

(18)　――線㋖と同じ性質の言葉を１つ選びなさい。

①　食べられる　　②　いられる　　③　来る　　④　走れる

(19)　――線㋗の説明として最も適切なものを選びなさい。

①　定型を持つ歌が表現してきた世界をしっかり理解したうえで，形を守って表現していくことが重要だと考えること。

②　古い言葉で書かれている歌の豊かさを理解するためには，定型という表現手段を活用することが大切になると考えること。

③　歌という定型に盛ってきたたっぷりの財産を活用しようとせず，ただ歌の形だけを整えて自分なりの表現をすれば良いのだと考えること。

④　太古の表現手段である定型の価値を理解せず，形にとらわれずに自分の主張したいことを表現するべきだと考えること。

(20)　次に示すのは，俵さんの文章を読んだ後の，**花子**さんとある**友達**とのやりとりです。会話文中の［ B ］に入る文章として最も適切なものを**＜選択肢Ｂ＞**から選びなさい。

花子―三十一文字を表現手段としている「短歌」には，長い歴史があるのですね。小学生の時に覚えた『百人一首』も同じ定型で作られていましたね。

友達―そうですね。時代や人の価値観が変わっても，変わらずに読み継がれてきた作品が古典として今も残り続けているのですね。

花子―古典は，単に古い時代に作られた過去のものではなく，現代の私たちも共感できることがわかりました。小島さんは，藤原鎌足の「安見児」の歌に共感して短歌を作ったのですね。

友達―私もそう思います。ところで，小島さんは藤原鎌足の歌の何に共感したのでしょうか。花子さんの考えを詳しく教えてください。

花子―どちらの歌にも「われはもや」「得たり」という同じ言葉が使われています。二首に共通しているのは，人と結んだ「新しい関係」を喜ぶ点だと思います。［ B ］小島さんが共感したのは，こういう内容だろう，と考えました。

友達―その通りだと思います。俵さんが伝えたかった「笑える豊かさ」ですね。私も膨らみや厚みのある短歌を作れたらいいなと思いました。

＜選択肢Ｂ＞

①　藤原鎌足は安見児を得ることができた「最高の喜び」を歌っています。それに対して小島さんも世の中ではめったに起こらない，誰もが経験する可能性の少ない「最高の喜び」を歌にしたのだと思います。生きている社会が違っても人間として大切にしたい「貴重な喜び」。

②　藤原鎌足は，安見児と結婚できた「勝利の喜び」を歌っています。それに対して小島さんも，世の中では平凡なことでも，自分にとっては他人に誇りたくなるような「勝利の喜び」を歌にしたのだと思います。時代が違っても得難いものを手に入れた者が感じる「格別な喜び」。

③　藤原鎌足は安見児を得ることができた「特殊な喜び」を歌っています。それに対して小島さんは，世間では珍しくないことでも，祖母として最初に体験する「特殊な喜び」を歌にしたのだと思います。時間を超越した，新しい血縁関係を結ぶことによって得られる「本能的な喜び」。

④　藤原鎌足は安見児と結婚できた「特別な喜び」を歌っています。それに対して小島さんは，世の中ではよくあることでも，自分にとっては初めて経験する「特別な喜び」を歌にしたのだと思います。時を超えて共有する，新しい家族を得ることによって感じる「大きな喜び」。

2021年度／日本大学豊山女子高等学校（一般②）

英語解答

1 (1) ④　(2) ①　(3) ②　(4) ①　(5) ①　(6) ②

2 (7) ②　(8) ①

3 (9) ④　(10) ②　(11) ②

4 (12) ①　(13) ③

数学解答

1 (1) ①… 8　②… 3
(2) ③… 7　④… 3

2 ⑤… 1　⑥… 9

3 5

4 ⑧… 4　⑨… 8

5 ⑩… 3　⑪… 5

6 (1) 8　(2) ⑬… 2　⑭… 1　⑮… 6
(3) 8

7 ⑰… 4　⑱… 0　⑲… 0　⑳… 3

国語解答

1 (1) ③　(2) ④　(3) ②　(4) ③　(5) ①　(6) ②　(7) ④　(8) ②　(9) ④　(10) ①

2 (11) ②　(12) ①　(13) ②　(14) ③　(15) ④　(16) ③　(17) ①　(18) ④　(19) ③　(20) ④

高校を受験する生徒とご父母のための…

2025年度用 高校合格資料集

■首都圏有名書店にて今秋発売予定！

内容目次

1. まず試験日はいつ？推薦ワクは？競争率は？
2. この学校のことはどこに行けば分かるの？
3. かけもち受験のテクニックは？
4. 合格するために大事なことが二つ！
5. もしもだよ！試験に落ちたらどうしよう？
6. 勉強しても成績があがらない
7. 最後の試験は面接だよ！

※表紙は昨年のものです。

定価1430円（税込）

スーパー過去問の **解説執筆・解答作成スタッフ（在宅）募集！** ※募集要項の詳細は、10月に弊社ホームページ上に掲載します。

2025年度用

高校スーパー過去問

■編集人　声の教育社・編集部

■発行所　株式会社　声の教育社

〒162-0814 東京都新宿区新小川町8-15

☎03-5261-5061㈹ FAX03-5261-5062

https://www.koenokyoikusha.co.jp

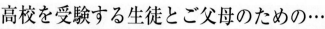

カコを追いかけ
ミライをつかめ
「今の説明、もう一回」を何度でも
web過去問
ストリーミング配信による入試問題の解説動画
声の教育社
詳しくはこちらから

日本大学豊山女子高等学校

別冊解答用紙

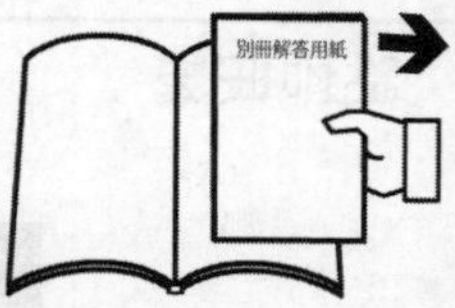

丁寧に抜きとって、別冊としてご使用ください。

★受験者平均点＆合格者最低点　※ — は非公表

		2024年度		2023年度		2022年度	
		受験者平均点	合格者最低点	受験者平均点	合格者最低点	受験者平均点	合格者最低点
Ａ特進	推薦	70.6	64	75.0	66	—	—
Ｎ進学	推薦	63.4	53	65.5	60	60.3	51
理数Ｓ	推薦	82.5	69	97.2	85	65.7	66
Ａ特進	一般	152.3	110	213.8	—	161.1	—
Ｎ進学	一般	142.7	111	183.7	175	146.0	144
理数Ｓ	一般	185.7	159	226.2	235	193.1	173

(注) 理数Ｓは数学の得点を２倍　(注) 推薦（Ａ推薦）は英・数・国各35点満点

		2021年度	
		受験者平均点	合格者最低点
Ａ特進	一般①	185.7	—
Ｎ進学	一般①	158.3	147
理数Ｓ	一般①	182.7	207
Ａ特進	一般②	—	—
Ｎ進学	一般②	59.0	63
理数Ｓ	一般②	81.1	90

(注) 理数Ｓは数学の得点を２倍　(注) 一般②は英・数・国各35点満点

注意

- ○ 解答用紙は、収録の都合により縮小したものや、小社独自に作成したものもあります。
- ○ 学校配点は学校発表のもの、推定配点は小社で作成したものです。
- ○ 無断転載を禁じます。
- ○ 解答用紙を拡大コピーする場合、表示した拡大率に対応する用紙サイズは以下のとおりです。

101%～102%=B5　103%～118%=A4　119%～144%=B4　145%～167%=A3
（タイトルと配点表は含みません）

2024年度　日本大学豊山女子高等学校・推薦

解答用紙

評点
/105

国語	解答番号	解答記入欄
	(1)	① ② ③ ④
	(2)	① ② ③ ④
	(3)	① ② ③ ④
	(4)	① ② ③ ④
	(5)	① ② ③ ④
	(6)	① ② ③ ④
	(7)	① ② ③ ④
	(8)	① ② ③ ④
	(9)	① ② ③ ④
	(10)	① ② ③ ④
	(11)	① ② ③ ④
	(12)	① ② ③ ④
	(13)	① ② ③ ④
	(14)	① ② ③ ④
	(15)	① ② ③ ④
	(16)	① ② ③ ④
	(17)	① ② ③ ④
	(18)	① ② ③ ④
	(19)	① ② ③ ④
	(20)	① ② ③ ④

数学	解答番号	解答記入欄
	①	⊖ ⊕ ⓪ ① ② ③ ④ ⑤ ⑥ ⑦ ⑧ ⑨
	②	⊖ ⊕ ⓪ ① ② ③ ④ ⑤ ⑥ ⑦ ⑧ ⑨
	③	⊖ ⊕ ⓪ ① ② ③ ④ ⑤ ⑥ ⑦ ⑧ ⑨
	④	⊖ ⊕ ⓪ ① ② ③ ④ ⑤ ⑥ ⑦ ⑧ ⑨
	⑤	⊖ ⊕ ⓪ ① ② ③ ④ ⑤ ⑥ ⑦ ⑧ ⑨
	⑥	⊖ ⊕ ⓪ ① ② ③ ④ ⑤ ⑥ ⑦ ⑧ ⑨
	⑦	⊖ ⊕ ⓪ ① ② ③ ④ ⑤ ⑥ ⑦ ⑧ ⑨
	⑧	⊖ ⊕ ⓪ ① ② ③ ④ ⑤ ⑥ ⑦ ⑧ ⑨
	⑨	⊖ ⊕ ⓪ ① ② ③ ④ ⑤ ⑥ ⑦ ⑧ ⑨
	⑩	⊖ ⊕ ⓪ ① ② ③ ④ ⑤ ⑥ ⑦ ⑧ ⑨
	⑪	⊖ ⊕ ⓪ ① ② ③ ④ ⑤ ⑥ ⑦ ⑧ ⑨
	⑫	⊖ ⊕ ⓪ ① ② ③ ④ ⑤ ⑥ ⑦ ⑧ ⑨
	⑬	⊖ ⊕ ⓪ ① ② ③ ④ ⑤ ⑥ ⑦ ⑧ ⑨
	⑭	⊖ ⊕ ⓪ ① ② ③ ④ ⑤ ⑥ ⑦ ⑧ ⑨
	⑮	⊖ ⊕ ⓪ ① ② ③ ④ ⑤ ⑥ ⑦ ⑧ ⑨
	⑯	⊖ ⊕ ⓪ ① ② ③ ④ ⑤ ⑥ ⑦ ⑧ ⑨
	⑰	⊖ ⊕ ⓪ ① ② ③ ④ ⑤ ⑥ ⑦ ⑧ ⑨
	⑱	⊖ ⊕ ⓪ ① ② ③ ④ ⑤ ⑥ ⑦ ⑧ ⑨
	⑲	⊖ ⊕ ⓪ ① ② ③ ④ ⑤ ⑥ ⑦ ⑧ ⑨
	⑳	⊖ ⊕ ⓪ ① ② ③ ④ ⑤ ⑥ ⑦ ⑧ ⑨
	㉑	⊖ ⊕ ⓪ ① ② ③ ④ ⑤ ⑥ ⑦ ⑧ ⑨
	㉒	⊖ ⊕ ⓪ ① ② ③ ④ ⑤ ⑥ ⑦ ⑧ ⑨
	㉓	⊖ ⊕ ⓪ ① ② ③ ④ ⑤ ⑥ ⑦ ⑧ ⑨
	㉔	⊖ ⊕ ⓪ ① ② ③ ④ ⑤ ⑥ ⑦ ⑧ ⑨
	㉕	⊖ ⊕ ⓪ ① ② ③ ④ ⑤ ⑥ ⑦ ⑧ ⑨
	㉖	⊖ ⊕ ⓪ ① ② ③ ④ ⑤ ⑥ ⑦ ⑧ ⑨
	㉗	⊖ ⊕ ⓪ ① ② ③ ④ ⑤ ⑥ ⑦ ⑧ ⑨

英語	解答番号	解答記入欄
	(1)	① ② ③ ④
	(2)	① ② ③ ④
	(3)	① ② ③ ④
	(4)	① ② ③ ④
	(5)	① ② ③ ④
	(6)	① ② ③ ④
	(7)	① ② ③ ④
	(8)	① ② ③ ④
	(9)	① ② ③ ④
	(10)	① ② ③ ④
	(11)	① ② ③ ④
	(12)	① ② ③ ④
	(13)	① ② ③ ④

受験番号			
0	0	0	0
1	1	1	1
2	2	2	2
3	3	3	3
4	4	4	4
5	5	5	5
6	6	6	6
7	7	7	7
8	8	8	8
9	9	9	9

氏名	

マーク記入例			
良	不可	不可	不可
●	⊗	✓	⊙

欠席
0

〔この欠席欄には何も記入しないこと。〕

(注) この解答用紙は実物を縮小してあります。Ａ３用紙に145%拡大コピーすると、ほぼ実物大で使用できます。(タイトルと配点表は含みません)

推定配点	
〔英語〕35点　1 各3点×6　2 各2点×2 3 各3点×3　4 各2点×2 〔数学〕35点　1 各3点×6　2 各4点×3　3 5点 〔国語〕35点　1 (1)～(5) 各1点×5　(6)～(10) 各2点×5　2 各2点×10 ※理数科については、数学の得点を2倍して70点満点とする。	
105点	計

2024年度 日本大学豊山女子高等学校 一般

英語解答用紙

評点 ／100

氏名

受験番号			
0	0	0	0
1	1	1	1
2	2	2	2
3	3	3	3
4	4	4	4
5	5	5	5
6	6	6	6
7	7	7	7
8	8	8	8
9	9	9	9

欠席
○

※〔この欠席欄には何も記入しないこと。〕

マーク記入例			
良	不可	不可	不可
●	⊗	∅	⊙

〔注意事項〕
1. 受験番号と氏名を確認し、間違っていたら手を上げて申し出なさい。
2. この解答用紙を折り曲げたり汚したりしないように十分注意しなさい。
3. マークを訂正する場合は、消しゴムできれいに消しなさい。
4. 記入例のように正しくマークしなさい。
5. この解答用紙には、不必要なことを書いてはいけません。

問題番号	解答番号	解答記入欄
1	1	① ② ③ ④
	2	① ② ③ ④
	3	① ② ③ ④
	4	① ② ③ ④
	5	① ② ③ ④
	6	① ② ③ ④
	7	① ② ③ ④
	8	① ② ③ ④
2	9	① ② ③ ④
	10	① ② ③ ④
	11	① ② ③ ④
	12	① ② ③ ④
	13	① ② ③ ④
	14	① ② ③ ④
	15	① ② ③ ④
	16	① ② ③ ④
	17	① ② ③ ④
	18	① ② ③ ④

問題番号	解答番号	解答記入欄
3	19	① ② ③ ④
	20	① ② ③ ④
	21	① ② ③ ④
	22	① ② ③ ④
	23	① ② ③ ④
	24	① ② ③ ④
	25	① ② ③ ④
	26	① ② ③ ④
	27	① ② ③ ④
	28	① ② ③ ④
4	29	① ② ③ ④
	30	① ② ③ ④
	31	① ② ③ ④
	32	① ② ③ ④
	33	① ② ③ ④

問題番号	解答番号	解答記入欄
5	34	① ② ③ ④
	35	① ② ③ ④
	36	① ② ③ ④
	37	① ② ③ ④
	38	① ② ③ ④
	39	① ② ③ ④
	40	① ② ③ ④
6	41	① ② ③ ④
	42	① ② ③ ④
	43	① ② ③ ④
	44	① ② ③ ④

(注) この解答用紙は実物を縮小してあります。Ｂ４用紙に137％拡大コピーすると、ほぼ実物大で使用できます。(タイトルと配点表は含みません)

推定配点	
1 各2点×8 2 (9)、(10) 各2点×2 (11)～(17) 各3点×7 (18) 2点 3 (19)、(20) 各2点×2 (21)、(22) 各3点×2 (23) 2点 (24)～(26) 各3点×3 (27)、(28) 各2点×2 4～6 各2点×16	
100点	計

2024年度　日本大学豊山女子高等学校　一般

数学解答用紙

評点
/100

氏名	

受験番号			
0	0	0	0
1	1	1	1
2	2	2	2
3	3	3	3
4	4	4	4
5	5	5	5
6	6	6	6
7	7	7	7
8	8	8	8
9	9	9	9

欠席
0

※〔この欠席欄には何も記入しないこと。〕

マーク記入例			
良	不可	不可	不可
●	⊠	⊘	⊙

〔注意事項〕

1. 受験番号と氏名を確認し、間違っていたら手を上げて申し出なさい。
2. この解答用紙を折り曲げたり汚したりしないように十分注意しなさい。
3. マークを訂正する場合は、消しゴムできれいに消しなさい。
4. 記入例のように正しくマークしなさい。
5. この解答用紙には、不必要なことを書いてはいけません。

	解答番号	解答記入欄
1	①	⊖ ⊕ ⓪ ① ② ③ ④ ⑤ ⑥ ⑦ ⑧ ⑨
	②	⊖ ⊕ ⓪ ① ② ③ ④ ⑤ ⑥ ⑦ ⑧ ⑨
	③	⊖ ⊕ ⓪ ① ② ③ ④ ⑤ ⑥ ⑦ ⑧ ⑨
	④	⊖ ⊕ ⓪ ① ② ③ ④ ⑤ ⑥ ⑦ ⑧ ⑨
	⑤	⊖ ⊕ ⓪ ① ② ③ ④ ⑤ ⑥ ⑦ ⑧ ⑨
	⑥	⊖ ⊕ ⓪ ① ② ③ ④ ⑤ ⑥ ⑦ ⑧ ⑨
	⑦	⊖ ⊕ ⓪ ① ② ③ ④ ⑤ ⑥ ⑦ ⑧ ⑨
	⑧	⊖ ⊕ ⓪ ① ② ③ ④ ⑤ ⑥ ⑦ ⑧ ⑨
	⑨	⊖ ⊕ ⓪ ① ② ③ ④ ⑤ ⑥ ⑦ ⑧ ⑨
	⑩	⊖ ⊕ ⓪ ① ② ③ ④ ⑤ ⑥ ⑦ ⑧ ⑨
	⑪	⊖ ⊕ ⓪ ① ② ③ ④ ⑤ ⑥ ⑦ ⑧ ⑨
	⑫	⊖ ⊕ ⓪ ① ② ③ ④ ⑤ ⑥ ⑦ ⑧ ⑨
	⑬	⊖ ⊕ ⓪ ① ② ③ ④ ⑤ ⑥ ⑦ ⑧ ⑨
	⑭	⊖ ⊕ ⓪ ① ② ③ ④ ⑤ ⑥ ⑦ ⑧ ⑨
	⑮	⊖ ⊕ ⓪ ① ② ③ ④ ⑤ ⑥ ⑦ ⑧ ⑨
	⑯	⊖ ⊕ ⓪ ① ② ③ ④ ⑤ ⑥ ⑦ ⑧ ⑨
	⑰	⊖ ⊕ ⓪ ① ② ③ ④ ⑤ ⑥ ⑦ ⑧ ⑨
	⑱	⊖ ⊕ ⓪ ① ② ③ ④ ⑤ ⑥ ⑦ ⑧ ⑨
	⑲	⊖ ⊕ ⓪ ① ② ③ ④ ⑤ ⑥ ⑦ ⑧ ⑨
1	⑳	⊖ ⊕ ⓪ ① ② ③ ④ ⑤ ⑥ ⑦ ⑧ ⑨
	㉑	⊖ ⊕ ⓪ ① ② ③ ④ ⑤ ⑥ ⑦ ⑧ ⑨
	㉒	⊖ ⊕ ⓪ ① ② ③ ④ ⑤ ⑥ ⑦ ⑧ ⑨
	㉓	⊖ ⊕ ⓪ ① ② ③ ④ ⑤ ⑥ ⑦ ⑧ ⑨
	㉔	⊖ ⊕ ⓪ ① ② ③ ④ ⑤ ⑥ ⑦ ⑧ ⑨
	㉕	⊖ ⊕ ⓪ ① ② ③ ④ ⑤ ⑥ ⑦ ⑧ ⑨
	㉖	⊖ ⊕ ⓪ ① ② ③ ④ ⑤ ⑥ ⑦ ⑧ ⑨
	㉗	⊖ ⊕ ⓪ ① ② ③ ④ ⑤ ⑥ ⑦ ⑧ ⑨
	㉘	⊖ ⊕ ⓪ ① ② ③ ④ ⑤ ⑥ ⑦ ⑧ ⑨
	㉙	⊖ ⊕ ⓪ ① ② ③ ④ ⑤ ⑥ ⑦ ⑧ ⑨
	㉚	⊖ ⊕ ⓪ ① ② ③ ④ ⑤ ⑥ ⑦ ⑧ ⑨
	㉛	⊖ ⊕ ⓪ ① ② ③ ④ ⑤ ⑥ ⑦ ⑧ ⑨
	㉜	⊖ ⊕ ⓪ ① ② ③ ④ ⑤ ⑥ ⑦ ⑧ ⑨
2	㉝	⊖ ⊕ ⓪ ① ② ③ ④ ⑤ ⑥ ⑦ ⑧ ⑨
	㉞	⊖ ⊕ ⓪ ① ② ③ ④ ⑤ ⑥ ⑦ ⑧ ⑨
	㉟	⊖ ⊕ ⓪ ① ② ③ ④ ⑤ ⑥ ⑦ ⑧ ⑨
	㊱	⊖ ⊕ ⓪ ① ② ③ ④ ⑤ ⑥ ⑦ ⑧ ⑨
	㊲	⊖ ⊕ ⓪ ① ② ③ ④ ⑤ ⑥ ⑦ ⑧ ⑨
	㊳	⊖ ⊕ ⓪ ① ② ③ ④ ⑤ ⑥ ⑦ ⑧ ⑨
	㊴	⊖ ⊕ ⓪ ① ② ③ ④ ⑤ ⑥ ⑦ ⑧ ⑨
3	㊵	⊖ ⊕ ⓪ ① ② ③ ④ ⑤ ⑥ ⑦ ⑧ ⑨
	㊶	⊖ ⊕ ⓪ ① ② ③ ④ ⑤ ⑥ ⑦ ⑧ ⑨
	㊷	⊖ ⊕ ⓪ ① ② ③ ④ ⑤ ⑥ ⑦ ⑧ ⑨
	㊸	⊖ ⊕ ⓪ ① ② ③ ④ ⑤ ⑥ ⑦ ⑧ ⑨
	㊹	⊖ ⊕ ⓪ ① ② ③ ④ ⑤ ⑥ ⑦ ⑧ ⑨
	㊺	⊖ ⊕ ⓪ ① ② ③ ④ ⑤ ⑥ ⑦ ⑧ ⑨
	㊻	⊖ ⊕ ⓪ ① ② ③ ④ ⑤ ⑥ ⑦ ⑧ ⑨
4	㊼	⊖ ⊕ ⓪ ① ② ③ ④ ⑤ ⑥ ⑦ ⑧ ⑨
	㊽	⊖ ⊕ ⓪ ① ② ③ ④ ⑤ ⑥ ⑦ ⑧ ⑨
	㊾	⊖ ⊕ ⓪ ① ② ③ ④ ⑤ ⑥ ⑦ ⑧ ⑨
	㊿	⊖ ⊕ ⓪ ① ② ③ ④ ⑤ ⑥ ⑦ ⑧ ⑨
	(51)	⊖ ⊕ ⓪ ① ② ③ ④ ⑤ ⑥ ⑦ ⑧ ⑨
	(52)	⊖ ⊕ ⓪ ① ② ③ ④ ⑤ ⑥ ⑦ ⑧ ⑨
	(53)	⊖ ⊕ ⓪ ① ② ③ ④ ⑤ ⑥ ⑦ ⑧ ⑨
	(54)	⊖ ⊕ ⓪ ① ② ③ ④ ⑤ ⑥ ⑦ ⑧ ⑨
	(55)	⊖ ⊕ ⓪ ① ② ③ ④ ⑤ ⑥ ⑦ ⑧ ⑨
	(56)	⊖ ⊕ ⓪ ① ② ③ ④ ⑤ ⑥ ⑦ ⑧ ⑨

（注）この解答用紙は実物を縮小してあります。Ｂ４用紙に139％拡大コピーすると、ほぼ実物大で使用できます。（タイトルと配点表は含みません）

推定配点	
1 各4点×10 2 (1) 6点 (2)、(3) 各7点×2 3 (1) 6点 (2)、(3) 各7点×2 4 (1) 6点 (2)、(3) 各7点×2 ※理数科については、得点を2倍して200点満点とする。	
100点	計

二〇二四年度　日本大学豊山女子高等学校　一般

国語解答用紙

評点
/100

問題番号	設問番号	解答記入欄
四	問一	㋐㋑㋒㋓
	問二	㋐㋑㋒㋓
	問三	㋐㋑㋒㋓
	問四	㋐㋑㋒㋓
	問五	㋐㋑㋒㋓
	問六	㋐㋑㋒㋓
	問七	㋐㋑㋒㋓
	問八	㋐㋑㋒㋓
	問九	㋐㋑㋒㋓

問題番号	設問番号	解答記入欄
二	問一 ①	㋐㋑㋒㋓
	問一 ④	㋐㋑㋒㋓
	問二	㋐㋑㋒㋓
	問三	㋐㋑㋒㋓
	問四	㋐㋑㋒㋓
	問五	㋐㋑㋒㋓㋔
	問六	㋐㋑㋒㋓
	問七	㋐㋑㋒㋓
	問八	㋐㋑㋒㋓
	問九	㋐㋑㋒㋓
	問十	㋐㋑㋒㋓
三	問一	㋐㋑㋒㋓
	問二	㋐㋑㋒㋓
	問三	㋐㋑㋒㋓
	問四	㋐㋑㋒㋓
	問五	㋐㋑㋒㋓
	問六	㋐㋑㋒㋓㋔
	問七	㋐㋑㋒㋓
	問八	㋐㋑㋒㋓
	問九	㋐㋑㋒㋓
	問十	㋐㋑㋒㋓

問題番号	設問番号	解答記入欄
一	問一	㋐㋑㋒㋓
	問二	㋐㋑㋒㋓
	問三	㋐㋑㋒㋓
	問四	㋐㋑㋒㋓
	問五	㋐㋑㋒㋓
	問六	㋐㋑㋒㋓
	問七	㋐㋑㋒㋓
	問八	㋐㋑㋒㋓
	問九	㋐㋑㋒㋓
	問十	㋐㋑㋒㋓

(注) この解答用紙は実物を縮小してあります。Ｂ４用紙に135%拡大コピーすると、ほぼ実物大で使用できます。(タイトルと配点表は含みません)

欠　席
0

※〔この欠席欄には何も記入しないこと。〕

マーク記入例			
良	不可	不可	不可
●	⊗	⊘	⊙

氏　名	

受験番号			
0	0	0	0
1	1	1	1
2	2	2	2
3	3	3	3
4	4	4	4
5	5	5	5
6	6	6	6
7	7	7	7
8	8	8	8
9	9	9	9

〔注意事項〕
1. 受験番号と氏名を確認し、間違っていたら手を上げて申し出なさい。
2. この解答用紙を折り曲げたり汚したりしないように十分注意しなさい。
3. マークを訂正する場合は、消しゴムできれいに消しなさい。
4. 記入例のように正しくマークしなさい。
5. この解答用紙には、不必要なことを書いてはいけません。

推定配点

一 各2点×10　二 問一 各2点×2　問二、問三 各3点×2
問四 2点　問五 各1点×2　問六～問十 各3点×5
三 問一 2点　問二 3点　問三 2点　問四、問五 各3点×2
問六 各1点×2　問七～問十 各3点×4
四 問一、問二 各2点×2　問三～問八 各3点×6　問九 2点

計	100点

2023年度　日本大学豊山女子高等学校・推薦

解答用紙

評点	/105

氏名	

受験番号

0	0	0	0
1	1	1	1
2	2	2	2
3	3	3	3
4	4	4	4
5	5	5	5
6	6	6	6
7	7	7	7
8	8	8	8
9	9	9	9

マーク記入例			
良	不可	不可	不可
●	⊗	✓	⊙

欠席
○

〔この欠席欄には何も記入しないこと。〕

英語

解答番号	解答記入欄
(1)	① ② ③ ④
(2)	① ② ③ ④
(3)	① ② ③ ④
(4)	① ② ③ ④
(5)	① ② ③ ④
(6)	① ② ③ ④
(7)	① ② ③ ④
(8)	① ② ③ ④
(9)	① ② ③ ④
(10)	① ② ③ ④
(11)	① ② ③ ④
(12)	① ② ③ ④
(13)	① ② ③ ④

数学

解答番号	解答記入欄
①	⊖ ⊕ ⓪ ① ② ③ ④ ⑤ ⑥ ⑦ ⑧ ⑨
②	⊖ ⊕ ⓪ ① ② ③ ④ ⑤ ⑥ ⑦ ⑧ ⑨
③	⊖ ⊕ ⓪ ① ② ③ ④ ⑤ ⑥ ⑦ ⑧ ⑨
④	⊖ ⊕ ⓪ ① ② ③ ④ ⑤ ⑥ ⑦ ⑧ ⑨
⑤	⊖ ⊕ ⓪ ① ② ③ ④ ⑤ ⑥ ⑦ ⑧ ⑨
⑥	⊖ ⊕ ⓪ ① ② ③ ④ ⑤ ⑥ ⑦ ⑧ ⑨
⑦	⊖ ⊕ ⓪ ① ② ③ ④ ⑤ ⑥ ⑦ ⑧ ⑨
⑧	⊖ ⊕ ⓪ ① ② ③ ④ ⑤ ⑥ ⑦ ⑧ ⑨
⑨	⊖ ⊕ ⓪ ① ② ③ ④ ⑤ ⑥ ⑦ ⑧ ⑨
⑩	⊖ ⊕ ⓪ ① ② ③ ④ ⑤ ⑥ ⑦ ⑧ ⑨
⑪	⊖ ⊕ ⓪ ① ② ③ ④ ⑤ ⑥ ⑦ ⑧ ⑨
⑫	⊖ ⊕ ⓪ ① ② ③ ④ ⑤ ⑥ ⑦ ⑧ ⑨
⑬	⊖ ⊕ ⓪ ① ② ③ ④ ⑤ ⑥ ⑦ ⑧ ⑨
⑭	⊖ ⊕ ⓪ ① ② ③ ④ ⑤ ⑥ ⑦ ⑧ ⑨
⑮	⊖ ⊕ ⓪ ① ② ③ ④ ⑤ ⑥ ⑦ ⑧ ⑨
⑯	⊖ ⊕ ⓪ ① ② ③ ④ ⑤ ⑥ ⑦ ⑧ ⑨
⑰	⊖ ⊕ ⓪ ① ② ③ ④ ⑤ ⑥ ⑦ ⑧ ⑨

数学

解答番号	解答記入欄
⑱	⊖ ⊕ ⓪ ① ② ③ ④ ⑤ ⑥ ⑦ ⑧ ⑨
⑲	⊖ ⊕ ⓪ ① ② ③ ④ ⑤ ⑥ ⑦ ⑧ ⑨
⑳	⊖ ⊕ ⓪ ① ② ③ ④ ⑤ ⑥ ⑦ ⑧ ⑨
㉑	⊖ ⊕ ⓪ ① ② ③ ④ ⑤ ⑥ ⑦ ⑧ ⑨
㉒	⊖ ⊕ ⓪ ① ② ③ ④ ⑤ ⑥ ⑦ ⑧ ⑨
㉓	⊖ ⊕ ⓪ ① ② ③ ④ ⑤ ⑥ ⑦ ⑧ ⑨
㉔	⊖ ⊕ ⓪ ① ② ③ ④ ⑤ ⑥ ⑦ ⑧ ⑨
㉕	⊖ ⊕ ⓪ ① ② ③ ④ ⑤ ⑥ ⑦ ⑧ ⑨
㉖	⊖ ⊕ ⓪ ① ② ③ ④ ⑤ ⑥ ⑦ ⑧ ⑨
㉗	⊖ ⊕ ⓪ ① ② ③ ④ ⑤ ⑥ ⑦ ⑧ ⑨
㉘	⊖ ⊕ ⓪ ① ② ③ ④ ⑤ ⑥ ⑦ ⑧ ⑨
㉙	⊖ ⊕ ⓪ ① ② ③ ④ ⑤ ⑥ ⑦ ⑧ ⑨
㉚	⊖ ⊕ ⓪ ① ② ③ ④ ⑤ ⑥ ⑦ ⑧ ⑨

国語

解答番号	解答記入欄
(1)	① ② ③ ④
(2)	① ② ③ ④
(3)	① ② ③ ④
(4)	① ② ③ ④
(5)	① ② ③ ④
(6)	① ② ③ ④
(7)	① ② ③ ④
(8)	① ② ③ ④
(9)	① ② ③ ④
(10)	① ② ③ ④
(11)	① ② ③ ④
(12)	① ② ③ ④
(13)	① ② ③ ④
(14)	① ② ③ ④
(15)	① ② ③ ④
(16)	① ② ③ ④
(17)	① ② ③ ④
(18)	① ② ③ ④
(19)	① ② ③ ④
(20)	① ② ③ ④

（注）この解答用紙は実物を縮小してあります。A３用紙に145%拡大コピーすると、ほぼ実物大で使用できます。（タイトルと配点表は含みません）

推定配点

〔英語〕35点　1 各3点×6　2 各2点×2　3 各3点×3　4 各2点×2

〔数学〕35点　1 各3点×6　2 各4点×3　3 5点

〔国語〕35点　1 (1)～(5) 各1点×5　(6)～(10) 各2点×5　2 各2点×10

※理数科については、数学の得点を2倍して70点満点とする。

105点	計

2023年度 日本大学豊山女子高等学校 一般

英語解答用紙

評点
/100

氏名	

受験番号			
0	0	0	0
1	1	1	1
2	2	2	2
3	3	3	3
4	4	4	4
5	5	5	5
6	6	6	6
7	7	7	7
8	8	8	8
9	9	9	9

欠席
◯

※〔この欠席欄には何も記入しないこと。〕

マーク記入例			
良	不可	不可	不可
●	⊗	✓	⊙

〔注意事項〕
1. 受験番号と氏名を確認し、間違っていたら手を上げて申し出なさい。
2. この解答用紙を折り曲げたり汚したりしないように十分注意しなさい。
3. マークを訂正する場合は、消しゴムできれいに消しなさい。
4. 記入例のように正しくマークしなさい。
5. この解答用紙には、不必要なことを書いてはいけません。

問題番号	解答番号	解答記入欄
1	1	① ② ③ ④
	2	① ② ③ ④
	3	① ② ③ ④
	4	① ② ③ ④
	5	① ② ③ ④
	6	① ② ③ ④
	7	① ② ③ ④
2	8	① ② ③ ④
	9	① ② ③ ④
	10	① ② ③ ④
	11	① ② ③ ④
	12	① ② ③ ④
	13	① ② ③ ④
	14	① ② ③ ④
	15	① ② ③ ④
	16	① ② ③ ④
	17	① ② ③ ④

問題番号	解答番号	解答記入欄
3	18	① ② ③ ④
	19	① ② ③ ④
	20	① ② ③ ④
	21	① ② ③ ④
	22	① ② ③ ④
	23	① ② ③ ④
	24	① ② ③ ④
	25	① ② ③ ④
	26	① ② ③ ④
	27	① ② ③ ④
4	28	① ② ③ ④
	29	① ② ③ ④
	30	① ② ③ ④
	31	① ② ③ ④
	32	① ② ③ ④

問題番号	解答番号	解答記入欄
5	33	① ② ③ ④
	34	① ② ③ ④
	35	① ② ③ ④
	36	① ② ③ ④
	37	① ② ③ ④
	38	① ② ③ ④
6	39	① ② ③ ④
	40	① ② ③ ④
	41	① ② ③ ④
	42	① ② ③ ④
	43	① ② ③ ④

(注) この解答用紙は実物を縮小してあります。Ｂ４用紙に137％拡大コピーすると、ほぼ実物大で使用できます。（タイトルと配点表は含みません）

推定配点	
1 各2点×7　2 各3点×10　3 (18)～(23) 各2点×6　(24)～(27) 各3点×4　4～6 各2点×16	
100点	計

2023年度　日本大学豊山女子高等学校　一般

数学解答用紙

評点
/100

(注) この解答用紙は実物を縮小してあります。Ｂ４用紙に139%拡大コピーすると、ほぼ実物大で使用できます。(タイトルと配点表は含みません)

	解答番号	解答記入欄
1	①	⊖ ⊕ 0 1 2 3 4 5 6 7 8 9
1	②	⊖ ⊕ 0 1 2 3 4 5 6 7 8 9
1	③	⊖ ⊕ 0 1 2 3 4 5 6 7 8 9
1	④	⊖ ⊕ 0 1 2 3 4 5 6 7 8 9
1	⑤	⊖ ⊕ 0 1 2 3 4 5 6 7 8 9
1	⑥	⊖ ⊕ 0 1 2 3 4 5 6 7 8 9
1	⑦	⊖ ⊕ 0 1 2 3 4 5 6 7 8 9
1	⑧	⊖ ⊕ 0 1 2 3 4 5 6 7 8 9
1	⑨	⊖ ⊕ 0 1 2 3 4 5 6 7 8 9
1	⑩	⊖ ⊕ 0 1 2 3 4 5 6 7 8 9
1	⑪	⊖ ⊕ 0 1 2 3 4 5 6 7 8 9
1	⑫	⊖ ⊕ 0 1 2 3 4 5 6 7 8 9
1	⑬	⊖ ⊕ 0 1 2 3 4 5 6 7 8 9
1	⑭	⊖ ⊕ 0 1 2 3 4 5 6 7 8 9
1	⑮	⊖ ⊕ 0 1 2 3 4 5 6 7 8 9
1	⑯	⊖ ⊕ 0 1 2 3 4 5 6 7 8 9
1	⑰	⊖ ⊕ 0 1 2 3 4 5 6 7 8 9
1	⑱	⊖ ⊕ 0 1 2 3 4 5 6 7 8 9
1	⑲	⊖ ⊕ 0 1 2 3 4 5 6 7 8 9

	解答番号	解答記入欄
1	⑳	⊖ ⊕ 0 1 2 3 4 5 6 7 8 9
1	㉑	⊖ ⊕ 0 1 2 3 4 5 6 7 8 9
2	㉒	⊖ ⊕ 0 1 2 3 4 5 6 7 8 9
2	㉓	⊖ ⊕ 0 1 2 3 4 5 6 7 8 9
2	㉔	⊖ ⊕ 0 1 2 3 4 5 6 7 8 9
2	㉕	⊖ ⊕ 0 1 2 3 4 5 6 7 8 9
2	㉖	⊖ ⊕ 0 1 2 3 4 5 6 7 8 9
2	㉗	⊖ ⊕ 0 1 2 3 4 5 6 7 8 9
2	㉘	⊖ ⊕ 0 1 2 3 4 5 6 7 8 9
3	㉙	⊖ ⊕ 0 1 2 3 4 5 6 7 8 9
3	㉚	⊖ ⊕ 0 1 2 3 4 5 6 7 8 9
3	㉛	⊖ ⊕ 0 1 2 3 4 5 6 7 8 9
3	㉜	⊖ ⊕ 0 1 2 3 4 5 6 7 8 9
3	㉝	⊖ ⊕ 0 1 2 3 4 5 6 7 8 9
3	㉞	⊖ ⊕ 0 1 2 3 4 5 6 7 8 9

	解答番号	解答記入欄
4	㉟	⊖ ⊕ 0 1 2 3 4 5 6 7 8 9
4	㊱	⊖ ⊕ 0 1 2 3 4 5 6 7 8 9
4	㊲	⊖ ⊕ 0 1 2 3 4 5 6 7 8 9
4	㊳	⊖ ⊕ 0 1 2 3 4 5 6 7 8 9
4	㊴	⊖ ⊕ 0 1 2 3 4 5 6 7 8 9
4	㊵	⊖ ⊕ 0 1 2 3 4 5 6 7 8 9
4	㊶	⊖ ⊕ 0 1 2 3 4 5 6 7 8 9
4	㊷	⊖ ⊕ 0 1 2 3 4 5 6 7 8 9
4	㊸	⊖ ⊕ 0 1 2 3 4 5 6 7 8 9

欠席
0

※〔この欠席欄には何も記入しないこと。〕

マーク記入例			
良	不可	不可	不可
●	⊗	✓	⊙

受験番号			
0	0	0	0
1	1	1	1
2	2	2	2
3	3	3	3
4	4	4	4
5	5	5	5
6	6	6	6
7	7	7	7
8	8	8	8
9	9	9	9

〔注意事項〕
1. 受験番号と氏名を確認し、間違っていたら手を上げて申し出なさい。
2. この解答用紙を折り曲げたり汚したりしないように十分注意しなさい。
3. マークを訂正する場合は、消しゴムできれいに消しなさい。
4. 記入例のように正しくマークしなさい。
5. この解答用紙には、不必要なことを書いてはいけません。

氏名	

推定配点
1 (1)～(5) 各5点×5　(6) 各2点×2　(7)～(9) 各5点×3
2 (1)、(2) 各6点×2　(3) 7点
3 各6点×3
4 (1)、(2) 各6点×2　(3) 7点
※理数科については、得点を2倍して200点満点とする。
計　100点

二〇二三年度　日本大学豊山女子高等学校　一般

国語解答用紙

評点
/100

問題番号	設問番号	解答記入欄
四	問一	㋐㋑㋒㋓
	問二	㋐㋑㋒㋓
	問三	㋐㋑㋒㋓
	問四	㋐㋑㋒㋓
	問五	㋐㋑㋒㋓
	問六	㋐㋑㋒㋓
	問七	㋐㋑㋒㋓
	問八	㋐㋑㋒㋓
	問九	㋐㋑㋒㋓
	問十	㋐㋑㋒㋓

問題番号	設問番号		解答記入欄
二	問一	①	㋐㋑㋒㋓
		⑧	㋐㋑㋒㋓
	問二		㋐㋑㋒㋓
	問三	③	㋐㋑㋒㋓
		④	㋐㋑㋒㋓
	問四		㋐㋑㋒㋓
	問五		㋐㋑㋒㋓
	問六		㋐㋑㋒㋓
	問七		㋐㋑㋒㋓
	問八		㋐㋑㋒㋓
	問九		㋐㋑㋒㋓
	問十		㋐㋑㋒㋓
三	問一		㋐㋑㋒㋓
	問二		㋐㋑㋒㋓
	問三		㋐㋑㋒㋓
	問四		㋐㋑㋒㋓
	問五		㋐㋑㋒㋓
	問六	ⓐ	㋐㋑㋒㋓
		ⓑ	㋐㋑㋒㋓
	問七		㋐㋑㋒㋓
	問八		㋐㋑㋒㋓
	問九		㋐㋑㋒㋓

問題番号	設問番号	解答記入欄
一	問一	㋐㋑㋒㋓
	問二	㋐㋑㋒㋓
	問三	㋐㋑㋒㋓
	問四	㋐㋑㋒㋓
	問五	㋐㋑㋒㋓
	問六	㋐㋑㋒㋓
	問七	㋐㋑㋒㋓
	問八	㋐㋑㋒㋓
	問九	㋐㋑㋒㋓
	問十	㋐㋑㋒㋓

欠席
0

※〔この欠席欄には何も記入しないこと。〕

マーク記入例			
良	不可	不可	不可
●	⊠	⊘	⊙

受験番号			
0	0	0	0
1	1	1	1
2	2	2	2
3	3	3	3
4	4	4	4
5	5	5	5
6	6	6	6
7	7	7	7
8	8	8	8
9	9	9	9

〔注意事項〕
1. 受験番号と氏名を確認し、間違っていたら手を上げて申し出なさい。
2. この解答用紙を折り曲げたり汚したりしないように十分注意しなさい。
3. マークを訂正する場合は、消しゴムできれいに消しなさい。
4. 記入例のように正しくマークしなさい。
5. この解答用紙には、不必要なことを書いてはいけません。

氏名

（注）この解答用紙は実物を縮小してあります。Ｂ４用紙に137%拡大コピーすると、ほぼ実物大で使用できます。（タイトルと配点表は含みません）

推定配点

一 各2点×10
二 問一 各2点×2　問二 3点　問三 各2点×2　問四 3点　問五 2点　問六、問七 各3点×2　問八 2点　問九、問十 各3点×2
三 問一 2点　問二〜問五 各3点×4　問六、問七 各2点×3　問八、問九 各3点×2
四 問一〜問三 各2点×3　問四、問五 各3点×2　問六、問七 各2点×2　問八、問九 各3点×2　問十 2点

計	100点

2022年度　日本大学豊山女子高等学校・推薦

解答用紙

評点　/105

国語 解答番号	解答記入欄
(1)	① ② ③ ④
(2)	① ② ③ ④
(3)	① ② ③ ④
(4)	① ② ③ ④
(5)	① ② ③ ④
(6)	① ② ③ ④
(7)	① ② ③ ④
(8)	① ② ③ ④
(9)	① ② ③ ④
(10)	① ② ③ ④
(11)	① ② ③ ④
(12)	① ② ③ ④
(13)	① ② ③ ④
(14)	① ② ③ ④
(15)	① ② ③ ④
(16)	① ② ③ ④
(17)	① ② ③ ④
(18)	① ② ③ ④
(19)	① ② ③ ④
(20)	① ② ③ ④

数学 解答番号	解答記入欄
㉑	⊖ ⊕ ⓪ ① ② ③ ④ ⑤ ⑥ ⑦ ⑧ ⑨
㉒	⊖ ⊕ ⓪ ① ② ③ ④ ⑤ ⑥ ⑦ ⑧ ⑨
㉓	⊖ ⊕ ⓪ ① ② ③ ④ ⑤ ⑥ ⑦ ⑧ ⑨
㉔	⊖ ⊕ ⓪ ① ② ③ ④ ⑤ ⑥ ⑦ ⑧ ⑨
㉕	⊖ ⊕ ⓪ ① ② ③ ④ ⑤ ⑥ ⑦ ⑧ ⑨
㉖	⊖ ⊕ ⓪ ① ② ③ ④ ⑤ ⑥ ⑦ ⑧ ⑨
㉗	⊖ ⊕ ⓪ ① ② ③ ④ ⑤ ⑥ ⑦ ⑧ ⑨
㉘	⊖ ⊕ ⓪ ① ② ③ ④ ⑤ ⑥ ⑦ ⑧ ⑨
㉙	⊖ ⊕ ⓪ ① ② ③ ④ ⑤ ⑥ ⑦ ⑧ ⑨
㉚	⊖ ⊕ ⓪ ① ② ③ ④ ⑤ ⑥ ⑦ ⑧ ⑨

数学 解答番号	解答記入欄
①	⊖ ⊕ ⓪ ① ② ③ ④ ⑤ ⑥ ⑦ ⑧ ⑨
②	⊖ ⊕ ⓪ ① ② ③ ④ ⑤ ⑥ ⑦ ⑧ ⑨
③	⊖ ⊕ ⓪ ① ② ③ ④ ⑤ ⑥ ⑦ ⑧ ⑨
④	⊖ ⊕ ⓪ ① ② ③ ④ ⑤ ⑥ ⑦ ⑧ ⑨
⑤	⊖ ⊕ ⓪ ① ② ③ ④ ⑤ ⑥ ⑦ ⑧ ⑨
⑥	⊖ ⊕ ⓪ ① ② ③ ④ ⑤ ⑥ ⑦ ⑧ ⑨
⑦	⊖ ⊕ ⓪ ① ② ③ ④ ⑤ ⑥ ⑦ ⑧ ⑨
⑧	⊖ ⊕ ⓪ ① ② ③ ④ ⑤ ⑥ ⑦ ⑧ ⑨
⑨	⊖ ⊕ ⓪ ① ② ③ ④ ⑤ ⑥ ⑦ ⑧ ⑨
⑩	⊖ ⊕ ⓪ ① ② ③ ④ ⑤ ⑥ ⑦ ⑧ ⑨
⑪	⊖ ⊕ ⓪ ① ② ③ ④ ⑤ ⑥ ⑦ ⑧ ⑨
⑫	⊖ ⊕ ⓪ ① ② ③ ④ ⑤ ⑥ ⑦ ⑧ ⑨
⑬	⊖ ⊕ ⓪ ① ② ③ ④ ⑤ ⑥ ⑦ ⑧ ⑨
⑭	⊖ ⊕ ⓪ ① ② ③ ④ ⑤ ⑥ ⑦ ⑧ ⑨
⑮	⊖ ⊕ ⓪ ① ② ③ ④ ⑤ ⑥ ⑦ ⑧ ⑨
⑯	⊖ ⊕ ⓪ ① ② ③ ④ ⑤ ⑥ ⑦ ⑧ ⑨
⑰	⊖ ⊕ ⓪ ① ② ③ ④ ⑤ ⑥ ⑦ ⑧ ⑨
⑱	⊖ ⊕ ⓪ ① ② ③ ④ ⑤ ⑥ ⑦ ⑧ ⑨
⑲	⊖ ⊕ ⓪ ① ② ③ ④ ⑤ ⑥ ⑦ ⑧ ⑨
⑳	⊖ ⊕ ⓪ ① ② ③ ④ ⑤ ⑥ ⑦ ⑧ ⑨

英語 解答番号	解答記入欄
(1)	① ② ③ ④
(2)	① ② ③ ④
(3)	① ② ③ ④
(4)	① ② ③ ④
(5)	① ② ③ ④
(6)	① ② ③ ④
(7)	① ② ③ ④
(8)	① ② ③ ④
(9)	① ② ③ ④
(10)	① ② ③ ④
(11)	① ② ③ ④
(12)	① ② ③ ④
(13)	① ② ③ ④

氏名

受験番号			
0	0	0	0
1	1	1	1
2	2	2	2
3	3	3	3
4	4	4	4
5	5	5	5
6	6	6	6
7	7	7	7
8	8	8	8
9	9	9	9

マーク記入例			
良	不可	不可	不可
●	⊠	⊘	⊙

欠席
0

※〔この欠席欄には何も記入しないこと。〕

(注) この解答用紙は実物を縮小してあります。Ａ３用紙に147%拡大コピーすると、ほぼ実物大で使用できます。(タイトルと配点表は含みません)

推定配点

〔英語〕 35点　1 各3点×6　2 各2点×2　3 各3点×3　4 各2点×2

〔数学〕 35点　1～5 各3点×6　6 各4点×3　7 5点

〔国語〕 35点　1 (1)～(5) 各1点×5　(6)～(10) 各2点×5　2 各2点×10

※理数科については、数学の得点を2倍して70点満点とする。

105点	計

2022年度　日本大学豊山女子高等学校　一般

英語解答用紙　No.1

評点
/100

(注) この解答用紙は実物を縮小してあります。Ｂ４用紙に135%拡大コピーすると、ほぼ実物大で使用できます。(タイトルと配点表は含みません)

問題番号	解答番号	解答記入欄
6	38	① ② ③ ④
	39	① ② ③ ④
	40	① ② ③ ④
	41	① ② ③ ④
	42	① ② ③ ④

問題番号	解答番号	解答記入欄
3	16	① ② ③ ④
	17	① ② ③ ④
	18	① ② ③ ④
	19	① ② ③ ④
	20	① ② ③ ④
	21	① ② ③ ④
	22	① ② ③ ④
	23	① ② ③ ④
	24	① ② ③ ④
	25	① ② ③ ④
4	26	① ② ③ ④
	27	① ② ③ ④
	28	① ② ③ ④
	29	① ② ③ ④
	30	① ② ③ ④
	31	① ② ③ ④
	32	① ② ③ ④

問題番号	解答番号	解答記入欄
1	1	① ② ③ ④
	2	① ② ③ ④
	3	① ② ③ ④
	4	① ② ③ ④
	5	① ② ③ ④
	6	① ② ③ ④
2	7	① ② ③ ④
	8	① ② ③ ④
	9	① ② ③ ④
	10	① ② ③ ④
	11	① ② ③ ④
	12	① ② ③ ④
	13	① ② ③ ④
	14	① ② ③ ④
	15	① ② ③ ④

欠席
0

※〔この欠席欄には何も記入しないこと。〕

マーク記入例			
良	不可	不可	不可
●	⊗	⊘	⊙

氏名	

受験番号			
0	0	0	0
1	1	1	1
2	2	2	2
3	3	3	3
4	4	4	4
5	5	5	5
6	6	6	6
7	7	7	7
8	8	8	8
9	9	9	9

〔注意事項〕

1. 受験番号と氏名を確認し、間違っていたら手を上げて申し出なさい。
2. この解答用紙を折り曲げたり汚したりしないように十分注意しなさい。
3. マークを訂正する場合は、消しゴムできれいに消しなさい。
4. 記入例のように正しくマークしなさい。
5. この解答用紙には、不必要なことを書いてはいけません。

推定配点

1 各2点×6
2 各3点×9
3 (16)、(17) 各2点×2　(18)、(19) 各3点×2　(20) 2点　(21)～(25) 各3点×5
4～6 各2点×17

計　100点

英語解答用紙　No. 2

5

(33)

.

(34)

.

(35)

for air circulation.

(36)

?

(37)

?

(注) この解答用紙は実物を縮小してあります。Ｂ４用紙に122%拡大コピーすると、ほぼ実物大で使用できます。(タイトルと配点表は含みません)

2022年度 日本大学豊山女子高等学校 一般

数学解答用紙 No. 1

評点
/100

（注）この解答用紙は実物を縮小してあります。Ｂ４用紙に139％拡大コピーすると、ほぼ実物大で使用できます。（タイトルと配点表は含みません）

大問	解答番号	解答記入欄
1	①	⊖ ⊕ 0 1 2 3 4 5 6 7 8 9
1	②	⊖ ⊕ 0 1 2 3 4 5 6 7 8 9
1	③	⊖ ⊕ 0 1 2 3 4 5 6 7 8 9
1	④	⊖ ⊕ 0 1 2 3 4 5 6 7 8 9
1	⑤	⊖ ⊕ 0 1 2 3 4 5 6 7 8 9
1	⑥	⊖ ⊕ 0 1 2 3 4 5 6 7 8 9
1	⑦	⊖ ⊕ 0 1 2 3 4 5 6 7 8 9
1	⑧	⊖ ⊕ 0 1 2 3 4 5 6 7 8 9
1	⑨	⊖ ⊕ 0 1 2 3 4 5 6 7 8 9
1	⑩	⊖ ⊕ 0 1 2 3 4 5 6 7 8 9
1	⑪	⊖ ⊕ 0 1 2 3 4 5 6 7 8 9
1	⑫	⊖ ⊕ 0 1 2 3 4 5 6 7 8 9
1	⑬	⊖ ⊕ 0 1 2 3 4 5 6 7 8 9
1	⑭	⊖ ⊕ 0 1 2 3 4 5 6 7 8 9
1	⑮	⊖ ⊕ 0 1 2 3 4 5 6 7 8 9
1	⑯	⊖ ⊕ 0 1 2 3 4 5 6 7 8 9
1	⑰	⊖ ⊕ 0 1 2 3 4 5 6 7 8 9
1	⑱	⊖ ⊕ 0 1 2 3 4 5 6 7 8 9
1	⑲	⊖ ⊕ 0 1 2 3 4 5 6 7 8 9
1	⑳	⊖ ⊕ 0 1 2 3 4 5 6 7 8 9
1	㉑	⊖ ⊕ 0 1 2 3 4 5 6 7 8 9
1	㉒	⊖ ⊕ 0 1 2 3 4 5 6 7 8 9
1	㉓	⊖ ⊕ 0 1 2 3 4 5 6 7 8 9
1	㉔	⊖ ⊕ 0 1 2 3 4 5 6 7 8 9
1	㉕	⊖ ⊕ 0 1 2 3 4 5 6 7 8 9
1	㉖	⊖ ⊕ 0 1 2 3 4 5 6 7 8 9
1	㉗	⊖ ⊕ 0 1 2 3 4 5 6 7 8 9
1	㉘	⊖ ⊕ 0 1 2 3 4 5 6 7 8 9
1	㉙	⊖ ⊕ 0 1 2 3 4 5 6 7 8 9
1	㉚	⊖ ⊕ 0 1 2 3 4 5 6 7 8 9
1	㉛	⊖ ⊕ 0 1 2 3 4 5 6 7 8 9
2	㉜	⊖ ⊕ 0 1 2 3 4 5 6 7 8 9
2	㉝	⊖ ⊕ 0 1 2 3 4 5 6 7 8 9
2	㉞	⊖ ⊕ 0 1 2 3 4 5 6 7 8 9
2	㉟	⊖ ⊕ 0 1 2 3 4 5 6 7 8 9
2	㊱	⊖ ⊕ 0 1 2 3 4 5 6 7 8 9
2	㊲	⊖ ⊕ 0 1 2 3 4 5 6 7 8 9
2	㊳	⊖ ⊕ 0 1 2 3 4 5 6 7 8 9
2	㊴	⊖ ⊕ 0 1 2 3 4 5 6 7 8 9
2	㊵	⊖ ⊕ 0 1 2 3 4 5 6 7 8 9
2	㊶	⊖ ⊕ 0 1 2 3 4 5 6 7 8 9
2	㊷	⊖ ⊕ 0 1 2 3 4 5 6 7 8 9
2	㊸	⊖ ⊕ 0 1 2 3 4 5 6 7 8 9
2	㊹	⊖ ⊕ 0 1 2 3 4 5 6 7 8 9
2	㊺	⊖ ⊕ 0 1 2 3 4 5 6 7 8 9
2	㊻	⊖ ⊕ 0 1 2 3 4 5 6 7 8 9
3	㊼	⊖ ⊕ 0 1 2 3 4 5 6 7 8 9
3	㊽	⊖ ⊕ 0 1 2 3 4 5 6 7 8 9
3	㊾	⊖ ⊕ 0 1 2 3 4 5 6 7 8 9
3	㊿	⊖ ⊕ 0 1 2 3 4 5 6 7 8 9
3	51	⊖ ⊕ 0 1 2 3 4 5 6 7 8 9
3	52	⊖ ⊕ 0 1 2 3 4 5 6 7 8 9
3	53	⊖ ⊕ 0 1 2 3 4 5 6 7 8 9

欠席
0

※〔この欠席欄には何も記入しないこと。〕

マーク記入例			
良	不可	不可	不可
●	⊗	✓	⊙

受験番号			
0	0	0	0
1	1	1	1
2	2	2	2
3	3	3	3
4	4	4	4
5	5	5	5
6	6	6	6
7	7	7	7
8	8	8	8
9	9	9	9

〔注意事項〕

1. 受験番号と氏名を確認し、間違っていたら手を上げて申し出なさい。
2. この解答用紙を折り曲げたり汚したりしないように十分注意しなさい。
3. マークを訂正する場合は、消しゴムできれいに消しなさい。
4. 記入例のように正しくマークしなさい。
5. この解答用紙には、不必要なことを書いてはいけません。

氏名

推定配点	
1 各5点×10　2、3 各6点×7　4 8点 ※理数科については、得点を2倍して200点満点とする。	
100点	計

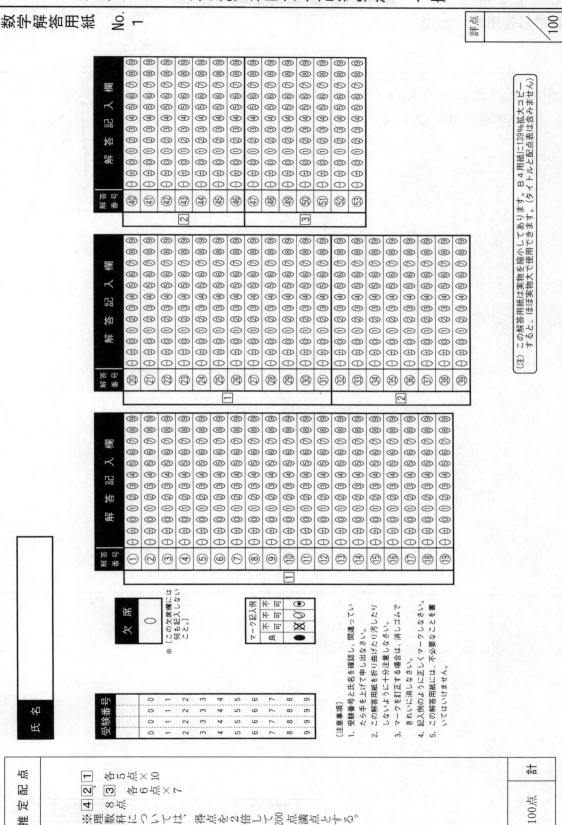

２０２２年度　　日本大学豊山女子高等学校　一般

数学解答用紙　No.２

4　図のように，頂点 A を共有する△ ABC と△ ADE がある。

△ ABC ∽ △ ADE であるとき，△ ABD ∽ △ ACE を証明しなさい。

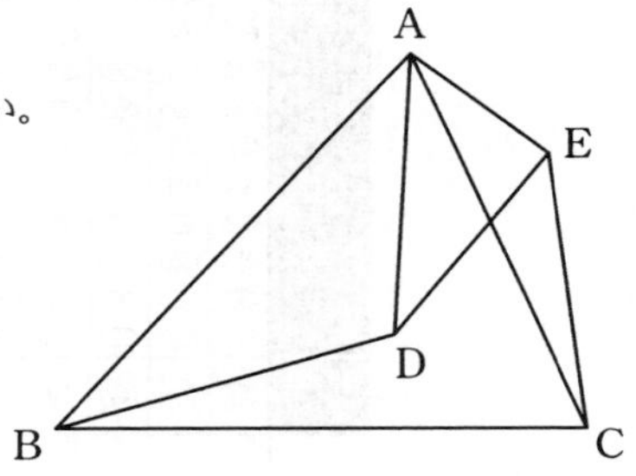

(注) この解答用紙は実物を縮小してあります。Ｂ４用紙に122％拡大コピーすると、ほぼ実物大で使用できます。(タイトルと配点表は含みません)

二〇二二年度　日本大学豊山女子高等学校　一般

国語解答用紙　No. 1

評点 ／100

氏名	

受験番号			
0	0	0	0
1	1	1	1
2	2	2	2
3	3	3	3
4	4	4	4
5	5	5	5
6	6	6	6
7	7	7	7
8	8	8	8
9	9	9	9

欠席
○

※〔この欠席欄には何も記入しないこと。〕

マーク記入例			
良	不可	不可	不可
●	⊗	⊘	⊙

〔注意事項〕
1. 受験番号と氏名を確認し、間違っていたら手を上げて申し出なさい。
2. この解答用紙を折り曲げたり汚したりしないように十分注意しなさい。
3. マークを訂正する場合は、消しゴムできれいに消しなさい。
4. 記入例のように正しくマークしなさい。
5. この解答用紙には、不必要なことを書いてはいけません。

問題番号	設問番号	解答記入欄
一	問一	㋐㋑㋒㋓
	問二	㋐㋑㋒㋓
	問三	㋐㋑㋒㋓
	問四	㋐㋑㋒㋓
	問五	㋐㋑㋒㋓
	問六	㋐㋑㋒㋓
	問七	㋐㋑㋒㋓
	問八	㋐㋑㋒㋓
	問九	㋐㋑㋒㋓
	問十	㋐㋑㋒㋓

問題番号	設問番号		解答記入欄
二	問一	①	㋐㋑㋒㋓
		④	㋐㋑㋒㋓
	問二		㋐㋑㋒㋓
	問三		㋐㋑㋒㋓
	問五		㋐㋑㋒㋓
	問六		㋐㋑㋒㋓
	問七	⑦	㋐㋑㋒㋓
		⑨	㋐㋑㋒㋓
	問八		㋐㋑㋒㋓
	問九		㋐㋑㋒㋓
三	問一		㋐㋑㋒㋓
	問二		㋐㋑㋒㋓
	問三		㋐㋑㋒㋓
	問四		㋐㋑㋒㋓
	問五		㋐㋑㋒㋓
	問六		㋐㋑㋒㋓
	問七		㋐㋑㋒㋓
	問八		㋐㋑㋒㋓
	問九		㋐㋑㋒㋓

問題番号	設問番号	解答記入欄
四	問一	㋐㋑㋒㋓
	問二	㋐㋑㋒㋓
	問三	㋐㋑㋒㋓
	問四	㋐㋑㋒㋓
	問五	㋐㋑㋒㋓
	問六	㋐㋑㋒㋓
	問七	㋐㋑㋒㋓
	問八	㋐㋑㋒㋓㋔

(注) この解答用紙は実物を縮小してあります。Ｂ４用紙に135%拡大コピーすると、ほぼ実物大で使用できます。(タイトルと配点表は含みません)

推定配点

一 各2点×10
二 問一 各2点×2　問二～問六 各3点×6　問七 各2点×2
問八、問九 各3点×2
三 問一～問四 各3点×4　問五 2点　問六～問九 各3点×4
四 問一～問三 各3点×3　問四 2点　問五 3点　問六～問八 各2点×4

計 100点

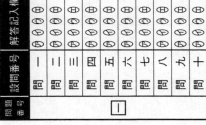

二〇二二年度　日本大学豊山女子高等学校　一般

国語解答用紙　No. 2

二　問四

(1) わたしたちの

（　　　　　　　　）

は人それぞれで異なるので、その人が

(2)

（　　　　　　　　）

12

時に「自由」であると確信するから。

（注）この解答用紙は実物を縮小してあります。Ａ４用紙に114%拡大コピーすると、ほぼ実物大で使用できます。（タイトルと配点表は含みません）

2021年度 日本大学豊山女子高等学校 一般①

英語解答用紙 No. 1

評点 /100

氏名

受験番号

0	0	0	0
1	1	1	1
2	2	2	2
3	3	3	3
4	4	4	4
5	5	5	5
6	6	6	6
7	7	7	7
8	8	8	8
9	9	9	9

欠席 0

※〔この欠席欄には何も記入しないこと。〕

マーク記入例			
良	不可	不可	不可
●	⊗	⊘	⊙

〔注意事項〕
1. 受験番号と氏名を確認し、間違っていたら手を上げて申し出なさい。
2. この解答用紙を折り曲げたり汚したりしないように十分注意しなさい。
3. マークを訂正する場合は、消しゴムできれいに消しなさい。
4. 記入例のように正しくマークしなさい。
5. この解答用紙には、不必要なことを書いてはいけません。

問題番号	解答番号	解答記入欄
1	1	① ② ③ ④
	2	① ② ③ ④
	3	① ② ③ ④
	4	① ② ③ ④
	5	① ② ③ ④
	6	① ② ③ ④
2	7	① ② ③ ④
	8	① ② ③ ④
	9	① ② ③ ④
	10	① ② ③ ④
	11	① ② ③ ④
	12	① ② ③ ④
	13	① ② ③ ④
	14	① ② ③ ④
	15	① ② ③ ④

問題番号	解答番号	解答記入欄
3	16	① ② ③ ④
	17	① ② ③ ④
	18	① ② ③ ④
	19	① ② ③ ④
	20	① ② ③ ④
	21	① ② ③ ④
	22	① ② ③ ④
	23	① ② ③ ④
	24	① ② ③ ④
	25	① ② ③ ④
4	26	① ② ③ ④
	27	① ② ③ ④
	28	① ② ③ ④
	29	① ② ③ ④
	30	① ② ③ ④
	31	① ② ③ ④
	32	① ② ③ ④

問題番号	解答番号	解答記入欄
6	38	① ② ③ ④
	39	① ② ③ ④
	40	① ② ③ ④
	41	① ② ③ ④
	42	① ② ③ ④

(注) この解答用紙は実物を縮小してあります。Ｂ４用紙に137%拡大コピーすると、ほぼ実物大で使用できます。(タイトルと配点表は含みません)

推定配点

1 各2点×6
2 各3点×9
3 (16)、(17) 各2点×2 (18)〜(20) 各3点×3 (21) 2点
(22)〜(25) 各3点×4
4〜6 各2点×17

計
100点

英語解答用紙　No. 2

5

(33)

?

(34)

?

(35)

.

(36)

(37)

?

（注）この解答用紙は実物を縮小してあります。Ｂ４用紙に123%拡大コピーすると、ほぼ実物大で使用できます。（タイトルと配点表は含みません）

2021年度 日本大学豊山女子高等学校 一般①

数学解答用紙 No.1

評点
/100

(注) この解答用紙は実物を縮小してあります。B４用紙に141%拡大コピーすると、ほぼ実物大で使用できます。(タイトルと配点表は含みません)

氏名	

受験番号			
0	0	0	0
1	1	1	1
2	2	2	2
3	3	3	3
4	4	4	4
5	5	5	5
6	6	6	6
7	7	7	7
8	8	8	8
9	9	9	9

欠席
0

※〔この欠席欄には何も記入しないこと。〕

マーク記入例			
良	不可	不可	不可
●	⊠	⊘	⊙

〔注意事項〕

1. 受験番号と氏名を確認し、間違っていたら手を上げて申し出なさい。
2. この解答用紙を折り曲げたり汚したりしないように十分注意しなさい。
3. マークを訂正する場合は、消しゴムできれいに消しなさい。
4. 記入例のように正しくマークしなさい。
5. この解答用紙には、不必要なことを書いてはいけません。

	解答番号	解答記入欄											
1	①	⊖	⊕	0	1	2	3	4	5	6	7	8	9
	②	⊖	⊕	0	1	2	3	4	5	6	7	8	9
	③	⊖	⊕	0	1	2	3	4	5	6	7	8	9
	④	⊖	⊕	0	1	2	3	4	5	6	7	8	9
	⑤	⊖	⊕	0	1	2	3	4	5	6	7	8	9
	⑥	⊖	⊕	0	1	2	3	4	5	6	7	8	9
	⑦	⊖	⊕	0	1	2	3	4	5	6	7	8	9
	⑧	⊖	⊕	0	1	2	3	4	5	6	7	8	9
	⑨	⊖	⊕	0	1	2	3	4	5	6	7	8	9
	⑩	⊖	⊕	0	1	2	3	4	5	6	7	8	9
	⑪	⊖	⊕	0	1	2	3	4	5	6	7	8	9
	⑫	⊖	⊕	0	1	2	3	4	5	6	7	8	9
	⑬	⊖	⊕	0	1	2	3	4	5	6	7	8	9
	⑭	⊖	⊕	0	1	2	3	4	5	6	7	8	9
	⑮	⊖	⊕	0	1	2	3	4	5	6	7	8	9
	⑯	⊖	⊕	0	1	2	3	4	5	6	7	8	9
	⑰	⊖	⊕	0	1	2	3	4	5	6	7	8	9
	⑱	⊖	⊕	0	1	2	3	4	5	6	7	8	9
	⑲	⊖	⊕	0	1	2	3	4	5	6	7	8	9
	⑳	⊖	⊕	0	1	2	3	4	5	6	7	8	9

	解答番号	解答記入欄											
1	㉑	⊖	⊕	0	1	2	3	4	5	6	7	8	9
	㉒	⊖	⊕	0	1	2	3	4	5	6	7	8	9
	㉓	⊖	⊕	0	1	2	3	4	5	6	7	8	9
	㉔	⊖	⊕	0	1	2	3	4	5	6	7	8	9
2	㉕	⊖	⊕	0	1	2	3	4	5	6	7	8	9
	㉖	⊖	⊕	0	1	2	3	4	5	6	7	8	9
	㉗	⊖	⊕	0	1	2	3	4	5	6	7	8	9
	㉘	⊖	⊕	0	1	2	3	4	5	6	7	8	9
	㉙	⊖	⊕	0	1	2	3	4	5	6	7	8	9
	㉚	⊖	⊕	0	1	2	3	4	5	6	7	8	9

	解答番号	解答記入欄											
3	㉛	⊖	⊕	0	1	2	3	4	5	6	7	8	9
	㉜	⊖	⊕	0	1	2	3	4	5	6	7	8	9
	㉝	⊖	⊕	0	1	2	3	4	5	6	7	8	9
	㉞	⊖	⊕	0	1	2	3	4	5	6	7	8	9
	㉟	⊖	⊕	0	1	2	3	4	5	6	7	8	9
	㊱	⊖	⊕	0	1	2	3	4	5	6	7	8	9
	㊲	⊖	⊕	0	1	2	3	4	5	6	7	8	9
	㊳	⊖	⊕	0	1	2	3	4	5	6	7	8	9
	㊴	⊖	⊕	0	1	2	3	4	5	6	7	8	9

推定配点

1～3 各6点×15
4 10点

※理数科については、得点を2倍して200点満点とする。

計	100点

2021年度　日本大学豊山女子高等学校　一般①

数学解答用紙　No. 2

4　図のように，AC = BC である二等辺三角形 ABC の辺 AC 上に点 P がある。∠BCA = ∠ACQ, CP = CQ となる点 Q をとり，BP の延長と AQ との交点を R とする。

このとき，△APR ∽ △BPC となることを証明しなさい。

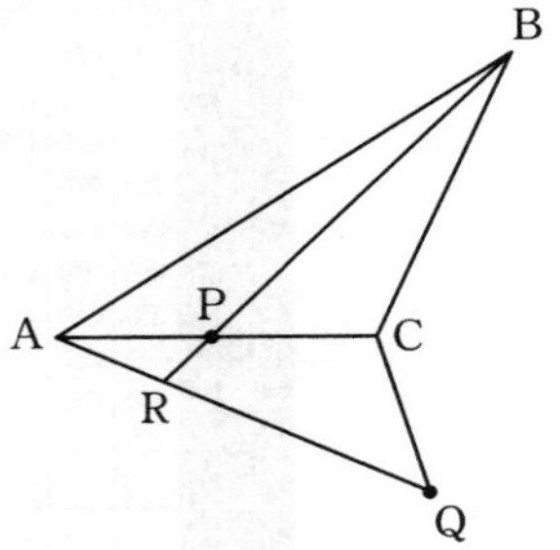

(注) この解答用紙は実物を縮小してあります。B４用紙に122%拡大コピーすると、ほぼ実物大で使用できます。(タイトルと配点表は含みません)

二〇二一年度　日本大学豊山女子高等学校　一般①

国語解答用紙　No. 1

評点　/100

問題番号	設問番号	解答記入欄
一	問一	㋐㋑㋒㋓
	問二	㋐㋑㋒㋓
	問三	㋐㋑㋒㋓
	問四	㋐㋑㋒㋓
	問五	㋐㋑㋒㋓
	問六	㋐㋑㋒㋓
	問七	㋐㋑㋒㋓
	問八	㋐㋑㋒㋓
	問九	㋐㋑㋒㋓
	問十	㋐㋑㋒㋓

問題番号	設問番号	解答記入欄
二	問一	㋐㋑㋒㋓
	問二	㋐㋑㋒㋓
	問三	㋐㋑㋒㋓
	問四 A	㋐㋑㋒㋓
	問四 B	㋐㋑㋒㋓
	問四 C	㋐㋑㋒㋓
	問五	㋐㋑㋒㋓
	問六	㋐㋑㋒㋓
	問七	㋐㋑㋒㋓
	問八	㋐㋑㋒㋓
三	問一	㋐㋑㋒㋓
	問二	㋐㋑㋒㋓
	問三	㋐㋑㋒㋓
	問四	㋐㋑㋒㋓
	問五	㋐㋑㋒㋓
	問六	㋐㋑㋒㋓
	問七	㋐㋑㋒㋓
	問八	㋐㋑㋒㋓
	問九	㋐㋑㋒㋓
	問十	㋐㋑㋒㋓
	問十一	㋐㋑㋒㋓

問題番号	設問番号	解答記入欄
四	問一	㋐㋑㋒㋓
	問二	㋐㋑㋒㋓
	問三	㋐㋑㋒㋓
	問四	㋐㋑㋒㋓
	問五 (1)	㋐㋑㋒㋓
	問五 (2)	㋐㋑㋒㋓
	問六	㋐㋑㋒㋓
	問七	㋐㋑㋒㋓
	問八	㋐㋑㋒㋓
	問九	㋐㋑㋒㋓

（注）この解答用紙は実物を縮小してあります。Ｂ４用紙に137%拡大コピーすると、ほぼ実物大で使用できます。（タイトルと配点表は含みません）

氏名

受験番号

0	0	0	0
1	1	1	1
2	2	2	2
3	3	3	3
4	4	4	4
5	5	5	5
6	6	6	6
7	7	7	7
8	8	8	8
9	9	9	9

欠席　0

※〔この欠席欄には何も記入しないこと。〕

マーク記入例

良	不可	不可	不可
●	⊗	⊘	⊙

〔注意事項〕
1. 受験番号と氏名を確認し、間違っていたら手を上げて申し出なさい。
2. この解答用紙を折り曲げたり汚したりしないように十分注意しなさい。
3. マークを訂正する場合は、消しゴムできれいに消しなさい。
4. 記入例のように正しくマークしなさい。
5. この解答用紙には、不必要なことを書いてはいけません。

推定配点

一　各2点×10
二　問一　2点　問二　3点　問三～問五　各2点×5　問六　3点　問七　2点
問八、問九　各3点×3
三　問一　2点　問二～問六　各3点×5　問七　2点　問八～問十一　各3点×4
四　各2点×10

100点	計

二〇二一年度　日本大学豊山女子高等学校　一般①

国語解答用紙　No. 2

二　問九

(1)

が和なのではなく、

(2)

こそが、和と呼ばれてきたものだということ。

（注）この解答用紙は実物大です。

2021年度 日本大学豊山女子高等学校 一般②

解答用紙

評点
/105

国語

解答番号	解答記入欄
(1)	① ② ③ ④
(2)	① ② ③ ④
(3)	① ② ③ ④
(4)	① ② ③ ④
(5)	① ② ③ ④
(6)	① ② ③ ④
(7)	① ② ③ ④
(8)	① ② ③ ④
(9)	① ② ③ ④
(10)	① ② ③ ④
(11)	① ② ③ ④
(12)	① ② ③ ④
(13)	① ② ③ ④
(14)	① ② ③ ④
(15)	① ② ③ ④
(16)	① ② ③ ④
(17)	① ② ③ ④
(18)	① ② ③ ④
(19)	① ② ③ ④
(20)	① ② ③ ④

数学

解答番号	解答記入欄
①	⊖ ⊕ ⓪ ① ② ③ ④ ⑤ ⑥ ⑦ ⑧ ⑨
②	⊖ ⊕ ⓪ ① ② ③ ④ ⑤ ⑥ ⑦ ⑧ ⑨
③	⊖ ⊕ ⓪ ① ② ③ ④ ⑤ ⑥ ⑦ ⑧ ⑨
④	⊖ ⊕ ⓪ ① ② ③ ④ ⑤ ⑥ ⑦ ⑧ ⑨
⑤	⊖ ⊕ ⓪ ① ② ③ ④ ⑤ ⑥ ⑦ ⑧ ⑨
⑥	⊖ ⊕ ⓪ ① ② ③ ④ ⑤ ⑥ ⑦ ⑧ ⑨
⑦	⊖ ⊕ ⓪ ① ② ③ ④ ⑤ ⑥ ⑦ ⑧ ⑨
⑧	⊖ ⊕ ⓪ ① ② ③ ④ ⑤ ⑥ ⑦ ⑧ ⑨
⑨	⊖ ⊕ ⓪ ① ② ③ ④ ⑤ ⑥ ⑦ ⑧ ⑨
⑩	⊖ ⊕ ⓪ ① ② ③ ④ ⑤ ⑥ ⑦ ⑧ ⑨
⑪	⊖ ⊕ ⓪ ① ② ③ ④ ⑤ ⑥ ⑦ ⑧ ⑨
⑫	⊖ ⊕ ⓪ ① ② ③ ④ ⑤ ⑥ ⑦ ⑧ ⑨
⑬	⊖ ⊕ ⓪ ① ② ③ ④ ⑤ ⑥ ⑦ ⑧ ⑨
⑭	⊖ ⊕ ⓪ ① ② ③ ④ ⑤ ⑥ ⑦ ⑧ ⑨
⑮	⊖ ⊕ ⓪ ① ② ③ ④ ⑤ ⑥ ⑦ ⑧ ⑨
⑯	⊖ ⊕ ⓪ ① ② ③ ④ ⑤ ⑥ ⑦ ⑧ ⑨
⑰	⊖ ⊕ ⓪ ① ② ③ ④ ⑤ ⑥ ⑦ ⑧ ⑨
⑱	⊖ ⊕ ⓪ ① ② ③ ④ ⑤ ⑥ ⑦ ⑧ ⑨
⑲	⊖ ⊕ ⓪ ① ② ③ ④ ⑤ ⑥ ⑦ ⑧ ⑨
⑳	⊖ ⊕ ⓪ ① ② ③ ④ ⑤ ⑥ ⑦ ⑧ ⑨

英語

解答番号	解答記入欄
(1)	① ② ③ ④
(2)	① ② ③ ④
(3)	① ② ③ ④
(4)	① ② ③ ④
(5)	① ② ③ ④
(6)	① ② ③ ④
(7)	① ② ③ ④
(8)	① ② ③ ④
(9)	① ② ③ ④
(10)	① ② ③ ④
(11)	① ② ③ ④
(12)	① ② ③ ④
(13)	① ② ③ ④

欠　席
０

※〔この欠席欄には何も記入しないこと。〕

マーク記入例			
良	不可	不可	不可
●	⊗	✓	⊙

受験番号			
0	0	0	0
1	1	1	1
2	2	2	2
3	3	3	3
4	4	4	4
5	5	5	5
6	6	6	6
7	7	7	7
8	8	8	8
9	9	9	9

〔注意事項〕
1. 受験番号と氏名を確認し、間違っていたら手を上げて申し出なさい。
2. この解答用紙を折り曲げたり汚したりしないように十分注意しなさい。
3. マークを訂正する場合は、消しゴムできれいに消しなさい。
4. 記入例のように正しくマークしなさい。
5. この解答用紙には、不必要なことを書いてはいけません。

氏名	

（注）この解答用紙は実物を縮小してあります。Ｂ４用紙に137％拡大コピーすると、ほぼ実物大で使用できます。（タイトルと配点表は含みません）

推定配点

〔英語〕　35点　1 各3点×6　2 各2点×2
3 各3点×3　4 各2点×2

〔数学〕　35点　1～5 各3点×6　6 各4点×3　7 5点

〔国語〕　35点　1 (1)～(5) 各1点×5　(6)～(10) 各2点×5　2 各2点×10

※理数科については、数学の得点を2倍して70点満点とする。

計
105点

Memo